情怀

Feelings

主审◎崔光成

主编◎沈黎　吴志全

科学技术文献出版社

SCIENTIFIC AND TECHNICAL DOCUMENTATION PRESS

·北京·

图书在版编目（CIP）数据

情怀 / 沈黎，吴志全主编. —北京：科学技术文献出版社，2020.4
ISBN 978-7-5189-6104-7

Ⅰ.①情… Ⅱ.①沈… ②吴… Ⅲ.①社会科学—文集 Ⅳ.①C53

中国版本图书馆CIP数据核字（2019）第214193号

情怀

策划编辑：李 丹 责任编辑：李 丹 张 旭 责任校对：张吲哚 责任出版：张志平

出 版 者 科学技术文献出版社
地 址 北京市复兴路15号 邮编 100038
编 务 部 （010）58882938，58882087（传真）
发 行 部 （010）58882868，58882870（传真）
邮 购 部 （010）58882873
官方网址 www.stdp.com.cn
发 行 者 科学技术文献出版社发行 全国各地新华书店经销
印 刷 者 北京地大彩印有限公司
版 次 2020年4月第1版 2020年4月第1次印刷
开 本 710×1000 1/16
字 数 519千
印 张 27
书 号 ISBN 978-7-5189-6104-7
定 价 208.00元

《情怀》编委会

主　　审	崔光成
主　　编	沈　黎　吴志全
副 主 编	陶　明　黄英辉　朱晓东
编　　委	（按姓氏笔画排序） 于恩庆　马　钢　王　雪　王丽浮　王晓梅 叶桂兰　付　霞　宁传贤　朴明玉　朱晓东 华泽英　刘长辉　刘志宏　齐　红　许淑云 孙跃岐　李秀琴　李松芝　李春生　李桂梅 李德福　吴志全　吴艳彬　沈　黎　张　钲 张　强　青北红　卓贞顺　岳龙英　周洁信 赵瑞霞　胡　凯　陶　明　黄英辉　崔光成 梁富龙　韩慧萍　温冬梅　路永涛　雒东江 滕　曼
题　　字	关玉良
特别致谢	● 齐齐哈尔医学院 ● 齐齐哈尔医学院 1981 级全体师生 ●《中华现代护理杂志》 ●《神经疾病与精神卫生》杂志
感　　谢	（按姓氏笔画排序） 王同德　宋永海　张　冬　康　悦

序

情怀故事主人公

刘吉成，1982 年毕业于佳木斯医学院药学专业，被分配到齐齐哈尔医学院第一附属医院。十一年后的 1993 年被任命为齐齐哈尔医学院第一附属医院院长。1998—2018 年的 20 年间，先后担任齐齐哈尔医学院副院长、院长和党委书记。现任齐齐哈尔医学院终身教授。

翻阅着《情怀》的书稿，我在想，什么是“情怀”？曾有人说过，生活不止眼前的苟且，还有诗和远方。或许这诗和远方就是一种情怀吧。

我和光成在齐医共事多年，既是同事，也是好朋友。光成经常给我讲述他们大学时代的故事，我想这部《情怀》就是他们曾经的青春浪漫、火样年华及一路走来的奋斗经历富集而成的缩影。

我是恢复高考后的 1977 级学生，与 1981 级校友同属一个时代。1982 年，我从佳木斯医学院药学专业毕业后，被分配到齐齐哈尔医学院第一附属医院。11 年后的 1993 年，被任命为齐齐哈尔医学院第一附属医院的院长。1998 年至 2018 年的 20 年间，先后在齐齐哈尔医学院担任副院长、院长和党委书记。在此过程中，或因工作，或因友谊，与 1981 级校友有着诸多接触，对他们有着很好的印象，其中部分同学已成为我的好朋友，因此，当光成同学邀请我为本书作序时，也就不假思索地欣然应允。

每一位同学都是每一个故事的主角，每一个故事都是一段难忘的人生阅历，处处见真情，时时有感动，读来犹有一番滋味。1981级校友有一百五十人左右，是改革开放初期、恢复高考的早期进入大学的一代，都是抱着为建设“四个现代化”理想和雄心走到一起的，是有情怀的一代。选择以《情怀》作为书名，实则在昭示同学之情、师生之情和家国之情。几十篇出自日夜坚守在救死扶伤神圣职业一线的医者之手的文辞，让人有感于情系医学这一根源的际遇，有感于缘起同学这份情感的流连。

曾经的齐医，留下了你们的青春故事，也留下了我的一段情怀，如今的学府依然是你们的精神家园，也是我永远的灵魂渊薮。嫩水潇潇，齐医崛起，感谢校友的一路陪伴，在此，分享我的一份感慨：

《浪淘沙·铸剑成锋》

呼啸耳边风，太过匆匆。
临江北望渐成冰。
昨日波涛澎湃处，一片清明。
雁阵欲新程，俯瞰声声。
大医学府正中兴。
十载肌肤堪磨砺，铸剑成锋。

书中的《火车情节》便是一篇中国火车发展史背景下的医生成长历程，青春的谐趣，成熟的思考，友情的追索，阅后是感慨与感动的集合。在文化断层年代的边缘，我们何其幸运地赶上了恢复高考，冥冥之中选择了医学院校，走进医学院就遇上《医学生的那些第一次》，医学在医者心中不仅是一种知识和技术，更是一种人文和信仰，读过这一篇文章，你会认可医生的“天使”之名，确信人性就是美好和闪光的——做了医生的我们便别无选择，哪里有病痛，医生就会出现在哪儿。一次援疆工作，女医生就勇敢地选择了《走进新疆，爱上新疆》，洋洋洒洒的文字里，迸发出让人感动的大爱无疆，大德无言！她也是女医生，也怕高原反应，可是医者的心中，似乎救治伤病、送医送药更加重要，于是她走进西藏，把她的爱心和医术留在了雪域高原，那篇《忆往昔岁月静好》，让我们了解医生护佑生命健康的责任，不是说说而已，那是不畏艰苦的身体力行。我们当初学医，有理由也没有太多的理由，读过《曼笔小记》你会觉得，生活中的小事也成就了一生的大事。

没有阅历不可以阔论人生，没有思想不足以称为情怀。这一届，经历了20世纪60—70年代的跌宕起伏，欣逢了20世纪80—90年代的改革开放，又有幸踏上了21世纪伟大复兴的征程。一路走来，医生成了专家，教师成了学者，干事成为干部，员工成为老板……阅历的增长带来了事业的辉煌，岁月的流逝伴随着年资的增长，但同学情、师生情、家国情依然在你们的血液中涌动不息。正像书稿中沈黎感慨的那样：“人的生命里，不能没有情，情不知何生，一往而深；人在尘世间，不能不结缘，缘不知何深，缘定三生。”大多已步入天命之年的你们，依然怀揣着那一代的豪情，在驻足回望一起走过的岁月时，尽情地抒发人生的《情怀》。

岁月不羁，时代嬗变，未来可期，愿1981级齐医校友永远情怀依旧！

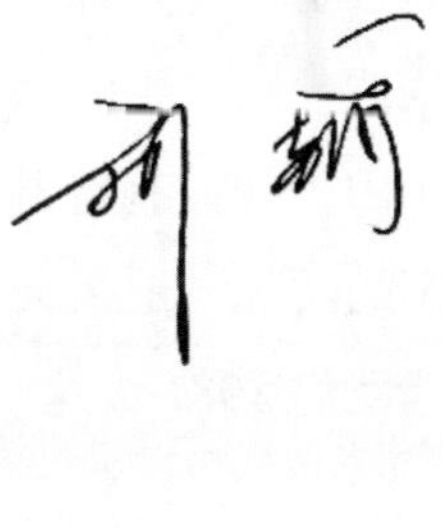

编委感言

读着刘院长为《情怀》一书所作序中的这篇《浪淘沙》，心情澎湃，心潮起伏！那“铸剑成锋”的豪迈，照亮着我们这一届“十载肌肤堪磨砺”的人生旅程，使我们的情怀更加厚重，庄严着我们脚下的路。

岁月不羁，时代嬗变。无论走多远，齐齐哈尔医学院永远是我们这一届的精神家园。当我们今天回家，走进焕然一新的美丽校园，心中浮现的就是为此倾付大量心血的刘院长！没有您的情怀和心中热血，美丽齐医永远不会有现在骄容和不朽成就！

齐医这一情感根源际遇，既让我们牵手同学情意，又让我们织起师生情深。这师生情同学谊，犹如岁月为我们酿造的一壶酒，甜美而醇厚，醉了我们一路人生的风景！

因为我们有着共同的情怀，齐齐哈尔医学院和刘院长，就这样沉淀进我们的灵魂，地久天长！

我们 1981 级这一届全体同学对刘吉成大哥表示由衷的感谢！

精彩留言

刘吉成院长：吉成与齐医有情怀，与这一届更是情怀满满。你们的书名、经历与阅历，让诗词多了豪情壮语，激情澎湃，少了柔情细语。你们也是溢满师生情、同学情、朋友情，期待《情怀》……

张岩：序——真心好，诗——豪情壮志，激荡情怀！感谢吉成院长为情怀书序，超赞！

华泽英：鼓舞人心的话语，满满的正能量。

朱晓东：读了刘院长的序，可以说感慨万千，不能想象到这篇文采飞扬、佳句连连的美文出自一名理工男、一位从事行政工作二十余年的药学教授之手，文章抚今追昔，笔触间充满了校友、朋友及兄长般的深情，对于早我们几年的同时代人，作为学院的院长，对我们 1981 级校友倾注了特殊的感情，在繁忙的工作中始终关注着 1981 级校友的成长，可以说我们 1981 级校友得到了刘院长的特殊关爱，岁月的沉淀令我们和刘院长的感情愈加深厚，经历了恢复高考和改革开放的我们生在幸运的时代，这种经历使我们的人生更加丰富多彩。1981 级校友都已过了知天命的年龄，这些经历和阅历是其他年代人不能比拟的，生在物资匮乏年代的我们更容易保持一颗纯真的心，更懂得珍惜生活、珍惜友情，更是一些充满情怀的人。感谢兄长般的刘院长这篇充满情怀的序，让我们所有 1981 级校友深情地说上一句——感谢您的序为《情怀》锦上添花，一本《情怀》、终身“情怀”将我们紧紧连在一起。

冬妮：每一个人都有挥之不去、魂牵梦萦的青春，每一段回忆都记载曾经的岁月蹉跎、年少青葱，每一个情景都勾起对往事的眷恋，难忘的曾经！

付霞：“每一位同学都是各自故事的主角，每一个故事都是一段难忘的人生阅历，处处见真情，时时有感动，读来别有一番滋味。”有温度的序！感觉暖暖的！

厦门大学教授郭连军：《情怀》的出版，让作为齐医人的我，内心难以平静。看完刘吉成院长为本书题写的序，内心非常振奋，尤其是刘院长写的诗，有气吞山河之势。虽然我离开齐医二十余载，但心里始终把齐医当作自己的家，经常登陆齐医的网页，看看有什么重要的新闻，期待着齐医能够早日成为医科大学，为国家培养更多的优秀医学生。

邸晓丹：《情怀》一序，充满友情、挚爱，朴实真挚中尽显卓然文采！以往的“情怀”文章陆续读过，篇篇有感动。今天读了吉成兄的序，再次触动了对齐医母校与齐齐哈尔医学院第一附属医院的特殊情感……感谢《情怀》，感谢吉成院长的序，为着共同的情怀，我将永驻齐医——我的灵魂家园。

叶桂兰：吉成院长的序为《情怀》画龙点睛，更汇聚了纵横齐医数十载同学情、师生情、赤子心。

邱蓬鹭：1980 年，我怀着兴奋和忐忑，走进了齐医校园。或许是受家族基因的影响（祖父那一代都是中医），第二次高考是从文科转理科考医学院。当我如愿以偿地考入齐医妇幼专业后，才知道自己就应该读医学。毕业离校后进入初期的妇幼医疗领域，但在那个特殊的历史时期，我因低血糖而离开临床，被招进刚成立不久的中国医师协会，在医疗风险管理专业委员会担任副总干事一职，我的工作任务是——发现错误给予提醒，跟进临床风险，完善医疗责任保障体系（主要负责建立医师责任保险保障机制；致力于改善临床风险，通过减少医疗错误促进医患和谐）。回首看来时的路，深深地感谢母校的培养，让我找到了自己的空间，并在为临床一线医护人员建立“安全护栏”的同时，对医疗安全风险有了更深的认知与感悟。尽管已经到了退休年龄，但因为爱与眷恋、责任与使命，我仍在岗位上，致力于建设医患共赢的、在人文支撑下新医疗模型。非常感谢母校的教育！作为齐医学子，我会将一生献给医疗界，为医生遮风挡雨，也让母校因为有我们而自豪。深深地感谢母校的培育，永远铭记母校的乳汁之味，继续服务于临床医生。

企业家宋晓芃：因帅总之缘，结识了吴志全，又因吴总之故，结识了咱们 1981 级的几位小哥哥小姐姐们。在新疆，看到富蕴人民对艳彬姐的爱戴，知道在这背后她付出的心血与坚持。在街头听曼玲姐轻描淡写地讲述患者故事，知道这些敏感问题都是医者仁心的付出。还有杭州的志宏哥、北京的沈黎哥……所有这些就是大爱无疆、大德无言。读刘院长的序，有一种厚重之感，又有一种心潮澎湃，仿佛在翻阅一部跨越四十年的《芳华》，有着对一段历史、一群人及潮流更替、境遇变迁的感怀，笔端蕴含了饱满的自豪情感。十载肌肤堪磨砺，铸剑成锋！

周庆芝：文章是案头的山水，可以寄情。读罢刘院长这篇“灵魂有香气，化作笔尖柔”的序，我的心再次飞回到母校，耳际间萦绕着昔日的欢歌笑语、琅琅书声。昨日重现，历历在目还有林海雪原、芦苇荡里丹顶鹤翩跹。回眸处，山河岁月，仁爱与温暖一直如影相随。远望可以当归。其实，毕业三十余年，对母校我一直是“念兹在兹，无日或忘”，这本《情怀》将是我“念念不忘，必有回响”的一丝慰藉。三十余年来，同窗好友有的依旧在悬壶济世，有的转战到别的岗位，也许我们都不算是成功的人，但我们都成了有价值的人，我们也许都没有建立丰功伟业，但我们都满怀着仁爱之心坚持做着一些有助于他人的事。我们每个人都有故事，脸上却不见风霜。我们每个人不畏苦寒，都自得其芳。这也许就是校训所言的“大学至善、大医精诚”的另一番要义。岁月不居，时节如流，但记忆从未老去，师恩与同学情从未以山海为远，祝愿总是从内心泛起。祝母校桃李天下满芬芳，愿刘院长和同学们以平凡的脚步丈量出人生最遥远的旅途。

青北红：一首大气磅礴的《浪淘沙·铸剑成锋》，为《情怀》注入了深情和力量。喜欢这首诗，更钦佩刘吉成院长的才华。

刘翠霞：作为一名 1981 级的同学，见证了《情怀》一书从约稿成书到即将出版的整个历程，满载了我们这一届浓浓的同学之情，之所以要出版这本书，每一位同学的心情是一样的，回忆、留恋那个青涩的年代和足以温暖我们一生的同学情谊！光阴荏苒，转眼就是四十年，人生又有几个四十年呐，同学见面，尽管有的老了、有的变了，有的都变得认不出了，可声音依然，感情依然！就像我和北红的感情，虽然我们同处一个城市，忙于工作和家事也不常见面，可一个电话就能让我们聊上一个小时还意犹未尽！这就是同学情谊，真诚而永恒！不受时间和岁月的影响，不受利息和金钱的左右，纯洁、朴素、自然！如今的我们早已过了知天命的年龄，就快退休颐养天年了！尽其天年不过两个甲子，六十岁标志我们人生的又一个开始，当我们坐在躺椅上慢慢摇，翻来《情怀》这本书，曾经的那些人那些事，那些铭刻于心的同学情谊足以伴我们度过幸福的晚年，我们的一生也因此充实而完满！

河南大学李慧祥教授：少小多才学，平生志气高。别人怀宝剑，他用笔如刀。读完此序，感慨万千。我是原河南医学院1979级的学生，已近退休，但心中翻滚的猎猎情怀又伴着此序，带我回到了那青春年代，吃着每月15元的伙食，心怀“救死扶伤”的梦想，渴望成为一名被家属认可、被患者称赞的好医生。虽人在中原，心仿佛也踏上了那秀丽峥嵘、银装素裹的北方大地！齐医情怀依旧，让我们继续唱着：再过二十年我们来相会！到八十岁、九十岁还相会，一个也不能少！

齐齐哈尔医学院客座教授涂满章博士：前几年，荣幸到齐齐哈尔医学院，刚跨进校门，即被新校区的宏景所吸引，上风上水，恢宏壮阔，真乃大乘气象！当时就想，这一届的领导班子该有多宽阔的胸怀、多深远的意境和多前瞻的视野，才能决策和催生出这样宏伟而深具人文内涵的布局！后来见到这一届班子的掌舵者刘院长，见识他儒雅的学者风度和精干的领导气质，才暗自感慨，成大事者，身上胸中也必蕴含大乘之气象也。由此追溯，拟写《情怀》故事的这班齐医学子，所表露出对齐医、对专业、对医学、对生活、对民族、对国家的情怀，无不蕴含着灵魂深处的向善与向上。我想，这种因齐医而来的精神基因，会照亮我们的时代和未来的精彩！这，也必是以刘院长为代表的一代代名师，为人师者最欣慰的回报！

顾曼玲：“你会认可医生的天使之名，确信人性就是美好和闪光的”，读到这句，很是感动。只有真正懂得，才有发自肺腑的肯定。我们知道母校今天的发展，明天的更好，是我们齐医这个摇篮的抚育、是我们齐医精神的传承，更重要的是——学校“十年树木百年树人”的育人之志。无论昨天如何、今天怎样，1981级同学都将在明天砥砺前行。辉煌的更加璀璨，默默的仍会一如既往。不辱自己的使命，心中永远“这一届”。喜欢这篇“懂得”之序！

》| 写在《情怀》之前

当你阅读这本书，请回答身为编者的我们一个问题：你有没有相见欢颜的同学？你有没有患难与共的挚友？与你一起长大，一起面对社会与家庭，一起建功立业，同舟共济，各自精彩的挚友？

幸运的是，我有，我们都有。

这里的“我们”，是齐齐哈尔医学院1981级的学生，你见到我们的时候，我们可能已经有了白发，可能在各个岗位上成为稳固的压舱石，你看到我们成熟、温厚、阅历十足的一面，年轻的你，会羡慕吗？

我以前会的。

三十年前的我们，偶尔也会想想未来，可想象不到自己现在的模样，也无法设想亲爱的同学们容颜老去，岁月真是神奇，将曾经年轻稚嫩的我们雕琢成你看到的样子。以至于现在每见到一位久别重逢的同学，在记忆里，都是青春永驻：对着照片辨认老同学，初初想起有些惭愧，但思辨过后，又觉得珍贵——世界上有几个人，你见过他年少风流的走马观花，隔着三十年的时光，现在的你还能握着他生着皱纹的手，激动满怀，开口却只是一声“好久不见”？

同学之间的情谊，以留在鹤城的十几二十岁的青年时始，仿若儿时惦念的老酒，历久弥香。

前些日子，动笔写了自己的《情怀》投稿，回忆了在齐齐哈尔医学院读书的年少时光，这一回忆，却是真的停不下来。以前推说工作繁忙辛苦，现在却能细细品味着同学们的人生感慨一番了。

齐齐哈尔医学院1981级的学生，经过风雨，探过艰难，困惑过，迷茫过，成功过，鲜亮过。有的同学留守母校桃李芬芳，有的同学远赴海外见多识广，有的同学还在经历惊涛骇浪，有的同学却已闲云野鹤悠然南山。《情怀》是什么？我们始终都铭记着母校的托付——“团结，勤奋，严谨，求实”，你见过我们坚守岗位服务患者，你见过我们走到祖国最边远荒凉的地方，一日为医，终生不忘，大医精诚，救死扶伤；《情怀》又是什么？我们始终都惦记着母校的培育——“大学至善”“大学之魂为识纲”，你见过我们面对艰险迎难而上，你见过我们以命为笔报道科学的光芒，一日为医，终生不忘，厚德载物，曲为之防；《情怀》能是什么？我们从齐齐哈尔医学院走出，将母校赋予的使命带到各自的战场，我们见证了共和国轰轰烈烈的发展和进步，从困苦艰难到全民小康，从百废待兴到自立自强，我们五零后六零后这一代，当得起“中流砥柱，不负众望”！

五十岁，天命之年，年轻的孩子说我们老了，人生就是这样一个过程，逝者如斯夫，不舍昼夜。

我们这一代是太缅怀过去，和同学们相互扶持着走到如今，这些记忆是心中至宝，以此成文，纪念我们已逝的青春，也记录齐医学子的漫漫人生路。你会看出我们想对你说的，还有这些年，我们执着坚持的信念。

这份信念，也会经岁月雕琢，为每一位齐医学子传承、发扬。

情怀于你，是什么呢？

愿同窗之谊不老；愿齐医之魂流芳；愿我们的读者，日后顺遂安康。

编者

目录

精诚

花开

校友寄语

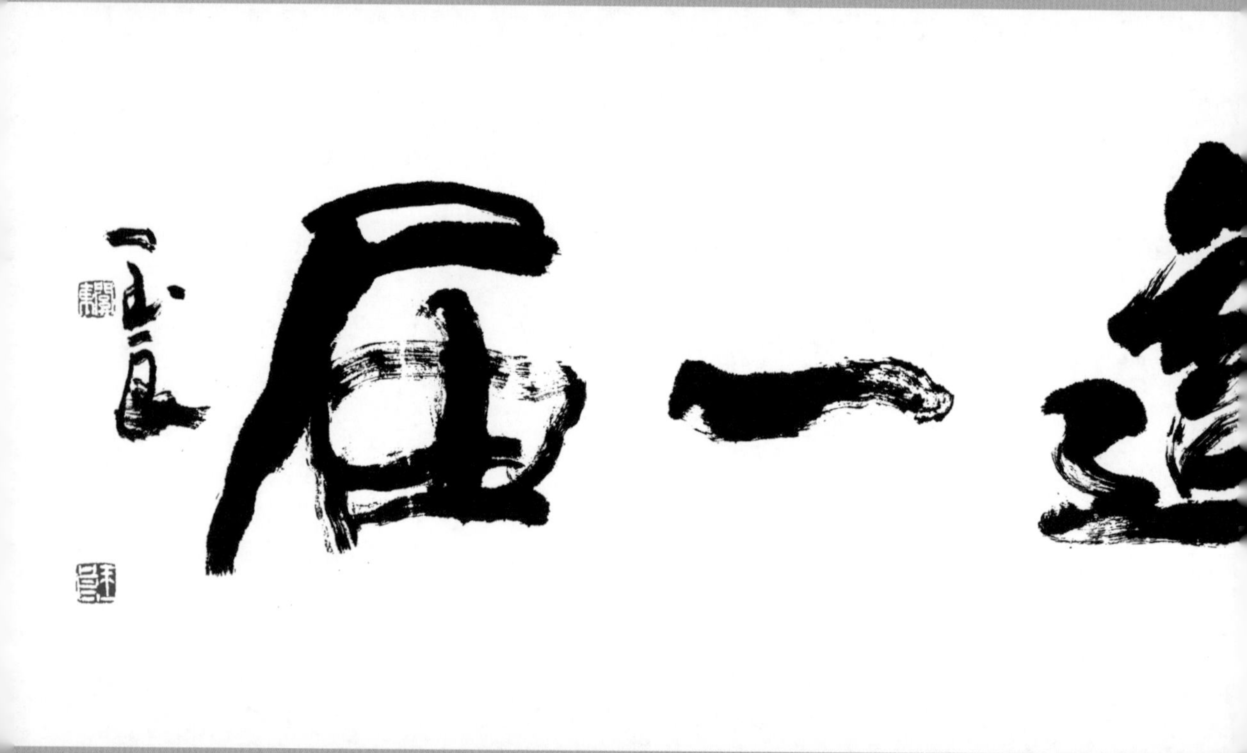

我们

未离

WEILI

母校摇篮在富拉尔基。

下得去，用得上，留得住。

我的孤独是虽败犹荣。

好像有人喝多了，有人哭了……

我仍然愿意在下半程等你

楼里思君不见君，降火要饮矿泉水。

要想成为一名优秀的医生，必须首先做一名出色的医学生。

哥们，你不是想吃牛肉干吧？

提倡跳集体舞，不提倡跳交谊舞，禁止跳摇摆舞。

遗体捐献者既是医学生的大体老师，更是舍身济世的榜样。

笃学相期求自勉，此时千里共婵娟。

有一种感情，不是礼尚往来，而是默默相伴。

你们是为什么学医？我先说，因为我老爸想加塞买油条。

医学生的那些第一次

情怀故事主人公

崔光成，男，1963年出生。医学博士，二级教授，硕士研究生导师。现任齐齐哈尔医学院党委副书记，精神病与精神卫生学科带头人，齐齐哈尔医学院学术委员会与学位委员会副主任委员。曾任齐齐哈尔医学院医学心理学教研室主任、教务处长、科技处长、副校长。

学习经历：1984年齐齐哈尔医学院神经精神专业毕业。1994年东北师范大学发展心理学专业硕士研究生毕业，获教育学硕士学位。2008年哈尔滨医科大学社会医学专业医学心理学专业方向博士研究生毕业，获医学博士学位。

社会兼职：中国心理学会医学心理专业委员会副主任委员，中国心理卫生协会理事，中国高等教育学会医学心理学分会常务副会长，教育部高等教育司教学指导委员会精神医学分委会副主任委员，全国高等院校本科应用心理学专业教材评审委员会副主任委员，全国高等院校本科精神医学专业教材评审委员会委员，黑龙江省心理卫生协会副理事长，黑龙江省医学会理事，齐齐哈尔市心理学会理事长，齐齐哈尔市医学会副会长。《中国健康心理学杂志》编委，《神经疾病与精神卫生杂志》编委，《中华行为医学与脑科学杂志》编委。东北师范大学、哈尔滨医科大学、黑龙江中医药大学、新乡医学院硕士研究生导师，黑龙江省第十二届政协委员。

荣誉与业绩：黑龙江省政府津贴获得者。黑龙江省模范教师。齐齐哈尔市劳动模范。多次获得黑龙江省教学成果一等奖。

学术作品：在中外学术期刊发表学术论文60余篇。主编国家教育部、国家卫生和计划生育委员会本科规划教材7部，主编、协编本科教材4部。

想对你说：快乐的学习，快乐的工作，快乐的生活。

我在齐齐哈尔医学院毕业后留校任教，每天依然行走在校园的绿茵里，没有离校各奔西东的伤感，迎来送往，见过一届届我们的医学生，在匆匆而过的教育生涯中，不觉得身边时光飞逝，没留意黑发已然飞霜。眺望办公室窗外，小路上相伴而行，刚入学的新生们年轻而阳光的身影，思绪被牵到了曾经的花季。

“健康所系，性命相托”，坚定的医学誓言展现了医学生学习内容和实践对象的特殊性，医学生在学习的过程中会遇到其他专业的学生不会遇到的事情，这是医学生鲜为人知的心路历程，那些刻入脑海、感念至深、专属于医学生的第一次，以及与这些第一次有关的故事渐渐浮现在眼前。

第一次看解剖尸体标本

医学生的学习生涯，首先要从正常的人体结构学起，医学生的基础课程就是人体解剖学，学习解剖学的重要环节就是去实验室看尸体解剖。我第一次走进解剖实验室也是深感惊惧。解剖实验室周围看似普通的走廊，却让人感到一阵阴森凉意；解剖实验室门口处放置着完整的人体骨骼标本，平添了几多恐惧，小心翼翼地向右瞄了一眼，我差点喊了出来，墙角处一排透明容器里，装着各种人体器官标本，人脑、肺脏、胃脏、手臂剖面、大腿肌肉……解剖台上摆放着一具僵硬的、散发着刺鼻的福尔马林气味的尸体标本，空气里弥漫着恐惧不安，尸体不会说话，我们也不说话。老师让我们看肌肉、血管、骨骼的结构，还有各个脏器，如心脏、肺脏、肾脏、小肠、大肠及肠系膜等，我不敢看尸体的眼睛，那是两个凹陷的黑洞，让人感到莫名的恐惧。老师在上面讲得滔滔不绝，但我没听进多少内容，只觉得恐惧伴着恶心。还有，老师的手套上沾满了肠系膜上粘过来的黏糊糊的脂肪，当时看完冷汗就下来了，不断恶心。第一节解剖实验课下课后，看见食堂放凉的猪油炒菜就反胃，看着猪肝就联想到实验室里的肝脏标本，中午我没有吃饭，想起老师的手套就觉得恶心。后来，随着上解剖实验课

次数的增多，恐惧逐渐消失，恶心的次数也越来越少了。这是所有医学生都要闯过去的医路第一关！跨过恐惧、恶心、噩梦，才能成为合格的医学生。

就这样，闯过了解剖学学习恐惧和恶心的关卡，学习过程居然开始有幽默和风趣的桥段了。记得有一次，打扫宿舍卫生，在床底下竟然扫出了一个骷髅头（颅骨标本），那是同寝的同学为了搞懂颅骨上的各种孔道，把颅骨标本从解剖实验室里拿到了寝室，事后忘记归还了，一个骷髅头和我们“同居”了那么长时间，室友们竟全然不知！发现之后，我们可没有大惊小怪，这是身为医学生的骄傲。若是这样的事情发生在非医学院校，会引起什么样的惊恐骚乱，我们不难想象！还有一次，因为怕迟到，没吃早饭就去上解剖实验课了，老师讲解了局部解剖理论内容后，让我们动手解剖腿部肌肉，在解剖台前认真完成了老师布置的实验，饥肠辘辘，肚子直咕噜，我反射性地舔了舔嘴唇，咽了一下口水，正好让坐在对面的男生瞧见了，他嬉笑着对我说：“哥们，你不是想吃牛肉干吧？这股四头肌色泽红亮，纤维细致，跟牛肉干真有一比！”我也笑出声，接着说：“我没吃早饭饿着呢，你提牛肉干就更饿了，你坏我呢！”随着下课的铃声响起，轻松的氛围里，结束了曾经让我们觉得恐怖、恶心的解剖实验课。就这样，伴着福尔马林味度过了大学的第一学期，高兴的是，期末解剖课考试成绩还算不错。

后来我做了主管教学的副校长，到解剖教研室开展教学检查和督导时，才知道解剖老师不仅上实验课要摆弄尸体，没有课的时候，还要完成尸体解剖标本的制作，母校解剖展馆中上千件艺术品般的真尸标本，全都出自解剖老师们媲美艺术家的双手，其美学价值曾得到我国著名画家关玉良先生的肯定。为解决教学尸源紧张的问题，解剖老师们不辞辛苦，不避白眼，四处奔波求助。在设备条件匮乏的年代里，他们必须在数九寒天的自然冰冻条件下，用铁锯手工切割尸体。标本馆中的人体标本就是这样几十年如一日，一点一点积攒下来的。说到这里，让我不由自主地想起我们尊敬的解剖教研室主任王宏志教授，他为解剖实验室的建设奉献了自己的毕生心血。更让人敬佩的是，母校的解剖教研室始终有一批执着敬业的女教师，现在的人体解剖学学术骨干高音博士、姚丽洁老师都是女教师。环顾这个社会，几乎每天都要与尸体打交道的人群，除了殡仪馆的工作人员，就是我们的解剖老师，解剖老师真的是一个特殊的职业，正因为有了这些老师们的奉献，医学生们才能在成为医生的道路上，迈出坚实的步伐。在此，让我们向一代又一代的解剖老师致敬！

随着社会文明程度的提高，医学院校解剖教学的尸体标本来源逐渐转向爱心人士的遗体捐献。面对这些尸体，我们似乎看到了尸体以外的东西——大爱的灵魂。这些爱心人士，既是医学生的“解剖老师”（被医学生称为“大体老师”），更是“舍身济世”的榜样。现在，每当我走进解剖实验室陪同客人参观的时候，看到这些遗体捐献者安静地躺在解剖实验台上，心中充满了对他们的敬意，在我的眼里，他们再也不是冷冰冰的尸体，

而是让我们尊敬的先贤！也不知他们是谁的父母，谁的兄弟姐妹。现在，学校的医学人文教育都从解剖实验课开始，当新生第一次走进解剖实验室的时候，必须向实验台上的“大体老师”鞠躬致谢，正因为有了他们的无私奉献，才有今天的医学教育！

第一次进妇科诊室

第二年开始学习临床课了，内、外、妇、儿科课程都开课了，加上课间实习，充实而忙碌着，有一天，轮转到第一附属医院妇科门诊做课间见习，见习的内容是妇科检查。一位中年女性患者在护士的引导下，来到妇科诊查室，患者按着医生的要求脱下内裤，接受医生的检查。带教老师一

边给患者检查，一边给见习的学生讲解妇科内诊的要领，我们的见习小组有 8 个人，清一色的青葱少年，都是荷尔蒙水平不低的男生，那是第一次进妇产科门诊，也是我平生第一次看到成年女性的生殖器官，本能的反应让我心跳加快、颜面发热、胸闷，脑子一片空白，老师讲了什么，没有记住多少。再偷眼看看其他同学的表情，个个面露尴尬，眼神游移。我估计他们的内心反应跟我是一样的吧？只是至今还没有问过他们当时的感受。这件事让我清晰地认知了医生职业的特殊与圣洁！妇科诊室，那是男性止步的地方，因为我是医学生，才特许我穿了白大褂站在这里做课间见习，才特许我了解患者病史及身体的隐私，才特许我不回避性别为患者做医疗检查。思考过这些，以后去妇产科做课间见习，我不再有尴尬不安的心绪，而是怀着感恩和洁净的心，认真地跟随带教老师查看患者，尊敬患者，理解患者，同情患者。

后来我任学校党委副书记的这些年，随着对学生职业精神和道德品质的关注，研究方向从医学心理学拓展到了医学人文，通过系统研究深深感到：中国的医学教育中，对医学人文教育有着严重缺失。医学人文教育强调以患者为中心，给患者以最大的尊重、关心、爱护、帮助，要遵守患者利益优先的原则，要贯彻医者仁心的精神，医患之间要有良好的沟通……依据现代医学人文的标准，让男医学生见习妇科检查的过程，带教老师事先一定要和被检查的患者进行充分、良好的沟通，取得患者的同意，检查中一定要充分考虑到患者的心情，及时给予安慰和鼓励，检查后一定要由衷地对患者表达谢意，感谢她们对医学教育事业的支持和帮助。直到现在我还时常想问，当时带教老师应该有谢过那一位妇科患者吧？

第一次去精神病医院

我在齐齐哈尔医学院读的是神经精神专业，大学的最后一个学期，要到精神病医院做临床实习，我的实习医院是黑龙江省神经精神病防治院。我平生第一次走进精神病医院，这是与普通医院完全不同的另类医院：全部患者都要关到病房里，病房钥匙由值班护士掌管，患者不可以随便出入病房，为的是防止患者逃离医院。患者入院后都要换统一的病号服，目的是方便识别，也避免患者把危险物品带入病房。再看医院里住院的患者：躁狂病患者，已经喊哑了嗓子，还在声嘶力竭地说呀、唱呀；抑郁症患者满面愁容，度日如年，总想轻生，伺机告别这个世界；有钟情妄想症状的分裂症女孩，在不厌其烦地跟医生讲她同某个明星的“爱情史”；一名酒精依赖的患者，被妻子用一塑料桶的酒，一杯一杯地从遥远的外地哄到医院接受戒酒治疗；一名只有七岁的小女孩，总是怀疑爸爸妈妈要害她，不吃家里的饭，不与父母沟通，天天躲在衣柜里；衰退期的精神分裂症患者，丧失了生活的欲望，即使吃喝也要医护人员督促；康复期的患者，由于长期服用抗精神病药，药物的不良反应使他们的面部表情呆滞，步伐僵硬机械，就像美国电影《未来世界》里的机器人……这是个让人惊悚、意外、颠覆想象的世界！患者生活在正常人看不懂的世界里，除了医生，其他人无法与患者沟通交流。

在此之前，我一直认为癌症患者是这个世界上最可怜、最不幸的，但自从来过精神病医院后，我改变了自己的观念，觉得精神病患者和家属才是最可怜、最不幸的。癌症患者从患病直到去世，都能感知到亲友给予的爱意，他们是带着对亲友的不舍和对这个世界的无限眷恋离开人间的。但是重症精神病患者，直到去世也不会知道有亲人的爱在陪伴着，不知道人间冷暖，不知道家庭为他们付出的沉重代价！

精神科医生与其他专业的医生相比，所处境况迥异。精神科医生每天要面对各种各样精神异常的患者，可以依靠的客观检查手段很少，治疗方法单一；患者疾病难以根治，复发率极高，难以获得成就感，还常常要面临被精神病患者攻击的危险；收入偏低，很容易被社会误解和歧视。当精神科医生不容易，当一辈子精神科医生更不容易！正是这些缘故导致精神科直到现在，仍然是临床医学中相对薄弱的学科。

大学毕业至今，我虽然没能成为一名精神科医生，但是对精神医学专业的热爱和对精神科医生的尊敬始终没有改变，在大学里一直从事着与精神医学相关的医学心理学教学、科研和精神医学专业人才教育培养工作。这些年可圈可点的事情有：①母校本科精神医学专业成为教育部第一类特色专业建设点、省级重点专业；②三十八年的不间断招生，母校成为中国培养精神科医生人数最多的大学；③创立精神卫生学院；④母校作为总主

编单位牵头主编了我国第一套、第二套卫生部本科精神医学专业教材（每套 11 本）。这些就是我为自己所热爱的精神医学专业，做七年教务处长、五年教学副校长工作经历的一份答卷。在这份答卷上写下了，培养合格的精神科医生事业中，我的不懈努力和辛勤耕耘。每年都有百余名本科精神医学专业的毕业生，从齐齐哈尔医学院奔赴全国各级精神病医院，去安抚、救治那些病态的灵魂，想到这里，心中就会有几多轻快和欣慰。在此，我从心底由衷地向这三十多年来，一直坚守在精神科临床一线、为我国精神卫生事业发展做出贡献的同学们，致以崇高的敬意！这些同学们的代表是：于恩庆、王德民、刘长辉、王晓飞、张凤林、姚立峰、李春生、齐立国、颜景章、刘久才、朴铁峰等。他们的医路历程，昭告世人——医生不仅仅是一份职业，更是一种信仰！不能用金钱衡量医生的价值！不能用世俗的眼光去审视医生的功过得失！

光阴荏苒，芳华已逝。距离当年报考医学院已经过去三十五年的时间，但是一想到曾经的岁月，诸多感慨就涌上心头，我有话要对我们的后辈、对齐齐哈尔医学院的孩子们说：医学生，不管你需要闯过去多少道难关，不管你读到了多高的学历，在保持圣洁、谦和的同时，必须要坚持自己的梦想。要想成为一名优秀的医生，必须首先做一名出色的医学生，医学之路漫漫，让我们始终铭记医学的神圣使命：健康所系，性命相托！

精彩留言

朱晓东：不愧是心理学专家，把一名医学生不断成长的心理描述得很细致。

吴志全：以一名医学生的亲身经历，有思想、有深度地诠释出医务工作者的神圣：医生不仅是一份职业，更是一种信仰！不能用金钱衡量医生的价值！不能用世俗的眼光去审视医生的功与过！

张强：将我们共同的内心世界娓娓道来。

马钢：治愈是医者不懈的追求，帮助是医者神圣的使命，安慰是医者必尽的责任！再次拜读大作，有感而发。

张钲：神经精神专业医生是最难当的医生，如果没有专业的知识做基础，容易被患者“传染”。

周庆芝：诸多的第一次，勾起很多久远的回忆！对精神病患者及其家庭的阐述受益匪浅，我们的一个松坪山社区集中了近四十名精神病患者，大多是来自低保家庭！看来要无条件加大对患者与家人的关爱力度！

许淑云：拜读。钦佩你的才华，让我重温学医的心路历程，感谢今生有同学相伴，祝快乐下去！

付霞：我们这一届的骄傲！快乐的学习，快乐的工作，快乐的生活！我们医学生的榜样！快乐真好！

吴艳彬：拜读！内容淳朴，文笔精彩，我的文稿压力山大。

大爱无垠

拜读崔光成老师写的《医学生的那些第一次》，产生了要写感言的冲动，文章如春风细雨，润物无声，滋润出潜力，萌发出思绪的嫩芽，内心里由得这想法不断滋长。担心自己文笔拙劣，恐怕表达不清内心的真实感受，影响了对文章内涵的领悟。

崔老师是神经精神专业的学生，致力于医学心理学教学、科研和精神医学人才教育培养工作多年。齐齐哈尔医学院神经精神专业培养的学生，在国内同一领域，数量和质量首屈一指！崔老师做了7年教务处长，5年教学副校长，为创立精神卫生学院，主编我国第一套、第二套卫生部本科精神医学专业教材（每套11本）付出了不懈努力，取得了可喜成果。

崔老师强调“要想成为一名优秀的医生，必须首先做一名出色的医学生，医学之路漫漫，让我们始终铭记那个使命：健康所系，性命相托！”

《医学生的那些第一次》，从解剖实验课的恐惧、恶心，到医学基础知识的逐渐扎实；从妇科课间实习的尴尬不安心理，到关注学生职业精神和道德品质教育，认识到医学心理学和医学人文教育的重要性，强调以患者为中心，给患者最大的尊重、爱护、帮助，遵守患者利益优先原则，医者仁心，医乃仁术，鼓励做到“治愈是医者不懈努力，帮助是医者神圣使命，安慰是医者应尽责任”，培养德技双馨、博极医源、精勤不倦的优秀医生，鼓励齐医人努力践行“大学至善·大医精诚”校训。《医学生的那些第一次》的内涵，跨越医学圣殿，传播善与美，情满人间。

崔老师细致入微地观察精神病患者，感同身受的心理描述，代言精神病患者内心的凄苦诉求，正是培养医生所需要的精神境界和学术修养。拜读《医学生的那些第一次》，随着感悟的循序渐进和深入清晰，感受到了医学心理学和医学人文教育的深刻意义。这篇文章，提高了齐医人《情怀》精神境界，有益于推动医学教育发展，有益于勉励齐医人投身医疗卫生事业，为保卫人民健康做出贡献。

掩卷深思，只觉得《医学生的那些第一次》——大爱无垠，沁入心脾，入心入脑，受益匪浅。

2018年10月22日—2019年1月1日

1965级校友宋永海于大连

情一往而深，缘三生有幸

情怀故事主人公

沈黎，1963年出生，1984年毕业于齐齐哈尔医学院。医学硕士，编审，现任齐齐哈尔医学院学术理论研究部主任，担任《中华现代护理杂志》《神经疾病与精神卫生》《齐齐哈尔医学院学报》主编。

《情怀》书稿近在收官之际，与编辑讨论最后出版事宜的时候，才意识到我的书稿还没有完成。虽说我是《情怀》的发起人，但在提笔抒怀这件事情上，还真是一筹莫展，许多难以言表的心绪无从下笔。品读着每位同学的丰富人生经历，目睹热心的同学们所付出的努力，推说人在职场事不由己——那是借口，静下心来，颇费了一番思量，倒也不全是为了完成书稿。谈啥呢？从何处谈起呢？反复思忖，还是被《情怀》中的人间情缘所触动了——人的生命里，不能没有情，情不知何生，一往而深；人在尘世间，不能不结缘，缘不知何深，缘定三生。蓦然回首，我的人生旅程中有很多关键节点都与齐齐哈尔医学院的同学情缘深厚。撷取几件我生活和事业中的往事，谈一谈这三生有幸的同学情缘吧。

亲情之缘

1984 年秋，于齐齐哈尔医学院毕业后如愿留校工作。在那些返回小城镇的同学眼里这是让人羡慕的事。这的确是我人生的良初，人生的幸事。到人事部门报道之后就被分配到当时学校里规模最大、责任重要的第一大处——齐医教务处，同学张嘉伟的母亲张凤文老师（我们同学称呼张姨）和胡凯的母亲马宪敏老师（尊称马姨）正是处室的前辈。教务处下属许多科室，我被安排进了科研科，并且还和马姨坐对面桌，亲缘就这样笃深！

上班的第一件事很快到来——我被当时教务处的刘金元处长招募参与学院招生工作，并且和同届同学刘志宏一起加入到了招生队伍中。招生归来正式投入工作，科研科与校学报编辑部合署办公，工作的第一任务就是配合马姨校对《齐齐哈尔医学专科学校学报》第一卷第一期。科研科加编辑部算上我一共 3 个人，主任杨树元老师和马姨治学态度严谨，在他们的指导下，我很快熟悉了工作环境和工作内容。与嘉伟和胡凯的同学情缘，也由此发展成为兄弟般的手足之情，离家在外的我经常有机会去感受这两个家庭的温暖，也受到两家长辈，尤其是张姨和马姨母亲般的关爱。

嘉伟的父亲是教授解剖课的王洪志老师（后来我改口称“王叔”，更加亲近），姐夫是教生理课的张业老师。张姨人很和善很有爱心，做得一手好菜，经常邀请我们到家里改善生活，王叔毫不吝惜地将珍藏美酒奉出的情景还历历在目。当时张姨和王叔家已经是三世同堂，其乐融融的幸福大家庭，让人羡慕的同时倍感亲切。如今偶尔回到齐市，见到张姨和王叔，还是和睦如初，知道二老精神矍铄、身体安康，由衷地为二老祝福！

去胡凯家，也没少吃马姨做的饭，胡叔是江苏人，印象最深的就是胡叔做的煲仔饭，三十年间在北上广深大都市里生活过，也游历过台湾，可是哪儿的煲仔饭都不如胡叔做得香，那味道让我至今都齿颊留香、无法忘怀、回味无穷。

媒妁之缘

同届同学毕业留校的有五个人，刘志宏毕业留校做了辅导员。我俩参加招生招来的这一届学生，是刘志宏担任辅导员带的第一届学生，从齐医的学生“华丽”转身成了齐医的教师，这哥们有点立地成佛的感觉，一心要普度众生，便把第一滴甘露洒给了我这个单身狗。熟悉了解学生的情况是辅导员的工作内容之一，看着这哥们下了班没事也翻他的学生名册，我讽刺他“这是要当学生工作处长的节奏吗？”他却诡秘地笑着说：“我这是给你研究女朋友呢！”看着他这貌似啰嗦的举动，当时我心中泛起了莫名的感动——当初的女朋友，后来成了我的妻，就是那一年我俩招到齐医妇幼专业的学生。刘志宏“借”辅导员之便，“以权谋私”，从他那学生名册里“选”出来，在中间牵线搭桥，促成了我的姻缘。

由于工作调动的原因，我和刘志宏分开有二十余年了，但是同学情缘加上媒妁之缘，每次见面都特别有戏，总是免不了要提及这个“媒婆”的话题调侃一番，同时刘志宏也会不失时机地开玩笑，要我在众人面前向他敬酒表达谢意。逢此场景，这哥们就会得意忘形地煽动同学们起哄罚酒，很享受我被哄闹着罚酒的感觉呢。

兄弟之缘

周洁信是我们这一届的“大哥”，他是在当年高考规定的底线年龄考到齐医的。与周洁信成为同学是我的荣幸。在齐医同学们都不叫他名字，都叫他“大哥”。我在家里是老大，但是自从见到了周洁信，和他朝夕相处后，

也许直到如今才知道“大哥”的真正内涵和外延。在他身上永远都是“大哥”气场和大家风范！

记得刚入学齐医，我被赶鸭子上架担任了班里的宣传委员，主要任务是定期出宣传板报，见过别人设计制作黑板报，可自己从来没有干过这种活。学校团委布置下任务后，便请教大哥。大哥二话没说，亲自操刀，内容查找、版式设计、粉笔板书等全盘包揽，为我和班级解了燃眉之急，完成了政治任务，后来我们班级的黑板报还经常在全校的评比中获奖。

为了能够多吃上几样菜，大学同学都流行两人合餐，这习惯到现在都没过时。我有幸和大哥合餐，笑称“一个槽子”。大哥身材不高，饭量不大，成全了我这个离不开运动场的“大胃王”。大哥还做着学生会生活委员检查和监督食堂工作的活，是顺便，也是大哥厚道，他几乎包揽了排队买饭的事。在生活上得到了大哥太多的关爱，让同学们羡慕不已，其实我也很享受那些嫉妒的目光。

我和大哥毕业同时留校，大哥也分配到学生工作处做了辅导员。不到一年的时间，大哥就调到齐齐哈尔医学院第二附属医院神经内科工作了。大哥出身于齐齐哈尔市很有名望的中医世家，哥哥继承了祖业，医德高尚、医术精湛，诊所门庭若市。大哥虽没继承家传的中医传统，然而其医德、医术也是享誉齐市及周边地区。大哥过了退休年龄，医院管理层还是极力挽留住了他，其实是大哥舍不得工作三十余年的医院，更舍不得多年熟稔的广大患者群体，现在大哥仍然担任齐齐哈尔医学院附属第二医院神经内科主任，几乎年年被评为“优秀教师”和“劳动模范”。

大哥对待患者胜似亲人，对待同学胜似兄弟姐妹。我觉得大哥和我的这份手足深情，兄弟之缘，一定是老天对我的眷顾。

患难之情

1998年齐医申办《神经疾病与精神卫生》杂志，需要邀请一位精神专业的学术名家担任总编辑，与时任齐医教务处副处长的同届同学崔光成商议，决定邀请我国精神医学界泰斗、著名精神病学临床学家、教育家、行为医学开创者、应激与成瘾相关研究学科带头人杨德森教授。杨老曾经担任过湖南医科大学副校长，桃李满天下，他领军的团队被誉为我国精神病学的“黄埔”。恰逢杨老应邀到大庆三院指导和规范临床诊疗工作，机会难得、机不可失。与学校领导汇报后立即制作聘书，决定第二天清晨便赶往大庆拜见杨德森教授。而就在这个时间，嫩江和松花江爆发特大洪水，抗洪防灾红色预警随后发布，从中央到地方全部处于战备状态。出于安全考虑，校领导不希望这个时间出行。可那个时候年轻，做事有激情，机会难得，遇到困难最是无畏，遂勇往直前。出发的时候大水已经漫过齐富公路，我们没有害怕，顺利的是当天便见到了杨老，时任大庆三院院长的王明时教授还为我们精心安排了极正式的仪式，并合影留念。工作顺利完成，王院长还为我们设了庆功宴，我和光成很有成就感和幸福感。心里高兴，当晚酒喝得酣畅，第二天没赶上早班车回齐。同届的王晓飞同学又执意要招待老同学，同学相见分外亲近，推杯换盏之间豪情万丈，盛情难却，结果中午的火车又没有赶上。等回到齐市后发现齐富公路早被无情的洪水吞没，水路也封了，真是“黄河之水天上来”，浩大洪水正当道！我和光成在齐市火车站前一家小旅馆里住了一周，老婆孩子近在咫尺、心急如焚，却是无能为力。怎能忘怀这份生死与共、同甘共苦的患难之情！

2001年杂志创刊，杨老非常支持本刊的发展，每次活动都积极参与并给予大力支持，连续两年为本刊撰写专栏——中国道家认知疗法，为《神经疾病与精神卫生》杂志的发展和成长做出了卓越的贡献。为感恩杨老对创办杂志的鼎力支持，2009年10月底在杨老八十寿诞的时候，我和光成带着著名艺术家关玉良先生为杨老写的“大爱无痕”墨宝，前往中南大学表达崇敬之情。现场光成深情致辞，解读了“大爱无痕”是对杨老的真实褒奖和最高敬意，名副其实，再贴切不过。看到杨老桃李满天下、看到全国那么多精神专业知名学者、医院院长前来祝寿，钦佩杨老人格魅力的同时，也为我们选择这样的总编感到自豪！

一本科技期刊创刊的创刊词代表一本期刊的起航、定位和发展目标，更是“面子”。经过一番商议，还是光成提议请中国工程院首届院士巴德年巴老为本刊撰写创刊词。巴老毕业于哈尔滨医科大学，曾任哈尔滨医科大学副校长，1992年被国务院任命为中国医学科学院院长、中国协和医科大学校长，1994年当选为中国工程院院士。光成动用了自家亲友——现北京大学歌剧研究院院长、著名歌唱家金曼教授邀请到了巴老，巴老为本刊撰写了高屋

建瓴的创刊词，并激励我们自强不息，更要脚踏实地。由于起点高、定位准、众星捧月，《神经疾病与精神卫生》杂志于 2006 年被“中国科技论文统计源核心期刊（中国科技核心期刊）数据库”收录，并增加“中国医师协会”为主办单位，成为中国医师协会系列期刊。没有辜负巴老对本刊的期望。

光成和我的患难之情，在齐医的工作合作中升华为亲密的知己之情。光成的专业素养令人钦佩，他是学科带头人、二级教授，全国心身医学领域著名专家和教育家，目前担任齐齐哈尔医学院校党委副书记，一直担任《神经疾病与精神卫生》杂志的副总编辑，为推动杂志社的发展和壮大及我个人成长进步、家庭团聚、生活安宁做了大量的让我一生也感激不尽的事情。在此我由衷地说声：此生有你真好！谢谢你一路相携！

崇敬之情

经历了风风雨雨，2000 年 8 月《神经疾病与精神卫生》杂志获得中华人民共和国科学技术部和中华人民共和国新闻出版总署的批准。创办一份期刊是件不容易的事情，巧妇难为无米之炊，要组织召开第一届编委会，邀请神经专业的名家参与的事情还没有落实下来。这时还是几位有学术地

位、我崇敬的同学出手相助，张嘉伟、丰宏林同学通过多种渠道，一波三折，邀请到了白求恩医科大学（现在吉林大学白求恩医学部）的林世和教授、张玉教授、赵节绪教授担任编委并为本刊撰写专栏，解决了我们创刊初期的主要困难，为杂志成长、发展做了大量的贡献，这期间张嘉伟同学还推介了孔繁军师兄，孔师兄在创刊初期也给予了大力支持。

2001年元月，《神经疾病与精神卫生》杂志正式创刊，顺利召开了第一届编委会，邀请了哈尔滨医科大学的戴钦舜教授出席，邀请了首都医科大学附属北京天坛医院的栾国明等知名教授讲学。

创刊初期，为了规范英文编辑质量和杂志的学术质量，远在美国的同班同学叶桂兰，为本刊撰写了大量的英文原创稿件，还对英文摘要的规范无偿做了大量的工作，对本刊的品牌建设功不可没！在这里向张嘉伟、丰宏林、叶桂兰同学深深地致敬！致谢！

莫逆之情

出门万里客，中道逢嘉友。

2008年，创办于十三年前的《黑龙江护理杂志》顺利升级，加入了中华医学会，成为中华医学会系列期刊并更名为《中华现代护理杂志》，完成了我开始从事科技期刊编辑的夙愿。但是人生的路没有尽头，恰逢新时代，科技期刊要市场化、集约化、品牌化、国际化；伴随着互联网时代的大发展，又要求媒体的融合发展。在这个时候齐医领导要我接手社长和主编双重工作，自觉压力山大！谁都知道北京人才济济、卧虎藏龙，在北京工作打拼也有几年，学过管理，只是纸上谈兵；做过管理，也还是千头万绪——组织结构要调整、新的业务要开拓、人力资源要配备、制度化建设要完善、员工职业化水平要提升、未来战略要制定、期刊定位要调节……

焦灼状态，关键节点还是找同学求智求贤，同届同学吴志全做过公司的高管，有经验，是他推荐了全博人力资源管理公司免费为我们刚成立的北京轩银瑞华文化传播有限公司做咨询。全博的总裁涂满章先生是志全同学肝胆相照的挚友，也是多年生意上的伙伴，在涂总的扶持和帮助下，公司的人力资源管理能力一步步成长、成熟。这份功劳要记在志全这个莫逆之交身上。

山河不足重，重在遇知己。回想起创办公司的过程，还得追溯到20世纪90年代期刊社市场化初期富区创业的艰难岁月，在齐医工作十几年，与社会交往甚少，对于创办企业更是一无所知，今生幸遇张嘉伟、胡凯等多年的莫逆之交，在我迷惘和不知所措的情况下，是这两位知己，用他们的人脉关系帮助我解决了异常困难的注册资金问题，后期的工商注册、税务登记、银行账户办理也在他们的协助下柳暗花明，于顺风顺水中完成了，甚至连与合作单位的联系洽谈，公关宴请，也经常是他们买单。至今不期回到齐医见到张嘉伟、胡凯总是心生愧疚，便时常提及此事，他们都坦然浅笑，回我一句：那些小事，不足挂齿。

一语情重，掷地有声！相视而笑，莫逆于心，让我珍惜和感动终生！

《情怀》之故

记得是2016年偶尔在《新京报》书评周刊上看到1980级复旦大学中文系为毕业三十周年而出版的纪念书籍《1980我们这一届》的推介，所有作者与我是同龄人，觉得很有意思，便马上购买了一本拜读。由于是同时代人、经历了相同的大变革，篇篇有感而发，事事触动心灵，一口气便读完了，掩卷冥思，百感交集，久久不能释怀。

不由得回想起齐医我们这一届同窗兄弟、心仪女生、恩师、校园、医院、实验室、教室，还有那总也忘不了的春天里的紫色丁香花和每年整个附属医院小院飘满杨絮的“六月雪”。时光飞逝，转眼我们毕业也三十五年了，同龄人写的那本书籍总在脑海里浮现，同时期齐医读书的情结总在心中萦绕，每一次的同学聚会无不情怀激荡，把酒言欢时无不相忆激情岁月！酒壮豪情，有酒也有故事，东北汉子淡定不了，听着罗大佑《光阴的故事》，一发冲动，策划了《情怀》一书。好想法需要好团队，好团队要有好的执行力。激情、坚韧、奉献精神一个都不能少。这个策划得到志全这个知己的共识，一拍即合。志全的朋友涂总也被我俩的激情感动，在酒桌上畅谈并为书籍命名为《情怀》。著名艺术家关玉良先生听说此事，立即为《情怀》赠写墨宝，是为书名。倡议发起后，最为兴奋的还是志全：为情怀征集文稿，走过四季，游说南北，不失时机，屡屡提及。用心之良苦、精力之付出、意志之坚定、情谊之赤诚，令人感动涕零！

历时两年的不懈坚持，如今呼之欲出！预算、书稿编辑、题序、后记等诸项工作基本完成，这是经过了多次《情怀》编委会及联席会议后，取得的成效。感谢陶明同学，经她之手修改、润色、调整了书稿内容，这是大量的烦琐的文字工作；特别是得到了光成同学代表齐医的官方支持和参与，让这本书有了更好的定位和格调。这里我要特别感谢黄英辉同学的互联网思维，她辛苦操持微信公众号的申请和上线，才有了更多同学的认可和参与，并顺利取得了今天的结果，这就拥抱移动互联网时代，我们做到了！

由于从事出版业多年，与大大小小的出版社也打过不少的交道，参编过一些书籍，也参编过专业书籍。最终《情怀》书稿得到了科学技术文献出版社的支持，在此更要感谢本书责任编辑的不辞辛劳，夜以继日的修改和润色，才使每篇文章朗朗上口、感人至深。

追忆之思

与本书责任编辑交流的过程中，提及了早逝的两位同学——丁营江、张洪明。编辑建议我在文中追忆他们的故事，如是于《情怀》，于我都责无旁贷。

说来也巧，丁营江、张洪明两位同学是在新宿舍楼208寝室时我的室友。入学的第二年新宿舍楼竣工，我们搬到了八人一间的学生宿舍，直到各自实习，两位同学都是“睡在我上铺的兄弟”，住在进门右手边最里面靠窗的位置。两位同学天资聪慧，按那时的说法是“好学”，按现在的说法是“学霸”。他俩风格不同：丁营江有点玩世不恭、桀骜不驯，业余时间爱读名著，经常为我们朗读《幻灭》《约翰·克利斯朵夫》《红与黑》《少年维特之烦恼》；张洪明谦恭随和、内敛刚毅，足球踢得好，乒乓球打得也好，少年时期接受过专业训练。他们毕业后都做了医生，在行业里也是才华出众的。然而天妒英才，他们却早逝！让同学们深感惋惜和遗憾。

祝愿两位同学的在天之灵安好！

《情怀》不截稿，便总有道不尽的“情怀”，便总有说不完的故事，便总有要感谢的人。是我们这代人更钟情？更愿意怀旧？还是我们老了？于我们而言，人生最美的珍藏，就是那些往日时光啊！

《情怀》一书出版在即，我想：当《情怀》成书在手的时候，我一定要约上编者同学们畅饮几杯，分享喜悦。在年过半百的今日，我们用心做成了一件有意义的事！做成了一件医学专业之外，不太业余的事！

生命之暖

情怀故事主人公

吴志全（现名吴志全），男，1963年出生。1981年就读齐齐哈尔医学院神经精神专业，1984年毕业分配到福建省立医院麻醉科做住院医师。1993年获得工商管理硕士学位，1998年获得病理生理学硕士学位。1993年留学回国，与合伙人一起创建福州迈新生物技术有限公司，任董事副总经理；2006年投资厦门同博企业管理咨询有限公司，任常务董事；2017年3月投资控股成立厦门易同威投资管理有限公司，并以该公司投资了丹溪映画（厦门）文化传媒有限公司、厦门双十教育、厦门夏谷软件有限公司、台湾合不合科技发展有限公司、福建省八闽蒸情健康饮食有限公司。2000年被聘担任中国管理科学研究院研究员，2009年受聘为齐齐哈尔医学院卫生事业管理专业客座教授，2011年获评“中国优秀职业经理人”，是中国“学术营销”的理论创始人。

麻医七年，潜心解痛。
海外求学，栉风沐雨。
弃医从商，大浪淘沙。
煮酒烹茶，不论英雄。
坐看闲云，宠辱不惊。

想对你说： 生命之旅带我们走过岁月，我们有了自己的经历，有了自己的故事，有了自己的人生。尝过生活的辛酸苦辣，有过心路的喜怒哀乐，阅过人生的功败垂成。这些林林总总，构成了人生旅途中的一道道风景线，那些忘不了的人、情、事，那些忆不够的真、善、暖。无论时光如何飞逝，不管世事怎样变迁，都是我记忆中忘不了的温存！

初遇良师

善之本在教，教之本在师。传道授业解惑，良师尤甚。良师是航标，为人生之舟拨正航向；良师是甘霖，为心灵荒漠孕育绿意；良师是烛火，照亮黑暗中摸索的灵魂；良师是港湾，是旗帜，是臂膀，是怀抱……

经过高考的紧张博弈，如愿走入高等教育的象牙塔，我成为齐齐哈尔医学院的一名学生。男孩子大多喜欢理工科，对医学不是那么有兴趣的。1981 年的金秋九月，齐医开始迎接新生入校了。入学报到的那天不再背家长买的新书包，而是换成了重重的大件行李。当我提着两大件行李迈入学校的大门，第一个迎接我的人，是个目光炯炯、和气爽朗的中年男子，他自我介绍说："我叫梁国光，是你的班主任老师，负责你在学校期间的学习生活。"记得当时他一边从我手里拿过那两件重约 20 公斤的行李，一边和我聊天："你叫吴志全吧？是咱们富拉尔基区第七中学重点班的班长？爱好体育、文艺……"跟梁老师边走边聊，他接着又说道："你住在这栋楼三楼的 428 寝室，靠窗右侧下边的那张床，我送你去寝室吧。"这让我惊讶和语塞，从小学到大学一路走来，我做过许多老师的学生，能够像梁国光老师这样把每一名学生的具体情况、生活环境如数家珍般烂熟于心的

老师，在我这儿是第一人！更让我这个从小缺少父爱母爱的人，心里倍感温馨！校园里不长的一段路，映着我们被斜阳拉长的身影；在日后的学习生活中，课堂上有他授业解惑的精彩讲演；课余时有他轻松愉快的文体娱乐；情感懵懂中有他指点迷津的苦口婆心，我将这些场景深深地记在心底，成了日后反复回味的记忆。对这位如父如兄般的良师，我从心底里产生了由衷的喜欢和敬意。因为与梁老师的这个不期而遇，因为他的敬业与德行，我从此喜欢上了这所我曾经“不情愿”就读的医学院校。在这所校园里，开始了我快乐而充实的求知之旅。从这里汲取了对我的人生有深远影响的正能量。这是当年，我走进齐医的第一场景，一份难以忘怀的如歌岁月，那场景至今都是我记忆深处最温馨的一幕。一位好老师，胜过万本书。良师，或悉心以教，愿雏凤清于老凤声；或点石成金，愿化腐朽为神奇；或以一句善意的提醒，一次友好的搀扶，都是良师。“一字师”“一句师”，莫不传为佳话。

益友深情

同学情，如一杯茶，苦涩中可闻及一缕芳香，慢慢琢磨，会品尝到一股清新的甘甜，萦绕于舌尖，让你回味无穷，让你珍视一生。入学不久，校学生会就组织全校师生召开了欢迎新同学的文艺晚会。自幼喜爱艺术的我，全身的文艺细胞都进入了兴奋状态，主动请缨，代表 8108 班参加校文艺晚会表演节目，我和班里的女生赵云瑾合作，表演男女生二重唱，那时的流行音乐是台湾校园歌曲，我们选唱了《校园的早晨》《脚印》等歌曲……我们自然质朴的演唱，青春明快的歌声，当时可谓惊艳了全场！博得了台下师生们的阵阵欢呼，我们的歌曲在后来的各种演出比赛中，一直独占鳌头，走红校园。演出的台前幕后，有那么多美好的瞬间，明晰地印在记忆深处，即使很多年过去，都忘不了当时的情景与细节，仿佛在昨天，抑或在梦境。记得演出之前都要在后台化妆，当时的我，懵懂淘气，化妆对男孩子来说，是一件“尴尬”和害羞的事，60后的我们，男生和女生说句话都会脸红，更别说让女生用纤细的手在脸上抚弄，想想都让人脸红心跳，心中有种说不清的意乱情迷。这时候，一名其他班级的女生走到我面前淡定地坐了下来，自然娴熟地帮我化妆，这倒让我紧张不安了，她看出我的紧张，就边化妆边跟我聊天：“我是你上一届8007班的，我叫邱蓬鹭。你家祖籍在哪儿啊？”我答：“福州。”女生道：“福建福州啊，我祖籍

在厦门啊！我的名字鹭，就是取厦门鹭岛的寓意。”同源的祖籍，恰当的话语，瞬间消除了彼此间的距离感，我也放松下来。化完妆之后，女生笑着说：“咱们学校里，我知道的，只有咱俩祖籍是福建的，我长你1岁，以后你就叫我邱姐吧！”后来了解知道了，邱姐是个多才多艺的学姐，她写的散文在学校大小比赛中多次拿到第一名。邱姐是个智慧善良的女孩，一起在运动场上做运动，我粗心落下的帽子、眼镜，总是邱姐细心帮我收起，还送到寝室里；每当我在学习和生活中遇到困扰烦恼，总有邱姐的问询关心和安慰鼓励；每当想起邱姐在秋去春来之际，准时帮我拆洗被褥，引来男生们的羡慕与调侃时，心里满是快乐和温暖，那是我独享的小得意。机缘巧合，后来因性格趣味投机，彼此信任欣赏，我们组成了一个“四人帮”，成员就是同届沈黎（长我一岁）、成人专修班王烈群（长我九岁）、邱姐和我，我们经常凑在一起谈天说地，思辨互动，相知相识。可以说，我在大学期间获得的社会人文方面的知识，多数源于这个小团队成员们的“四家争鸣”。邱姐和我毕业后都回到了祖籍福建工作，沈黎在北京发展，王烈群也成了一介名医。如今大家友情相牵，佳期相邀，同窗兄姐弟，终成益友。

遥想当年，我们迈入同一所大学校园。我们在那里相遇、相识、相知、相念；我们互帮、互助、互爱、互勉；一起学习课业，一起漫步林荫，一起嬉笑打闹，一起争辩调侃，一起分吃饭菜；一起“共产”衣物。那时的我们天真无邪，纯真烂漫，无忧无虑，自由自在。那些青春定格在校园，那段日子无法忘怀，那种友谊弥足珍贵，那份经历快乐温暖！

永恒感动

在我们的心底，总有个柔软的地方，那里存放着善良和感动。每每触及，便会心潮激荡，感恩有你。我生不逢时，在很小的时候父亲就被打成右派、关进牛棚，我因此也成了反革命家属，母亲被逼自杀——从此，外婆就是我在这世界上唯一的亲人了。在那些黑暗岁月里，我和外婆相依为命，过着清贫又快乐的日子。外婆极尽所能，给予我很多的关爱呵护；外婆倾其所有，承担我所有的教育费用；外婆含辛茹苦，把一个不谙世事的孩子，培养成了有知识、有能力的医生。外婆用她单薄瘦弱的身躯，为我撑起了一片幸福、温暖又自由的天空！

我在齐齐哈尔医学院附属第一医院进行毕业实习，同去的还有马钢等三名女同学。因为我们不在一个班上课，一开始彼此交流并不多，随着时间的推移才慢慢熟悉了，我也时常跟同学们谈起外婆。一次，我把外婆包的饺子带给女生们吃，不知是因为外婆的故事，还是因为外婆的饺子，马钢提议周末大家一起去看望我外婆。我家距离实习医院约有一公里，那是20世纪50年代盖的土房，里面是一间烧炕的住屋，间隔的厨房，还有储放煤和杂物的仓房，总共约二十平方米。外婆见我带着女同学回家，开心极了，热情招呼我的客人，做了很多拿手菜，还包了饺子招待她们。外婆对我的喜爱溢于言表，在女生们面前得意地夸奖我能干、懂事、聪明，领着她们参观我十岁时挖的储菜用的地窖、挑水用的扁担水桶、拉煤用的推车、修缮土房用的锹镐。那是马钢第一次去看我外婆，也是毕业前唯一的

一次，正是这一次探访，竟让马钢与外婆产生了深厚的友情。

后来我家被平反，父亲回到了祖籍福建，福建省政府批准我去省里最好的医院工作，而当时我们这届学生大部分在黑龙江省内分配工作。外婆虽然也舍不得我离开她，但为了我的前程，明理的她却极力地劝我回到福建去。当时我的心里乱极了，于亲情，我与外婆难以割舍，若为此放弃事业，又将令外婆痛心。我力劝外婆跟我一起去福建，但外婆怕拖累我而坚决不肯。就这样，我带着外婆深情的祝福，在车站与外婆挥泪惜别。站台上，当列车徐徐开动后，我看到了孤单的外婆掩面而泣的身影……

回福建的第一年，因为太想外婆了，我尽力地调休了几天，用这短短的假期，坐了三四天火车回齐齐哈尔去看外婆。欢喜之余，外婆叮嘱我说：“路远，工作忙，以后别回来了，我身体还行，你别操心。”再次离别之后的几次通信中，外婆都要我安心工作，不要惦记她。当时确实工作非常忙，也没有假期，后来又出国留学，就再没回去看过外婆。十年后，我也做了父亲，没能耐受住刻骨的思念，我再次到齐齐哈尔去看望外婆。回到家里，环顾我熟悉的老屋，惊讶地发现，墙上的日历居然还停留在十年前我离开的那一天！这十年间，外婆就再没有翻动过日历！在那个伤心离别的日子里，留给外婆的是怎样的孤寂与眷恋，怎样的守望和期盼！看到日思夜想的外婆，我泪眼朦胧。眼前的外婆已经白发苍苍，佝偻着背，脸上刻满深深的皱纹，脚步蹒跚——多年前她就患上了糖尿病，半身不遂，但却从未跟我提起过。我愧疚地抱着外婆泣不成声，哽咽着问她这么多年一个人是怎样过来的，不料外婆却深情地告诉我，这些年都是我的同学马钢在照顾她，几乎每个周末和节假日都会来看她，生病时也是马钢陪她去医院看病拿药，结婚后有了孩子，还依然抽时间来照顾外婆，十几年来从未间断。我一直以为是外婆怕我担心，才说身边有人照顾她，让我感到意外的是，这十年里代替我照顾外婆的竟然是我的同学。当我满怀感激地再见到马钢，她却淡淡地笑了笑，说："这没什么，只因为你的外婆是特别值得敬爱的老人，另外，同学间有困难互相帮助也是应该的。"我思索，这世上还有什么化妆品，比善良更让女子变得美丽呢？马钢是我遇见过的善良而美丽的女子。

时光荏苒，我的外婆虽已不在人世了，我和马钢都生活在不同的城市里，保持着间或的联系，马钢给予我的这份胜似手足的情谊，是我心中不灭的记忆，每每想起，都是满满的感激和感动！这份情谊，我会珍藏一生。

照片会因为时间的流逝而泛黄，信件会因为岁月的仓促而丢失，只有珍藏于心的记忆会像美酒，

愈久愈醇。每一份记忆都是值得珍藏于心的脉脉温情，我携着这些生命之暖，便无畏人生路上的寒凉！

精彩留言

马钢：日出日落，春来秋往。人生如梦，往事如烟。逆境时豁达乐观从容自信，顺境时淡定贤达心怀感恩，不负青春，不负岁月，不负人生！做你的同学真好。

涂满章：吴总不仅是女同学的暖男，也深得男同学的喜欢。一个能让人心生喜欢的温暖的人，为人处世一定有其高明之处。而为人处世最考验一个人的心性，也是人这一辈子能否有成就的根本。这篇文章不仅在描摹思念，也抒发了吴总处世、立事的情怀。

韩韩：每一次看到书写外婆的文字，都会泪如雨下。生命之暖永远刻在记忆里。

张钲：志全同学是一个优秀的学者和管理者，对人、对事常怀感恩，值得学习，大赞！

朱晓东：字里行间的情谊最是让我感动，含着泪看完关于外婆的部分，还有马钢同学默默的付出，有这样的同学，作为齐医 1981 级一员的我感到自豪！看着同学们不同的人生经历，时隔这么多年，我对同学们有了更深的了解，有情怀的人生必定精彩。

Susanna：吴总，我称之为小马哥，认识他时就被他的豁达乐观与风趣幽默吸引，很难想象，像小马哥这样脸上永远挂着笑容的大哥哥，会有如此艰苦的童年。我们常用“大爱无疆”来形容小马哥的善良与暖心，这也是小马哥为人处世的高明之处。大爱之人必有大智，小马哥的处世最体现他的心性、本质，也是小马哥今天成为优秀经理人的根本。文章的故事以前也听小马哥说过，但每每读起这篇文章，还是禁不住眼眶湿润。感谢小马哥的分享，感谢这个世间还有如马钢、邱姐这样不计回报、真情处世的暖姐。《生命之暖》既是情怀，也是处世之本，愿生命旅途中的你我都能像小马哥一样不畏艰险，豁达洒脱，充满爱心，也能像我的同学们一样，送人玫瑰手有余香。

蕙蕙：心潮起伏、激动非常地看完了，也由衷地为你点赞、为你骄傲！非常遗憾没能和你一起长大。我清清楚楚地记得第一次与你见面时的情景，可把我妈咪乐坏了，不停地说“快来见见你的弟弟！”想起小时候坐在你父亲的肩膀上到处游玩的时光，还记得你父亲每次都会用桂圆核变戏法给我看。时间真的过得太快了！

付霞：真的不会唱歌，但能唱一首歌，那就是志全和云瑾同学的代表作——《校园的早晨》，当时观看节目的场景还历历在目，两位精彩的表现让我，能完整地把歌唱下来，这段记忆一直暖暖地陪伴着我，当我牵着孩子的手漫步时，常唱给他听，他很小就学会了这首歌！志全和我一样在外婆家长大，听马钢说，志全在去福建的时候，他外婆那久久的目光、长长的驻足及家中日历永远停留在那一天，让她感动万分！善良的她从此肩负起了关心和照顾志全外婆的责任。我现在似乎能理解志全的情感，他的文字里，我看到是为马钢流淌的感激之情，这份情意实在让我感动，虽然从没和马钢交流过，但我相信自己的直觉，她一定也是知道的，也一定会感动！我钦佩马钢，同样要谢谢志全的真诚！

好雨知时节：有时生命中的感动，被岁月浸染于心底，成为无法释怀的那一抹永恒。

沧海一粟：充满情怀的文章，透露出人生的轨迹，由衷祝贺你——我儿时的好友，祝贺你事业上这样成功。

崔光成：志全乐观阳光的性格，和他苦难的童年形成了巨大反差，这应该是外婆的影响使然。外婆不仅善良温暖，一定也是有智慧善教养的老人。

张晓霞：善良，感恩，感动，不忘初心！珍惜一切！

吴艳彬：感恩过去，珍惜现在，奉献未来，幸福一生！

Rosa：情文并茂，感人至深。师弟仍如当年那个快乐的大男孩，在寒冬里做火炉，在盛夏里是冰棍……

纯净的水：时代造英雄，没有那个年代的历练就没有现在的吴总，愿生命之暖永恒！

筱崴：文中的老照片，老房子，还有那个远去的背影，处处都向人诉说着时光的样子……童年的记忆瞬间清晰，一种亲切而久违的感觉将我包围。记得小时候，奶奶每天都在太阳快落山的时候去农田，我是一定会跟去的。奶奶在地里忙活，我在周围玩耍，摘野花野草，捉蚂蚱蛐蛐，有时候也帮着奶奶拔点草回去喂牛，乐此不疲。那时候的日子真美好，我常常望着天边的火烧云高声叫奶奶：“奶奶，你看，火烧云真好看！”奶奶总是乐呵呵地答应着，笑吟吟地望着我。一晃多年，火烧云如初，此时我已中年，奶奶也已经离开八个年头了……

周庆芝：文如其人，以自己特有的方式感知着亲情、友情；以自己特有的温暖积聚着周围的亲情、友情！每次读到有关外婆的内容，都会泪眼婆娑。不容易的童年，多彩缤纷的中年，祝愿志全同学继续传递缤纷与美好。

许淑梅：志全学长，你毕业实习的时候，我们是课间实习，我们遇到过。对马钢学姐的印象也很深，她的名字像男生，记得病历里签名就是“马罡”。我还记得你跟我说过你毕业回福建福州，当时我感觉福州是个很遥远的地方，但我一直能够记住这个地名。现在我和马钢学姐在同一个城市，搞同一个专业。敬佩马钢学姐，她是最美的女神！

水竹子：这是第三次读志全记忆里的外婆了，眼泪又一次落下来，心又一次被撞击。震撼感随着阅读的次数越来越强，震撼来自马钢默默的付出和坚持，震撼来自那十年未被翻动的日历，震撼来自字里行间满满的情谊和清晰的记忆……志全，你有不幸的童年，可你的一生又如此幸运，你身边有这么好的亲人、老师、同学。也许正是他们，成就了热情奔放、乐于助人、热爱生活、尊重生活的现在的你。

仲夏：志全同学，从儿时起，你就聪明，长大了，无论从医或经商，你不断地成长，不断地成熟，经过努力拼搏才有了今天的成绩，同学为你感到自豪！希望你向更高的目标努力，支持你，为你点赞加油！

茶：写得真好，你的故事把我带进了那个年代，外婆的故事让人感动，马钢更让人敬佩，你是幸运的，有那么好的外婆、老师、同学，时代造就英才，让成功与感恩，伴随着这些美好的故事陪你一生。

大海：感谢父母的养育之恩。感恩有外婆无私的爱。感激老师培育我们成长。在最艰难的岁月里，外婆的爱成就了你的拼搏，有这样的好同学，真是福气！

顺其自然：志全，时光如同美酒，香醇的滋味永远是最好的回味，阅读你这篇文章的同时也体会到你对人生的感悟。祝你的事业蒸蒸日上！

周秀梅：生命中总有一些挥之不去的记忆，一生回味。文章真实感人，令人感动！祝我的班长好人好梦，一生幸福平安！

余灿：生活丰富，涉猎广泛。愿你以后的日子越来越精彩！

齐医母校、小丁与我

情怀故事主人公

李德福，男，1963年出生。黑龙江省齐齐哈尔市富拉尔基区人，祖籍河北省故城县，1981年9月考入齐齐哈尔医学院神经精神专业，1984年7月毕业留校工作。1991年曾赴上海医科大学攻读卫生事业管理本科专业，1987年投身学院院报创办工作，为《齐医报》创刊人。致力于院报编辑出版及校园网络新闻撰写发布工作20年。历任学院党委宣传部宣传科长，学院办公室科级干事，1985年初—1986年底和2009年10月—2011年初，先后参加学院两轮史志编纂工作，为《齐齐哈尔医学院院史》（1946—1986年）的主要编纂者和《齐齐哈尔医学院院志》（1986—2010年）的主要执笔人。现任齐齐哈尔医学院校友会、黑龙江省齐齐哈尔医学院教育发展基金会办公室主任。

齐医文学社《五月》杂志

校园的变迁

1970年，我读齐钢三小（黎明小学）时，小学校的北邻便是位于富拉尔基区向阳大街24号齐医母校的校园。当时迫于家里生计，父亲托人给闲在家里的母亲，在富区中心城区红岸街道，找了份居家看井卖自来水的活儿，为此，举家从小城东郊的丙区搬到了小城中心区。搬迁后，上学的路途变远，为避免上学迟到，我经常翻越母校校园的院墙。儿时齐医母校便给我留下了深刻印象。

当年，齐医母校的校门紧锁，整个校园空无一人，树木阴森疯长，连校门通往主楼门前的过道儿、校园的操场和运动场都是蒿草过膝。因校园有存放尸体的解剖室，更觉得阴森恐怖。出于好奇，我曾约小伙伴，一起跑到校园去扒主楼解剖室的窗户，偷看存放在里面的尸体，尸体都被严实地盖着，啥也看不到，可还是有点恐惧。

那是举国满是“深挖洞，广积粮，备战备荒为人民”标语的年代，齐医在校园南、北两侧茂密的丁香林深处，各挖了一条蜿蜒曲折、深可没人的防空战壕。有一天和小伙伴们一起下到战壕里去玩捉迷藏，无意间发现一段被遗弃在那里，用福尔马林药水泡过，已呈“木乃伊状”的人体手臂，小伙伴们被吓到差点没魂儿，四处乱蹿着逃离了战壕。正是儿时的这个刺激惊恐的记忆，让我对人体和生命过早产生了兴趣和敬畏，从而产生了长大学医的念头。经过十年寒窗苦读，1981 年高考填报志愿时，我首先选择了齐医母校。天遂人愿，后来顺利被齐医录取，毕业后又被留在齐医母校工作。

20 世纪 70 年代的母校，占地仅 128 亩，是个弹丸之地，那在儿时的我眼里，却是一处很大的院落。校园大门朝西，隔道正对齐齐哈尔市第六中学。进了校门，横在面前的是集行政办公、教学和学生住宿于一体、四带五层的万米主楼，鹤立于铁东，在当时是富区数一数二的标志性建筑。校园中央是一座设有室内标准篮球场地的体育馆（兼作电影院），据说中专时期，在胶片电影盛行的年代，每到周末学校都会在那里放映老电影，组织师生搬着椅子前去观看。学校晋升专科后，体育馆被改造成了学生食堂。体育馆西侧，是两栋坐落成“T”字形的起脊平房。横着的那栋与体育馆平行，中间设有公共走廊，将房间分为东西两厢。朝西的中央建有起脊的门房，正对主楼北门。朝北开门的两个房间，是校办大集体的印刷厂，紧挨印刷厂的是职工食堂。余下的十来个房间闲置了多年，直到 20 世纪 80 年代末，为给教学腾出用房，仅简单装修后，学校的党政机关便迁了进去。竖着的那栋，曾被总务科当作堆放杂物和炊事用具的库房，后来随体育馆改作学生食堂，成了学生餐具清洗间和回民灶。

主楼与横栋平房之间是操场，被一条笔直的道路割成两块，道路两侧各有一排粗壮笔直的参天白杨，树冠在道路的上方交织成伞盖，布满阴凉。操场的四周小路环绕，路边栽有糖槭树。校园的树木多为建校时栽下，经过二十年的生长，已是树干粗壮，枝繁叶茂。大学期间，清晨和上午，学校都要组织学生出早操和课间操；下午和傍晚，同学们便把操场当作篮球、排球活动场地。那时操场上留下太多青春靓丽的身影，也成为男生女生们欣赏心仪身影的最佳场所。

校园的四周被高大的白杨环抱。主楼前后和校园的南北两侧，放眼望去，满目茂密的丁香树，每到春天来临，丁香怒放，满园飘香，沁人心脾，成为师生们的最爱。为此，丁香花被齐医人视为校花，永远开在了师生记忆的深处。说起丁香，不由想起大学期间的一段往事。当时，校园流行传阅一本名为《五瓣丁香》的校园爱情小说。丁香花一般都是开出四片花瓣，据说谁找到了五片花瓣的丁香花，谁就能获得幸福的爱情。我和班上最要好的丁营江同学都读过这本小说，看完小说后都笃信为真，放下小说便争先恐后地跑下楼去，钻进了丁香林……然而，最终我还算幸运，找到了幸福，可小丁终其一生还是孤身一人，成了我班的一件憾事。

体育馆的南侧，有三栋东西向的红砖瓦房，是学校迁到富区后最早建造的一批职工住宅。体育馆的北门对着的，是电工室、锅炉房、开水房、木工房和车库，至今还能清晰地忆起当年学生们提着水壶，排队打开水的情景。校园东部，是片平整开阔的田径运动场地，大家都习惯地称为——体育场。由于场地面积受限，仅规划出周长 300 米的非标跑道，场地的中央兼作足球场地，长着稀稀拉拉的杂草，晴天风卷尘土，雨日泥泞不堪。体育教研室王伯杰主任多次建议学校进行体育场地面改造，最终得到了学校的批准。1982 年，由于体育场的地面改造工程尚未完工，学校春季田径运动会不得不借用齐市六中的场地举行，以后学校每年一届的春季田径运动会几乎都在校体育场举行了。

说起体育场，就想到齐医校运会。论体育特长，我比不上同班的沈黎和公柏青同学，从小受过专业培训，是校园里令人瞩目的“冰上飞人”，但我却有与生俱来的长跑天赋。我从未受过体能训练，高一时学校组织环城赛，为凑足参赛人数，作为班长我不得不带头报名，第一次参加长跑比赛。赛程过半，我还处于落后“阵营”，后半程我竟然轻松地超过一个又一个选手，跻身“第一阵营”，最终还取得了名次。正是这场环城赛，使我发

现了自己的长跑天赋，从那以后便热衷于长跑运动，参加过两届齐医田径运动会，夺得 800 米和 1500 米双料冠军。我还参加了齐医举办的大学生环城赛，也拿了冠军。留校工作后代表校工参赛，飞身赛场夺冠，呐喊声、掌声、赞赏的目光，至今还都历久弥新。

校园东南角有两栋东西向红砖瓦房围成的狭长院落，南侧那栋举架较高的大房子是物资仓库，北侧那栋是动物室和总务库管的办公室。这僻静的院落，只有在领取劳动工具、办公用品，或实验动物时，才会有人光顾。1981 级学生入学后不久，校园改造工程备料运进大量沙土，在动物室门前堆成了小山似的沙堆。沙堆后面的隐避处，曾是我和丁营江同学经常“幽会”的地方。校园的东北角，建有二层小楼，一层为老干部活动室，二层是学校幼儿园。20 世纪 80 年代末，出于本科办学需要，学校新增大批青年教工。学校住宅建设相对滞后，青年教工成家，只能在校外租房。为了缓解青年教工住房紧张状况，学校借二层小楼的东墙，向东接建了二层简易青年教工公寓楼。公寓楼为筒子楼，共有十平方米的居室十一间，居室内放上一张双人床和一组衣柜，便只剩二人转身的地方了，只能利用狭窄的公共走廊摆放厨具，生火做饭。

1981 级学生共留校五人。其中，大哥周洁信留校后，怀着对临床工作的执着去了齐齐哈尔医学院附属第二医院；再就是我班学霸之一的光成，有婚房，婚后不在学校住；只有沈黎、志宏和我靠学校，所以，我们三人的新婚岁月，都在这鸽笼式的青年教工公寓楼中度过。虽然居住条件艰苦，但年轻，充满工作热情，没觉着日子怎么苦。

1991 年学校三号职工住宅楼竣工，学校重新调配了职工住房。当时工龄不到十年的我和沈黎、志宏，压根就没想上楼的事儿，最理想的情况是能选到校内平房。因为住在校内，不仅治安环境比校外好，而且出了家门就进办公室，上班非常方便。天遂人愿，我分到了校内三栋平房中间最西头的那间房。这是当年贴着老房子的房山新接出的一间。不仅房子新，建筑用料不错，房子所处的位置也好。透过厨房的窗户向外望去，眼前便是学生宿舍楼门前的开阔地带和通往学生食堂的小路。每天下厨生火做饭时，都能看到学生从主楼和学生宿舍楼涌出，一个接一个地去食堂就餐的场景。不愿动火时也会去食堂，和学生一起排队打饭，那感觉，仿佛又回到了大学时代。

没过几个月，我便撇下妻儿去了上海学习。1993 年 6 月，我从上海医科大学毕业回到母校。转年，学校四号职工住宅楼竣工，学校再次调配职工住房，我分到两室一厅，便举家搬进了新建的四号职工住宅楼。迁入新居后，尽管居住条件得到了改善，却总觉得不如住在校内平房惬意，至今都在怀念那段日子。

1981 级学生入学时，学校房舍十分紧张，学校的党政机关、教学机构和学生住宿都集中安排在主楼内。三楼、四楼的大部分教室被直接用作学生寝室，学生睡的多半是学校总务自行焊制的双层单人铁管床，铺垫的是蒲棒草编成的床垫子，入学时要求自带被褥。我们 8109 班有三十四名男生，其中二十六人集中挤住在面积仅有四十多平方米的寝室，寝室人多确实热闹，但住宿环境可想而知。

1982 年，为解决教学用房不足和学生住宿问题，学校决定伐去校园南侧的丁香林，填平防空战壕，就地新建四层 4000 平方米的学生宿舍楼。由于省厅所拨基建经费不足，学校又急需教学用房，学校不得不先建起两层便临时封顶，将住在主楼内的学生迁出原宿舍，搬了进去。我们 1981 级学生，就是在这个时候搬进了新宿舍楼。由于学校招生数量逐年增多，学校又向上级请款，经多方筹资，重新起顶，完成了另外两层宿舍楼的建设。

1996 年，教育部对一批新晋升的本科高校进行初步审查，齐医被亮“黄牌”。为彻底解决学校基建面积严重不足问题，学校抓住原东北重型机械学院迁往秦皇岛，急于转让校园的机会，多方筹措资金 2800 万元，将原“东重”校园整体买下，并根据迎评和日后办学需要，对原“东重”校园进行全面改造，为母校顺利通过 1997 年教育部本科教学工作合格评估、摘掉“黄牌”奠定了基础，也使学校本科教学工作逐步转向正轨。当时，为凑足购置“东重”校园的资金，学校不得不忍痛割爱，以890万元的抄底价格，将老校园转让给了黑龙江化工集团。2011年，1981级同学纪念入学三十周年回校聚会时，同学们执意前往富区的老校园，回访当年学习和生活过，现已“名花易主”的校园，由黑龙江化工集团接手后，老校园被重新规划，主楼从内至外进行彻底装修，成了黑龙江化工集团的厂部。同时将体育馆及连体平房一并拆除，就地建起厂部食堂。体育馆以东的建筑均被移平，逐步开发成了黑化职工住宅小区。唯有当年的学生宿舍楼，因被直接用作黑龙江化工集团单身职工宿舍，时隔三十年后，竟然如同古建筑文物般，被完好地保存了下来。经看门人同意，同学们进到了宿舍楼内。令同学们惊喜的是，宿舍楼的内部结构和装饰，都还保持着当年的样子，房间号牌依然完好地钉在门楣上。趁没人注意，吕俐丰同学小心翼翼地将当年所住寝室的门牌抠下，放进随身的背包里，带回去留作了纪念。

故园重游，同学们谈论最多的，还是当年发生在校园里，那些青春萌动、情窦初开的往事。当年紧挨学生宿舍楼北边的，是一条通往学生食堂的小路。每到饭口，总会有些男生依窗呆望，期待着心仪女生的出现，或是三三两两聚在窗前，对路过的女生评头品足，至于他们潜意识里都装些什么，只有“弗洛伊德”才能解释清楚。有两个盛传的桥段至今印象深刻——桥段 1：临近大二时，我班一名男生，看上了上届一名绰号“大辫儿”（我班同学私下起的绰号）的女生，一天中午，正赶上“大辫儿”从宿舍楼前经过，为引起“大辫儿”的注意，这名男生突然心血来潮，来了个“大鹏展翅”，从二楼寝室的窗户飞身跳下，结果造成跟骨骨折，拄拐三个多月；桥段 2：我班另一名男生，追求同届一名校花级的女生，吃了闭门羹后，从食堂买了一袋子馒头，躲进寝室不出来，顿顿馒头就咸菜，将近一个月没去食堂吃饭。问他是何缘故？说是怕见到她，一见她，心就会一揪、一揪地疼，实在受不了这刺激。时隔三十五年，忆起当年那些青春萌动、情窦初开的校园往事，同学们仍然记忆犹新。遗憾的是，我们 1981 级，由在校情缘转为姻缘的，仅有一对，后来的结局也未如人意。只怪我们赶上了那个不开化的年代。

永远怀念：我的好同学、好朋友——小丁

小丁来自一重五中，父亲是一重的普通工人，家中兄弟姊妹八个，他排行老六。在他十四岁时，母亲病故，父亲一个人抚养八个孩子，家境十分清苦。我虽然也出身工人家庭，兄弟姊妹也不少，但母亲做生意，家里生活还算不错，我经常会约上小丁一起去食堂，尽量选好的饭菜和他搭伙吃饭，偶尔会带他到家里改善伙食。为此，我和小丁走得很近，他也把我当哥们儿，形影相随、无话不谈。

小丁一米七的个头，天生一头羊毛卷发，人很聪明，平时学习不怎么用功，科科考试却都在 90 分以上，本以为他会有很好的前程，可后来工作干得一塌糊涂，生活也过得越来越不尽人意。为什么会这样？也许只有我知道。大学期间，我和小丁都喜欢读小说，经常会去图书馆借来同一部小说，看完后便相约一起躲到沙堆的后面去交流感想。法国作家巴尔扎克的《幻灭》和司汤达的《红与黑》两部小说对小丁影响最深，甚至影响了他的一生。而对我影响最深的，则是苏联作家奥斯特洛夫斯基的《钢铁是怎样炼成的》。为此，我们经常会因对事物的看法不同而起争议。对我和小丁来说，相同之处是都没有什么可以依靠的家庭背景，要想有好的前程，只能靠自己打拼。小丁十分推崇《红与黑》中的于连。他一直认为：我比你们谁都优秀，为什么你们能得到的，我却得不到？长此以往，便形成一种玩世不恭的心态，做事不择手段，甚至气急败坏。由于小丁思想过于偏激，只能游离于社会的边缘，命运注定如于连般凄惨。

刚参加工作时，我曾几次前往市精神病院看望他，试图开导他。没想到他非但听不进去，反而“借酒浇愁愁更愁”，以至于后来发展成酒精中毒性精神病，作为一名精神科医生，却住进了自己曾经看管的病房。同在市精神病院工作的同学，无论是在工作上，还是在生活上，都曾给过小丁很多帮助，也都不止一次地劝导过他，他都听不进去，同学们也很无奈。

由于小丁患有精神疾病，几年前，经医院领导研究决定，提前为他办理了病退手续。退休后，小丁离开单位，住进了齐市建华区解放门市场附近的一家养老院。没多久，小丁的四姐便把他接去浙江嘉兴照顾。据四姐讲，在浙期间，小丁的精神病一直没有复发，酒也戒了，还能找些力所能及的工作来做，精神状态保持得很好。前年5月，突然接到小丁四姐打来的电话，四姐哭着对我说："小丁快要不行了，想见你，你来看看他吧！"接到电话后，我忙从北市区赶到富区看望了小丁。三年前，小丁因感到呼吸困难前去看病，查出患了肺癌，已到晚期。由于他患的是中心型肺癌，而且已经转移，只能靠抗癌药物治疗。兄弟姊妹们商议后，把他接回富区老家，住进齐齐哈尔医学院第一附属医院肿瘤科进行治疗。

生命晚期的小丁，似乎悟透了人生，比以往任何时候都坦然和平静。由于晚期肿瘤压迫了气管，造成呼吸困难，小丁说话已发不出声音，与他交谈要通过辨别口型和手势才能明白他的意思，我也没能和他过多交谈，到最后，他费尽气力说了一句："这都是命！"到了这地步，我知道再提当年的争辩，或用善意的谎言安慰，都没有任何意义，只能接受这样一个现实，默默地流下眼泪……

精彩留言

崔光成： 不愧为编辑，状物生动，叙事清晰，情真意切，感人肺腑。德福同学是母校两版《校史》的执笔人，为母校的历史总结，做出了重要贡献，所以他可以把母校每一阶段的发展变化都说得清清楚楚。

付霞： 虽然和德福不是同班同学，但借读过黎明小学半学期，高二转入齐钢二中也是一届同学，同学们都知道他爱好文学，小学就是学习委员，这娓娓道来的齐医母校的事，令我重新认识了曾经不那么喜欢的学校，感谢老同学！感谢《情怀》！

张岩： 你的文章带领着同学们再游校园，点点滴滴历历在目，那是我们青春绽放的地方，存放着我们最美好记忆。谢谢你！

张强：不愧是编写院志的负责人，无论人、物、事都记得那么细腻。对母校的了解从时间、空间、内容都比我多得多，也让我更多地了解到了小丁。

马钢：忙碌到夜深的我，被德福同学的精彩文章深深吸引，一口气读完，真的是最好、最全面、对校园最情真意切的文章，男生宿舍里的故事诙谐幽默，娓娓道来。不愧是校史专家，原来从儿时就开始做功课了，真的好厉害。

吴志全：德福的文章，让我想起母校的快乐浴室时光。一群人埋头洗浴，突然隔壁隔间传来雄浑的男中音，大家惊为天籁，不知谁有这天赋？我了解德福，他平时在同学堆中不显山露水，很安静。但在独处时，尤其是洗浴时，往往喜欢展露天赋，自娱自乐一番。所以同学大多不知他的歌喉，唯有我懂他。所以，当我告诉大家这是德福时，大家惊讶得以为我在忽悠。我也认为德福是一位非常安静、但是绝对非常有内才的同学，也因此，我非常认同学长对他的评价：是校园里的当代司马迁！如今，大家都已到中年，我们的男中音，当代的司马迁，您可好？同学们大家可好？

王丽浮：跟随你的叙述又在校园走了一圈，之前的景象历历在目，谢谢！从你这里知道了小丁的事情，我们俩是小学和初中两年的同学，从富区出来后就不知道他的事情了，为他感到惋惜。

韩慧萍：一口气读完了德福的文章，感动！特别是读到他与小丁同学几十年的交往，记录的生活片段，我的眼角湿湿的。《五瓣丁香》这本书对当年的我们来说，都是再熟悉不过的了，我和冬梅跑到校园，一起找寻五瓣丁香的情节历历在目，谢谢德福把我们带回到豆蔻年华的昨天。安静的德福原来还是个运动健将呢！我记忆中的德福做事认真而低调，情感细腻而富有大爱，擅长摄影，总能捕捉生活中的美好瞬间！愿德福用笔和镜头为母校、为我们记录下精彩的历史与未来！

小镇清风：岁月静好，无言的回忆……

老姜：印象最深的是李妈妈做的烧鸡，那真是香味浓郁，皮酥肉软，现在回想起来还不由得口齿生津。

张延荃：这才是真正的情怀！看了让人感动和心动，尘封的美好记忆仿佛被翻开，一页一页来细读，有滋味，感谢德福同学！

Devin：看了李老师的文章，仿佛回了母校的校园。我自己是1993年入学，赶上了最后一届在老校区学习的机会，也赶上了1997年教育部本科教学评估，我们也曾经为母校迎接教学评估做过贡献，现在想来还是觉得很有成就感的！感谢李老师的文章带我走进母校的回忆！

顾晔：想起了校园的点点滴滴，德福老师不愧是大师级别，文章生动，风趣，精彩！

陶明：细密的心，细工的文，细节的事，细腻的情，细致的人。谢谢你分享了这么多，被我的粗心无视的美好过往。

李秀琴：对母校的记忆只有朦胧的轮廓，从德福同学详尽的描述中，这些记忆变得清晰，有重回学校的感觉。字里行间感受到他对母校的热爱！原以为《五瓣丁香》只在女生当中传阅，没想到男生也那么喜欢！

周洁信：读了德福大作，仿佛回到了当初，从头回忆了一遍……谢谢德福！

鹤城旧事

情怀故事主人公

马钢，女，1963年出生。1984年毕业于齐齐哈尔医学院。四岁随父母由辽宁鞍山迁入富拉尔基，在北满特钢昔日的辉煌中长大。幼儿园，小学，初中，高中，直至工作都不曾离开北钢，名副其实的钢二代和北钢人。1984年齐医毕业后入职北钢医院，与8110班的付霞同学一起从事儿科专业；1995年转行从事特检（心电图、脑电图、超声）诊断；2001年晋升超声专业副主任医师；2003年移居上海，2007年以特需专业人才引进上海市虹口区江湾医院，现任江湾医院特检科主任，上海市虹口区医学会超声专业委员会副主任委员，上海市虹口区超声质控组成员。

玫香伴我行

庄子说：人生天地之间，若白驹之过隙，忽然而已。转眼，我们都从当初的风华正茂，至如今已入中年。闲暇之时，每每回忆过往，在齐齐哈尔医学院求学时的记忆总是占据着大部分存储空间，昔日的同窗好友，一个个久藏心底的身影便会悠然出现：俏皮的滕曼，娇美的孙燕萍，可人的侯晓玫，端庄淳朴的李淑英，诙谐幽默的张岩，气质高雅的张钲，智慧温暖的班长李桂梅……好姐妹各有千秋、各俱特质，而对我帮助最大，毕业后历久弥香，不褪色、不降温的一位同学，就是侯晓玫。

晓玫在大学时和我同班，住在一个宿舍一直到毕业实习。我俩的床位相对，朝夕相处，感情笃深。晓玫是一个清秀可人的女孩，长得很像日本影星山口百惠。她为人真诚朴实，性格随和，善解人意。家住齐齐哈尔市区，父母都是干部，却没有干部子弟的高傲，我们很谈得来，有闲时，她总是亲昵地直呼我的名字，“马钢，马钢！”叫我一起相伴聊天。我的名字很男性化，为此曾经还闹出了笑话。上学时，女生宿舍在四楼，学校图书馆在五楼。那时男女同学间很少交往，相见不相识。有一天我在图书馆看书，晓玫有事找我，就站在四楼“半”的平台上，对着五楼图书馆大声地呼唤我的名字（那时在肃静的图书馆内看书的同学经常被这样叫出来，想想挺不文明），顿时引来了同学们异样的目光，晓玫自己却还自顾自地喊着“马钢！”从同学们揶揄兴奋的表情里，我读到了大家的猜想：这个女生真猛，就这么直接大胆地呼叫男生？结果当然是失望和搞笑的。多年后我们见面聊起这件事，还是会哑然失笑。

我和晓玫在一起的难忘趣事还有很多，第一次见到彩色照片是在晓玫那儿。上大学之前，我只知道有黑白照片，有一天晓玫拿着一张彩色图片给我看，我原以为是画报之类的东西，结果在上面清晰地看见了晓玫和她的家人像。我当时很惊讶，觉得她家能够有这样非同一般的东西，很了不起，从此我知道了原来彩色图片不仅仅是挂在墙上的绘画，它还可以是色彩真实的照片，存放在影集里面，手里只需有一台日本傻瓜相机就是了，我的世界之外真是神奇！晓玫还时常跟我说起一些她从妈妈那里听说的国外的新鲜事儿，身边有这样一位见多识广的好友，学习生活也变得充实惬意，和她在一起的日子踏实又轻松，短短的大学生活很快就结束了，我俩依依惜别、相约不忘。

毕业时我分配到家乡富拉尔基区的北钢职工医院，她入职齐齐哈尔市最大的市第一人民医院，我们都选择了自己喜欢的儿科专业，当上了一名儿科医生。虽然在同一个城市，但两个区之间相距三十多公里，当时交通又不是十分便利，无论乘坐汽车还是火车，至少都需要一个半小时以上的车程，而那时也没有电话，所以并不能经常见面聊天，却始终心存惦念。后来晓玫转行去了辅助科室，从事心脏超声诊断。现在看来，她差不多也是北方城市最早一批从事此项工作的前辈了，当时的设备还停留在 A 超阶段。几年后，我也放弃儿科临床，转入功能科。1995 年 4 月底，医院安排我去晓玫所在的齐齐哈尔市第一医院进修学习，主要是学习脑电图。我很高兴，因为要经常见到晓玫了。在进修学习中，有晓玫多方面的关照，我享受了优越的进修生待遇，在那里愉快学习，精进业务，原本三个月的学习，我仅仅用了一个月就取得了满意的效果。那时进修医院到我住的地方交通很不方便，晓玫就帮我联系住宿，几经周折联系到一处离医院挺近的职工宿舍，我不用每天长途往返了，感觉精力好了很多。我就想着应该利用这难得的机会多学点业务知识，就申请延长了进修时间，又是晓玫帮我联系疏通医教处，使我顺利高效地完成了心超和心电图的进修学习。学习心超，晓玫就是我的启蒙老师，她手把手教我打心脏的各种切面，让我受益至今。那时她刚刚从首都医科大学附属北京安贞医院进修回来，不仅学到了精湛的诊断技术和诊断思路，还带回来大量疑难病例的录像资料，工作之余悄悄放给我看。我知道这些录像资料是她花费好多心血和精力采集到的，在传媒落后的当时，对于从事心超专业的医生而言，这是相当珍贵的资源。

在齐市一院的这段学习经历，为我以后的工作打下了坚实的基础。不仅学习进步，收获满满，还得到晓玫家人的盛情款待。晓玫看我住宿舍吃得随便，就经常接我去她家吃晚餐，给我改善伙食。她先生陈文博做的新出锅的饺子和晓玫家独有的饺子伴侣——凉拌菜（拉皮、十豆腐、黄瓜）和香脆花生米，那美味我至今难忘。我和晓玫，还有另外一名和她非常要好的同事，带上孩子一起去龙沙公园游玩，三个男孩儿在彩色气垫模型上尽情跳跃的情景一直是心中最美好的画面。短暂的进修学习要结束了，晓玫提议我们班级同学举办一次同学聚会，那是我们毕业十一年后的第一次聚会，在齐市工作的同学几乎都到了。我们去了刚刚建好的劳动湖公园，大家准备了烧烤的工具和菜肴。初秋的劳动湖波光粼粼，广场开阔，虽然树木不多，但也足够遮挡秋日的阳光。我们班十三名女同学开心地吃着野炊，伴着烤锅上滋滋作响，冒着香气，泛着油光的烤肉，畅谈过去和未来，广场和湖边留下了我们当年的身影和足迹，那一串串欢声笑语，那份浓浓的同学情谊让我如醉如痴、流连忘返。今天一打开那些尘封的相册，一张张青春靓丽、神采飞扬的面孔，不禁让我感慨万千，梦回从前。

1999年我从解放军总医院进修回来，正式开始从事超声诊断工作。虽然有前面打下的基础，但所见病例和经验还是十分有限，而且厂矿医院的复杂心脏病病例大多都转往上级医院，所以遇到复杂的先心病，心里还是没底。记得有一次，我一个人值班时遇到一位病情复杂的患者，很想搞清楚最终诊断结果，就想到邀请晓玫会诊。那时晓玫已经是齐齐哈尔地区小有名气的心脏超声方面的医生了，但患者不想去齐市，我就私下里给晓玫打电话，请晓玫来我们医院会诊。晓玫二话不说，接到电话就坐公交车赶过来。患者的检查结果是房缺合并肺动脉狭窄，但由于患者合并肺动脉高压，左右心房的压力由正常时左房高于右房变成了左右心房压力相当，这种情况下，彩超是无法看到“左向右分流”这一甄别房缺最有力的超声征象的，这给判断是否存在房缺增加了很大难度。晓玫硬是凭借她的丰富经验，做出了准确诊断。后来患者去北京的大医院会诊，证实了初诊的准确性；还有一位先心病房缺的女性患者，三十多岁，由于在我之前的超声检查并没有发现房缺，起初患者及科室其他医生都怀疑我诊断的准确性，我就建议她去齐市第一医院找晓玫会诊，晓玫肯定了我的诊断，之后那名患者在齐齐哈尔医学院附属第一医院进行了手术，诊断得到证实。记得那时第一附属医院刚刚开展先心病手术。此事之后我就在北钢医院心内科有了一点名气，也对心超诊断树立了信心。有这样一位亦师亦友的好姐妹，真是幸运。现在想想看，那时只觉得晓玫是可以求助的好友，怎么没想到名正言顺地邀请齐市的超声专家会诊、讲学呢？晓玫也还可以顺便有些收获，可那时的我们就是如此质朴、简单。

2000年参加专升本考试，因为有高数和英语两道坎，我没有信心，起初一度想放弃。晓玫积极报名，并一再鼓励我，建议我和她一起去师范学院办的周末高数补习班学习。我去听课时已经开课数日，从医十几年的我，早已把高中数学忘得一干二净，现在要学习高数，真是一头雾水听不懂。

看着晓玫学得津津有味，才知道她是齐市一中重点名校出身，高考时数学得了98分的高才生。我急得不得了，好在晓玫学得非常好，课外经常为我辅导。为了让我节约精力，晓玫就让我周六晚上住进她干净舒适的家，还把他儿子的房间让给我，每次都为我重新换上干净的床单。这温暖的举动让我也学以致用到现在，每次家里来了亲戚朋友，我也像她一样招待我的客人。她先生热情能干，我们下课后，总是能吃到新烧好的可口饭菜：凉拌菜、地三鲜、俄罗斯风味瓦罐牛肉、油焖茄子、排骨炖豆角……想起来就流口水，回味无穷。饭后晓玫还以各种理由拒绝我帮忙洗碗，我们俩像个小学生一样在她家的饭桌上继续讨论高数，做题到深夜。后来的考试我俩的高数成绩都是145分以上，以差几分满分的成绩，考上了医学院的本科班。这绝对是关系我未来发展的重要经历，全都得益于晓玫的相助和付出。

2003年，我和爱人放弃了安逸的生活，离开了家乡，来到了举目无亲的上海，买房、安家、落户、为自己找工作、为儿子找学校，一切从头开始。万事开头难，在家大事小情从一切依赖爱人到一切靠自己，从生活、语言、环境不适应，到现在的生活稳定，工作安心，小有成就，经历了复杂的心路历程。人到中年，更要抓紧时机拼搏，我和晓玫各忙各的事情，联系渐渐少了，以至于在信息通讯高度发达的今天也不常联系。

2007年，晓玫来上海进修，我们终于能在上海重逢了。多年不见，她的心脏超声诊断水平依然在齐齐哈尔市名列前茅，尤其是先心病的诊断水平很高，她要百尺竿头更进一步，专程来上海学习腹部超声。晓玫的到来让我非常高兴，心里想要像以前她对我一样照顾她。但事情不是想象的那么尽如人意。那时我家还住在刚来上海时买的小房子，一室一厅，尽管我先生在外地工作，家里只有我和儿子，但还不是很方便，晓玫只在我家住了两三天，就委婉地回绝了我留她住在家里的邀请，联系去进修生宿舍住了。我家离晓玫进修的医院很远，也还没买车，而我那时又刚跳槽到现在的江湾医院，专业技术方面也需要不断拓展和熟练，工作压力大，也没节假日可休，几次想请她来家里吃饭，可她又忙着学习，时间珍贵。尽管同在一个城市，最终也还是没有给过她什么关照，唯一的一次是为她送被子。记得我拖着拉杆箱，走了一公里的路，再坐上地铁，前去上海火车站南广场，交给从进修生宿舍坐近一个小时的公交车前来的晓玫，她一再拒绝我去宿舍见她，理由是我来回往返不方便。我们只是匆匆地相见，又匆匆地告别，看着她拖着拉杆箱坐上公交车，默默在心里感受着她远离家乡求学的不易。那段时间我们竟然没有一起到过上海及周边的一些名胜古迹游玩，甚至我俩连一张合影也没留下，至今深为自己没尽到地主之谊、好友之情而自责。

2011年，1981级同学聚会，我和晓玫又见面了。她还是那么爽朗热情，忙前忙后地接待从外地回来的老同学。我和她没有太多的时间叙旧，私下里我几次提及伤痛的往事都被她岔开话题，而她只愿谈论同学之间的纯洁友情，细数这些年某某同学对她的帮助和关照，说到动情处泪光闪闪。毕业三十年，社会与人生发生了许多的变化，可晓玫依然是那么真诚朴实、热忱善良。

流年似水，留不住的时光，回不去的从前，晓玫是我人生里的知己和事业上的贵人，雪中送炭，情义无价，感受善良，感受温暖，成为我心底美好的珍藏。不论天之涯，不论海之角；也许同城，也许他乡，若干年，不曾变！那声默默的问候，还好吗？那份绵绵的牵挂，你在哪儿？透着清新、质朴、坦荡与真实的同学情，没有名利的杂质，没有物欲的浊流，只有幽幽的玫香伴我走过了漫漫长路。

可敬的外婆

读医学院时，我内敛青涩，性格内向，男女生之间的交往很少，说句话都会脸红，几乎和男同学没有来往。毕业实习了，轮到外科时，我和滕曼、王雪、八班的马志全（现名吴志全）四个人在一个小组。志全热情豪爽，爱说爱笑，经常逗大家开心。有一次周末值班，办公室里只有我们两个人，闲谈中不知不觉聊起了他的家庭，才知道他的身世和与他相依为命的外婆。我为他外婆的事感动，觉得他外婆是一位令人敬佩的老人。

记得那次在医学院附属医院实习的几个同学还有手术室的一位护士，一起去郊游，回来的路上，志全说请我们去他家吃饺子，那是我第一次去他家，一个小院子，大约有二十平方米，进门就是厨房，房屋年代久远，地面已经开始下沉，进屋时要走下去两级台阶。厨房狭小的空间有个灶台，连着灶台的是房间门，房间里的火坑占着一半空间，南面墙上有个小窗，对着火炕的东墙并排放着两口老式木箱，箱子上面的墙上挂着一个木质相框，相框里面有志全母亲的单人照，是一位漂亮妈妈，还有志全和父母的合影，以及志全和外公、外婆的合影。相框旁边挂着日历牌，记录着志全和外婆生活的岁月。志全的外婆，硬朗健硕，圆圆的脸庞上，一双深邃的大眼睛，五官端正，和善慈祥，看见我们进来，眼睛笑成了月牙一样，热情地招待我们，很快就把煮好的饺子和凉拌菜，还有几个看着就好吃的菜往小饭桌上端。

我从小是奶奶带大的，兄弟姐妹中奶奶最疼爱我。在大学三年中有两位亲人离我而去。1981 年入学没多久，家中唯一的男孩，小我三岁患白血病两年的弟弟就离开了我。因为家里为弟弟治病借了好多外债，为此，我入学后在学校里拿的是一等助学金，每个月二十元钱，那时这可是一笔不小的经济来源了，我们女生一个月省吃俭用下来，还会有些积蓄呢。第一个学期结束，我为奶奶买了一块布料，打算让她做件衣服过春节时穿，并告诉她等将来毕业工作赚钱后更加孝顺她，但我后来才知道，奶奶竟然一直都把那块布料珍藏在她的箱子里，没舍得用。就在 1984 年 6 月份我快要毕业时，奶奶突然得了脑出血，一句话也没留下就离开了我。我伤心极了，多年后，有时梦见奶奶还是想哭，还是想她。那天见到志全的外婆，就像见到了自己的奶奶，感到非常亲切。

第二次去志全家是毕业后，得知他要去遥远的福建工作，要离开家乡，离开他相依为命的外婆了，就和几个同学一起，一来是为同学送行，二来是心里很为他的外婆担心，想看看老人家。看着老人家强忍着离别的伤痛，平静的脸上带着微笑，眼里满含深深的眷恋，送走自己一手带到成人的外孙，那一幕深深印在我的脑海里，至今也忘不了。我曾在心里埋怨志全把外婆一个人留在东北。毕业后我分配到北钢职工医院，离志全家很近，就在我上下班的路上，实在放心不下这样一位孤单的老人家，就约了8109班的叶桂兰一起去探望。老人家非常高兴，拿出平时不舍得吃的糖果招待我俩。以后我便时常去看望她，那时厂矿企业效益好，逢年过节单位发放好多福利，有鸡鱼肉蛋、米面、豆油等，我便分出来一份送过去。

老人不识字，又有点思想守旧，8109班的沈黎同学也经常去看望她，但她有些话，有些事还不好意思对他讲，这是老人后来告诉我的。那时的通讯只能靠书信，我会帮她读志全从远方的来信，也会帮她代笔，把她口述的内容整理一下写成信，寄给志全。从她口中也得知了许多发生在她身上的不幸往事，对她一个人含辛茹苦，却又乐观向上的生活态度感到钦佩。后来我结婚生子，老人家执意要来看我，她冒着初冬的寒冷，步行了三公里多的路来到我家，给我带来了鸡蛋和红糖，还送给我儿子一匝白色的棉线，就是过去用来缝被子的那种，寓意孩子长命百岁，万事顺利。直到今天那匝棉线还绵绵不断地时常用到。就这样，我和老人家越来越熟，感情与日俱增，甚至有的时候会忘记志全的存在。有时下夜班赶上中午，还能吃上老人家包的饺子，特别是茴香馅儿的，味道特别鲜。每逢端午节，老人就早早包好红枣粽子，等着我去品尝。现在想起这些往事，还是无比幸福。后来老人家患上了糖尿病、局灶性腔梗，1994年志全留学归来，接外婆去福州养老，临别时我们都泪眼婆娑，她取下手上唯一的一枚金戒指，送给我做纪念。她含着眼泪对我说：谢谢这些年我对她的照顾，她没有什么值钱的东西，这枚戒指让我一定收下。我知道那是她的最心爱之物，我怎能忍心收下呢，我没有收下，但心里却是暖暖的。没想到这次与老人的一别却是永诀。志全当时没有留下他的通讯地址，后来知道他那时没有固定的居所，尽管我心里时常牵挂着老人，却终因远隔千山万水，始终没能再见上一面。

一晃儿又过去了十几年，移居上海后，志全辗转找到了我，才得知老人家早已经过世。

2012 年，我和七位同学受志全邀请在福州温暖相聚。福州是我国著名的历史文化名城，那是我第一次去福州，我们去了著名的旗山风景区和刻满福州历史人文痕迹的老街“三坊七巷”，志全热情地为我们导游，至此我才明白，他当年回到福州是家族使命的重托。他的爷爷是著名的福建企业家和银行家，曾经鼎力支持我党在隐蔽战线上工作的功勋卓著的吴石将军；他的奶奶活到一百零五岁，是八闽大地八才女之魁首；奶奶的亲哥哥是黄花岗七十二烈士之一。志全的家族曾遭受迫害，平反后奶奶执意坚持让她唯一的孙子毕业后回到祖籍福建传承家业。了解到这些以后，我终于理解了他当初坚持要回到福建工作的初衷。志全毕业后被分配到福建省最大的医院，从医六年后出国留学三年，回国后开始了艰苦的创业。多家企业的创业成功让他获得了 2011 年度“中国优秀职业经理人”称号。志全事业上的成功足以告慰他外婆的在天之灵了。

在本书前面，志全发表了一篇感人至深的长文，感谢我为他外婆所做的一切。其实在我内心深处，却是由衷感谢他的外婆，在我刚步入社会这个人生中最重要的阶段，命运让我遇见了这样一位令人敬佩和敬仰的老人，从她身上我感受到了中华民族的传统美德，她也给了我痛失奶奶后的心灵慰藉。总之，我与志全外婆之间的情谊是一种特殊的缘分，引用复旦网红教授陈果所说，这种情感像一束光，照亮了外婆，也照亮了我自己。

再续同学缘

我和北红在齐医时不在一个班，但因同是妇幼专业，所以在一个教室上课。我们这个专业是清一色的女生，北红身材高挑，眉清目秀，给我的印象很深，在学校时我俩接触不多，很少有交集。1998 年 7 月，我到北京的解放军总医院进修超声，远离家乡，远离家人，加入到了陌生而紧张的进修生行列，日子枯燥乏味，倍感孤独，最烦恼的是住宿问题，解放军总医院是全国数一数二的知名医院，从全国各地来的进修生非常多，而我是插班生，住宿需要自己解决。想找到就近又条件相对好的住处也是很不容易的。还好，到北京没多久，解放军总医院图书馆地下室就有了空下来的床位，这里离医院很近，图书馆看书学习也很方便，我很高兴，欣然入住。其实宿舍的条件还没有上学时的条件好呢，是 20 世纪 60 年代防空洞改造的地下室，离出口近一些的房间通风状况还可以，里面的就要差一些，洗漱和卫生间都是公用的，不过冬暖夏凉，非常安静。早上起来，去公共洗漱间洗脸刷牙，和同住地下室的来自全国各地的学员一起分享配置不多的水龙头和热水，是每天清晨的一道风景。

入住的第二天早上，在地下室的走廊上一个熟悉的身影映入眼帘，高挑的身材，虽然睡眼朦胧，但掩饰不住标致的五官，当我们目光交汇时，几乎同时认出了对方，久旱逢春雨，他乡遇故知，那一刻真是兴奋，不敢相信自己的眼睛。从此，我们便有了一段出双入对，共同学习和生活的经历。舍弃家庭温暖换来的学习生活让我们倍加珍惜，经常约好一起去图书馆看书，查资料到图书馆闭馆，偶尔礼拜天一起逛逛街，感受一下京城的韵味，就是最好的消遣了。

晚饭后地下室唯一的一部公用电话机，是外地进修生与家人共叙离别之情的温馨角落，经常能看见北红的身影在此驻足。通过北红得知，同年级8109班的王辅林同学研究生毕业留在了解放军总医院病理科，也得知同年级8108班的乔延国同学，博士毕业分到了武警总医院，我深深为同学的事业有成感到骄傲和自豪。王辅林那时刚刚在京落脚，租了一间很小的房子，邀请我们几个同学去他家小聚，他的夫人既漂亮又能干，为我们精心准备了一桌子丰盛的饭菜，现在想想这是多么盛情的相邀啊，我们几个同学在他刚落成的温暖小巢里谈天说地，讲述着毕业后各自的足迹。梅花香自苦寒来，乔延国和王辅林的坎坷求学之路给我留下了很深的记忆，也更加敬佩这些同学中的佼佼者，以他们的努力为荣。

1998年11月初，金秋时节的香山，正举办红叶节，风景迷人。辅林同学邀请我俩还有当时也在北京进修的刘长辉同学共游香山。这是记忆中的一次难忘的郊游。我和北红早早地乘坐地铁来赴约，四位人近中年的老同学相聚在北京香山。我们爬山看风景，拍照，登上最高峰香炉峰，俯瞰京郊的美丽景色，游览孙中山衣冠冢，领略伟人的精神风采。那天游客特别多，爬山时几乎是人挤人，但丝毫也没有影响大家的兴致，我们一路兴高采烈，仿佛又回到了快乐的学生时代。一年很快就过去了，我们都带着满满的收获离京了，我先结束学习回家，北红打了车送我到火车站，一路

上我们相互鼓励，为今后的事业加油，回到家乡后，大家都忙于工作，很少联系，但是二十年前在解放军总医院学习进修的那段往事却时常在心头萦绕。2012年我和北红带着能再聚首，能再同游的心愿，应志全之邀一起去了福州，那是又一次难忘的同学聚会。现在北红已

经是齐齐哈尔妇产科领域的知名医者，技术娴熟，经验丰富，带领着她的团队，在漫漫医路上坚守和前行着，工作之余还投入到摄影和旅游的乐趣之中，朋友圈里经常会欣赏到她的佳作，她活出了一个丰富多彩的人生，由衷地为她点赞！

移居上海离开故土多年，生活方式、生活习惯已经更多融入了他乡，但是故乡的情，故乡的人，故乡的事，却是永远流淌在血液里的精神积累，然而血浓于水，只要打开记忆的门，一件件鹤城旧事就会再现眼前，挥之不去，成为难忘的乡情！

精彩留言

吴志全：马钢的《鹤城旧事》，就如她一贯的做人风格，质朴与真诚。和两位女同学的交往点滴，让我又回到当年的青葱岁月和我们这一届一步一步为自己的理想而打拼的时光。我们这一届的情怀，闪耀着不甘现状、积极进取光辉的情怀，就在马钢的旧事中读出了新意。或许就是我们这一届的积极心态，成就了我们在平凡中的各自精彩。而马钢和我外婆的故事，这一段情缘，却让我即使在如今这浮躁的社会，也坚信人间自有真心在！这样的感怀，会鞭策我一辈子待人待同学至诚。感谢马钢予我以温暖。读马钢的旧事，恰如一缕清泉，娓娓而来的心语，是激荡我心灵最为永恒的光芒。

黄英辉：真诚，美好，感动！

付霞：同乡、同学、同事，同是钢二代，读鹤城旧事，赞马钢人生！

赵瑞霞：文章纯朴感人，一篇篇真实发生的故事，把同学之间的交往情谊写得温暖可爱，给我们描绘出一幅美好的忆惜日同学画面。

卓贞顺：马钢的故事感动了我，同学之情把思绪带到了几十年之前，马钢与外婆的故事，更是感动了我。记得 2011 年同学聚会时，就在志全那里略知一二，通过志全和马钢的叙述，了解了更多一些，更让我感动的是，现在我妈妈八十五岁，十年前被我接到我家小区，自己居住，我都没有做到像马钢那样细心照料，总是觉得妈妈身体还好……看到马钢的旧事，动情之处流下了眼泪，婆婆也跟我一起生活，妈妈也在我身边，两位八十多岁的妈妈陪在我身边，我是何等的幸福，我真的应该珍惜现在的幸福生活，以后真的应该挤出更多的时间陪伴她们，跟妈妈们一起变老，一起度过晚年……

青北红：质朴文字，真情流露。逝去的是年华，永驻的是美好！

小山：深情款款，感恩的心，温暖的同学情。我们的同学都那么优秀，那么高尚，我骄傲！

华泽英：同学情谊只留温暖，记住友爱，帮助和给予收获了幸福，被帮助和被给予铭刻心底的是感动。有你们这样的同学我很自豪！

心 语

鹤城旧事，
饱含新意，
不是写文章，
只是聊过去。
一个错觉塑造的“男孩”，
盛满柔美靓丽，
晓玫一声呼唤，
亲昵顿生疑虑。
彩照全家福，
毕业两相思。

转科进修再见面，
相聚欢乐倍珍惜。
他乡学习再团聚，
同学无忌更亲密。
忘记是谁的姥姥，
祖孙关爱情相依。
鹤翔黄浦江畔，
京城忙学习。
再相会，
泪汪汪，
回望脚下各辉煌。
热血心中奔流，
心语笔下流淌。
一篇《鹤城旧事》，
万千思绪，
爱无垠，
情绵长……

2018年10月21日
1965级校友宋永海于大连

《富人，穷人》还有“马大炮”

情怀故事主人公

孙跃岐，男，1963年出生。1984年毕业于齐齐哈尔医学院神经精神专业，分配到哈尔滨市第一专科医院（精神病专科医院）工作。

当年少不更事，不解精神医学的精妙，无心工作，整日招猫逗狗，人送外号济公。自觉整日无所事事会虚度年华，遂决意考研，费了九牛二虎之力，于1989年终于榜上有名，本想能考上离本专业别太远的心理学专业，却阴差阳错被东北林业大学野生动物系录取。

1992年毕业后留校，在东北林业大学学报做文字工作，后转入东北林业大学出版社，做了一个文化裁缝。十余年的编辑工作帮助了很多人由无名小卒变成专家教授。2005年随夫人调到北京小汤山医院工作，终于改邪归正了，虽然不能再当郎中，毕竟又回到医院了。

三十多年前读医学院的时候，我在图书馆里借阅过一本小说叫《富人，穷人》，具体的情节、内容和人物都不记得了，好像是一本描写美国黑社会的书，知名度远不如《教父》，穿插着一些色情描写，却深入脑髓，现在看来那就是青年人早期了解性知识的一个渠道吧。《富人，穷人》里的那些内容，要比现在那些低俗小说里脱了衣服躺在床上的或者下面删节号的或者欲言又止及省略多少字的描写要洁净得多。在那时就觉得小说中的男女情爱，已经是很露骨的描写了，年轻人求知欲望强，在那个精神生活匮乏、又相对保守的年代，有关性知识的渴求可想而知。所以当时这本小说在男同学中很流行，不知女同学看过没有？有一段时间晚上睡前大家都要聊一聊各自看过的情节，有人再做一些补充。令我们宿舍人最纳闷的是“老肖”，老肖名字叫肖启，是一位长得有点着急的同学，没见他正儿八经地看这本小说，但谁一提到书中的什么故事情节，他都能接上续聊，有时还能很准确地纠错，当时就觉得老肖真神。这是一本上下册的长篇小说，是要花一些时间看才能和大家聊情节的，不知道他啥时候看的呀，哥几个当时心里迷惑的很。后来老肖自己揭开了谜底，他说“看这本书的时候，把书一合，挑页面发黑、发旧的部分看，那些就是大家都爱看的内容。”真高！打心眼里佩服老肖了。现在我也学会了这招，在图书馆或者书店，把感兴趣的书一合，先挑页面黑的部分看，内容大多精彩。

后来的一个学期，医学院开了生理学课，生理老师讲到生殖生理一节时，很正式、很科学、很系统地讲解了人类男性、女性的生殖生理功能，那是第一次很坦然、很洁净、很高级地了解关于生殖和性的知识，那样的情景交融，没有色情，没有恶俗，无需遮掩，无需神秘，没有羞耻，更不肮脏，这就是我们人类身体的正常功能。其实在这件让我挥之不去、总想笑侃的年轻时懵懂事的背后，还有个心声：我们医学生，有专业老师给解惑，人类的生殖和性能分辨得很清楚，那其他求知中的年轻人，是否也有正确的渠道获得生殖和性的知识教育呢？不要像我们当年那样从旁门左道中汲取性知识。我们的教育在偏执应试的时候，太需要素质和生理的教育引导了。那么多的儿童性侵犯，孩子都傻到说不清状况，那么多年轻人迷惘中的性犯罪，就是我们的教育缺陷和偏颇的诟病。我有了儿孙，遇到他们求知的提问：我是从哪儿来的？我不会再胡说八道，说是从什么垃圾桶里捡来的，也不斥责他们啥都问，现在有了许多志愿做性教育的心理医生和教师，真让人欣慰！

再说说“马大炮”，现在叫吴志全，叫名字还得反应一会儿才能想到是老马，上学时叫马志全，绰号“马大炮”。这“马大炮”的缘由有好多个版本：说话太直、嗓门儿太吵、说话不注意场合等，在传阅《富人，穷人》之后，暑假前有一本手抄本小说《少女的心》，有一个是我亲眼看到的版本，也流行了好一阵子，不知道是齐市哪个同学带到学校的，这个小本子传到谁手里，谁都早早回到寝室里偷摸地看。老马神出鬼没的，一般都是别人回来快要就寝了他才回来。有一天他们寝室的人回来时看到他正拿着个小本子在静静地看，极其投入，别人和他说话，他也不理，这时候不知是李德臣还是郭蔚然，突然掀掉了老马身上盖着的毛巾被，嘿嘿，“马大炮”的绰号就这么叫开了。老马性情随和，也不跟大家急，有时候自己也窃笑。年轻、懵懂真好！可以随意调皮捣蛋。1984 年毕业，“马大炮”分配到了他的祖籍福建，从此天南地北，少有见面了。

事隔十年，1994 年“马大炮”来哈尔滨，那是一个炎热的夏季，那次他回东北的主要目的是去齐齐哈尔市接他外婆回福建。在哈尔滨期间，他每天手里都拿着一个当时还非常罕见的手提电脑，我感觉他根本不会使用，就是为了嘚瑟，或者是装装门

面。在他死乞白赖的要求下，我这个老同学不得不陪他一起吃住行地待了几天，这就让我意外得知了他在澳大利亚留学期间发生的两个故事，至今我还记忆犹新。

1989 年 12 月份，老马和他的同事一共十三个人一起去澳大利亚留学。刚去澳洲生活很艰苦，他们拥挤地住在一个只有三室一厅的房间里，他说他英文不好，主动要求一个人留守来给大家做饭，其他人要出去找工作，结果他是十三个人当中，第三个找到工作的。原因是第二个找到工作的人给他介绍的，用“日本话”说，他那是狡猾狡猾滴。

故事之一：他去超市买大米，贪便宜，结果买回了一袋盐。本该十三个人摊的这笔钱不得不由他一个人出，结局是三年后他们回国时，这袋盐都没有吃完。看来，他说他英语不好，还是真的。

故事之二：12 月 25 号西方人过圣诞夜，他们这伙人也想凑个热闹，出去找工作前大家一起商定好，让老马买两瓶葡萄酒带到他们的住地。哪成想，在买葡萄酒的时候，老马被酒吧美女主动拥抱并接吻，美女嘴里还说着他能听得懂的英语：圣诞节快乐！一身荷尔蒙的老马，激动的心情难以抚平，结果他就打开了一瓶葡萄酒，喝了一口，感觉不是滋味，酸酸涩涩的，不像中国葡萄酒那样甜甜的，就这样在心潮澎湃的兴奋中，一口接一口地一瓶葡萄酒很快就被他喝光了。等他平静下来，也到了做晚饭的时间，已经没时间再出去买葡萄酒了，他急中生智，用糖、醋、白酒、酱油勾兑了一瓶“葡萄酒”，悄悄地把酒瓶塞子拧上。等大家开始聚在一起庆祝圣诞节时，竟然都一致评价：他勾兑的那瓶是真的“葡萄酒”，真正是他买回来的那瓶倒成了假酒。

时间嫣然，我们也快要变成老头儿老太太了。当年的“马大炮”过着他的炮仗人生，去澳大利亚留学，放了颗洋呲花很快回国，弃医经商，炸响在医学相关的商业领域。去年“马大炮”跟沈黎一起，张罗着1981级同学编写《情怀》，要出书，炮打响了，他从南到北，四处放礼花，诚邀同学们编写投递文稿，他组织大家在北京召开《情怀》组委会磋商会议，我又一次和他住进了一个房间。我们两个又一次促膝畅谈，前尘往事地聊，一夜无眠。我俩谈家庭、事业、恋情、友情、同学情，谈到女同学“马大炮”还是满眼的柔情，哈哈，“马大炮”的又一个版本，一直在我脑海里飘荡……

在学校时和某些同学的恩恩怨怨现在我也都忘了，那些高大上的事早也不记得了，只有这些年轻懵懂、风趣横生的事说起来诙谐有趣，想起来就偷着笑。青葱岁月，不谙世事，记忆犹新。中年情怀，海纳百川，无欲则刚。

絮　语

2016的春天，2016的魔都，2016的偶遇，让1981级同学们有了一个有情怀的创意：写一本抒怀医学生真实人生经历的书籍《情怀》。展示医者至情至性，医者之仁之怀。时隔一年，1981级《情怀》编委会，面对同

学们发来的多篇原创文稿如获至宝，倾心拜读后，文稿的故事精彩，文采飞扬，情志高雅，涤荡心灵。等不到集齐全部文稿，编委会忍不住想提前分享这些美文，于是开辟了“这一届”网络平台，分期编辑推出已递交的文稿，分享给关注《情怀》的朋友们。

相信，文字是有灵魂的，是有味道的。真的，读着这每一篇文稿时，心底就会随着字里行间溢出的风情雅趣，泛起一袭温婉，生出一缕芬芳，同时也和着心中一抹浅喜浅忧。光阴在指尖划过，流年在四季旖旎。尘世漫漫，心绪缱绻。你写下的这些文字，让朋友们或思或忆，或悲或喜。想念那段曾经，感悟那段故事，回忆那段光阴。朋友们捻语相惜，这些精彩留言弥足珍贵！所以“这一届”平台上的精彩留言被编辑在文稿的后面，作为每一篇文稿的唯美韵脚，作为《情怀》书文中的一抹亮色！

精彩留言

涂满章： 哈哈，这严重损害我们公司常务董事的形象！

黄英辉：没表情，没情绪，唠唠叨叨，直奔心窝窝，叙事新境界，得意这感觉！

雒东江：真诚、可爱、从来不装的老孙，有丰富的内涵和精神世界！

朱晓东：这篇文章文字轻松幽默，尽显多年文字编辑功底，提及当年的一些不能登大雅之堂的往事，描写得惟妙惟肖，既有自嘲，又充满黑色幽默。从另一个角度诉说了当年学生时期性心理的懵懂与变化，触及到了一个当年的敏感话题，却做到描写色而不淫，反而充满了生活情趣，颇有嬉笑怒骂皆成文章之风格，读了令人忍俊不禁，特推荐男女同学阅读。

王丽浮：读了一篇暴露青葱岁月隐私、诙谐可乐的好文。

陶明：从医者到编辑你是步入奇途；从精神神经到野生动物你是奇迹；从《富人，穷人》到“马大炮”你是奇思！文化裁缝的生花妙笔，让读书季的青春真实生动，让校园回忆趣味无穷！

吴志全：撇开本人不谈，跃岐这篇文章文风诙谐，很有特色，令人莞尔，能给人开心，也是一种能力，是高情商的表现，赞一个！

孙跃岐：英雄不问过往了吧！

我的老师姜炳哲

情怀故事主人公

张强，男，1962 年出生，1984 年齐齐哈尔医学院神经精神专业毕业。主任医师，管理学硕士。现任齐齐哈尔医学院国有资产管理处处长。

1984 年 8 月—1998 年 2 月　齐齐哈尔铁路中心医院，医生。

1998 年 2 月—1999 年 2 月　齐齐哈尔铁路中心医院，医务处副主任。

1999 年 2 月—2000 年 9 月　齐齐哈尔铁路中心医院，医务处主任。

2000 年 9 月—2006 年 12 月　齐齐哈尔铁路分局昂昂溪医院，院长。

2006 年 12 月—2008 年 4 月　齐齐哈尔医学院附属第三医院，医务科科长。

2008 年 4 月—2014 年 4 月　齐齐哈尔医学院附属第三医院，党委副书记、纪委书记、工会主席。

2014 年 4 月—2016 年 3 月　齐齐哈尔医学院，党委组织部副部长。

大学三年，班主任老师叫姜炳哲，接近一米七的个头，四十来岁，朝鲜族人，爱说爱动，大眼睛双眼皮，挺帅气的样子。班主任是兼职，大家都觉得挺难学的基础课——生化，生化教研室主任才是他的主要工作。生化课讲得怎么样已经记不清了，就记得背“三羧酸循环”到天昏地暗，印象最深的还是他对同学们的关怀照顾，至今铭记在心，现在想起他仍然会鼻子发酸、喉间哽咽。

姜老师是我们大学时期的班主任，比中学班主任还操心。不但要关心学生的学习情况，还要关心学生生活和心理，等等。学生们刚刚离开父母、离开故乡，第一次独立在外学习生活，好多事都不懂，什么事都需要别人的帮助，他往往是刚解决完学生学习考试的事，就又要去处理同学间的矛盾或贫困生的补助，而且这青春期的学生，说不上什么时候就会弄出个什么事件，整出个幺蛾子来，挺操心。

那时候物资匮乏，20% 的细粮，十几元助学金，够吃饭了。如果同学聚餐，到食堂每人打一样菜，买瓶一两元的白酒，回寝室就可以庆祝任何重大事件，如同学生日和球赛获胜什么的。

姜老师家住在和学生宿舍相邻门洞的筒子楼里，其实就是学生宿舍的

一个房间。节日回不了家的学生，常被姜老师叫到家里，师娘在公共厨房里炒几个菜，我们就和姜老师一桌，在老师家卧室兼书房兼客厅兼餐厅的十余平方米的房间里尽情畅饮。朝鲜族的姜老师热情好客，三杯酒前学生不许说话，而三杯酒后姜老师已经酒酣入睡，逢师娘菜齐上桌，接续组织畅谈慢饮。好在房间功能齐全，老师的孩子们困了就上床睡觉，伴随姜老师的鼾声，同学们酒后声大也不觉得吵闹，邻里老师们也没有异议。只是苦了师娘，做饭陪聊收拾不说，有个别同学不胜酒力，回寝室的路上吐在楼道的污物还得去打扫。

三十多名学生，什么习惯都有，有早起的，有晚睡的，教室兼自习室的灯光只要是亮的，姜老师就总要去看看，既要提倡用功学习，有时还得叮嘱一下注意休息。竞选学生干部的时候，既要鼓励获胜者，又要勉励落选者。那个年代学生打仗斗殴时有发生，对学校领导得大事化小、小事化了；

对当事学生得苦口婆心，劝着“没有什么大不了的恩怨，谁把谁打坏了怎么办？”

姜老师人好，厚道，可时运并不济，教研室主任兼班主任的他，四十出头就患上了恶性肿瘤，竟然是那种我们刚毕业没几年的小医生都知道的，恶性程度非常高的小细胞未分化型肺癌！老师最喜欢我们这班的学生，拒绝了其他学生前来护理的请求，只让我们班的同学来看护，我们这些年轻医生串班或调休轮班看护姜老师，手术后的姜老师已经不能平卧了，靠在我们肩臂里说不定还能睡上十分钟，非常痛苦，他不时地看着墙上的钟表，盼望着下次止痛针的到来。术后也仅仅熬过不到半年就驾鹤西去了。有时就想，好人，那边也极其需要吧。

精彩留言

崔光成：同为朝鲜族的我，与姜老师有着另外的特殊感情，看到张强同学的追忆文章，好像姜老师的音容笑貌就在眼前，我至今还与师母及姜老师的几个孩子保持联系。现在生活条件好了，在母校工作的我时常想，若是姜老师还活着，我们一定会经常开怀畅饮，谈天论地，对酒当歌。

许淑梅：我是1982级妇幼专业的许淑梅。当时我们班生化课不是姜老师教，姜老师教另外两个班，我们班的生化老师讲课比较呆板，我们上课常常听不懂，经常打盹。偶然一次姜老师代课，讲得真的叫有激情，绘声绘色，生动有趣，顿时我们好羡慕、好嫉妒姜老师的学生们。

雒东江：对姜老师有着非常深刻的印象，他指导过我考研，后来我家夫人到医学院外语教研室工作，我们与姜老师来往就更多了。他生病后直至晚期，肿瘤压迫上腔静脉，颜面部肿得厉害，时而神志不清，我们夫妻每次去看他，我都能把他唤醒，他始终认识我！他去世后我们夫妻去火葬场送葬，记得那天非常冷，我穿着军大衣，我家夫人怀孕八个多月，但师生的情谊永远感怀！说心里话，我对我的医学院班主任没有什么感觉，可对姜老师一直感怀，永远不会忘记……

姜炳浩：感谢作者，不忘师生之情，多年后写出真情实感的对当年老师的怀念之情。作为姜炳哲的三弟，我不仅认真拜读，更要将本书本章节认真保存，也作为你的老师——我的长兄的永恒思念。再次感谢作者。

陶明：文如其人，深情醇厚的如一款好茶，回味悠长，沁人心脾，娓娓中尽显情怀，没有一句思念的词句，却牵起无尽的思念！

付霞：姜老师的课讲得好！张主席的稿写得好！

黄英辉：追忆老师，怀念往日美好时光！

吴志全：张强同学是当年的学生会主席，深得老师、师母宠爱，估计身边粉丝也不少吧！永远怀念姜炳哲老师。

周庆芝：印象中的姜老师与学生像兄弟般，好老师带出了一批好学生。

我有故事，也有酒

情怀故事主人公

于恩庆，男，1962年出生，1984年毕业于齐齐哈尔医学院神经精神专业。主任医师，国家二级心理咨询师。现任齐齐哈尔市精神卫生中心副院长兼老年精神科主任，齐齐哈尔市第一医院心理门诊主任。担任齐齐哈尔市政协委员，中国农工民主党齐齐哈尔市委员会常务委员。

社会兼职：中国中医药研究促进会精神卫生分会副会长，中国心理卫生协会老年心理卫生专业委员会委员，黑龙江省医学会精神病专业委员会委员，黑龙江省心理咨询师协会理事，黑龙江省心理卫生协会理事，齐齐哈尔市医学会精神医学专业委员会主任委员，齐齐哈尔市精神医学会精神疾病专业委员会主任委员。

在国家级、省级期刊上发表学术论文20余篇，主编、参编学术著作3部，获齐齐哈尔市优秀成果奖多项，齐齐哈尔市科学技术进步奖一等奖一项，齐齐哈尔市科学技术进步奖二等奖两项。

人生第一醉

如果“9·11”是留给美国人的永恒记忆，5.11则是我一生中值得回忆的日子！

1983年5月11日，黑龙江省神经精神病防治院（以下简称“省三院”），阴，雨。齐医8109班的同学们正在这里进行精神科的临床实习。这一日刚刚发过助学金，当晚我和同在精神科8病房实习的张强、项晓波和田忠良

一起来到当时的精神病院二食堂，相约去改善一下平时单调的伙食。点了菜，要了酒，我们四人在觥筹交错中不知不觉喝下了一瓶花园大曲，这时另一包间内熟悉的喧闹声吸引了我们，原来那里也是我们班的同学，他们正在为王辅林同学庆祝“二十大寿”，喝到兴头上的他们看到我们四个人也无比兴奋，很快就兵合一处，将打一家了！我们十几个同学聚在一起借着酒劲谈天说地，谈到毕业后的理想，谈到每位老师不同的教学风格，谈得最多且乐此不疲的还是男女同学的话题……那一天我是第一次喝那么多酒，喝了白酒又喝啤酒，最后大家谁也不记得到底喝了多少酒，连最后是哪位同学买的单也不记得了。我那天真的喝多了，开始还自觉没事，好像还去 8 病房和患者共同看了一会儿电视。我那次真的知道酒精的作用了，当我晃晃荡荡回到寝室之后躺到了床上，事后怎么放的“礼花”，如何把同床同学熏出“毛病”，同学如何为我量血压、测脉搏均不记得了。因为那次聚会的同学几乎都出现了不同的醉酒症状，而且把身边的同学都熏吐了，所以后来不知哪位有才的同学就把这一天命名为“5.11 惨案”了，这也是为增强记忆的一种调侃吧！

后来，我和同学、同事有过数不清的酒局，可只有这次喝酒让我刻骨铭心，这是我人生中第一次醉酒，醉得酣畅淋漓，醉得干净纯洁，醉得到现在依旧怀念！

在这里，我得向第一次醉酒后照顾我的同学表示感谢，向因为我的醉酒而带给同学的打扰再次表示由衷的抱歉！难忘的人生第一醉，难忘的5.11！

怀念张洪明

张洪明是我的同学，也是我的同事。同窗时，姜炳哲老师（20世纪90年代不幸患肺癌病逝）是我们班第一任班主任，姜炳哲老师曾经这样评价过洪明："别看这小子一笑露出小虎牙那副天真的样子，他可是学校高分录取，非常聪明的学生啊。"洪明同学离开我们整整七年了，我和洪明同学在一个城市，又都分到了当时齐齐哈尔市第五医院（也是一所精神专科医院）。也许是缘分吧，有了许多交集。

上大学前我并不会打乒乓球，进入大学后看见洪明和上届同学一起打乒乓球，非常羡慕他，就开始向他学习。洪明不厌其烦地指导我，让我在图书馆借了一本打乒乓球方面的书籍，我从此迷恋上了乒乓球这项运动，在上学的第二年还代表班级，参加了全校乒乓球比赛，现在乒乓球已经是我最喜欢的健身项目之一了。

毕业后我和洪明等几位同学都分配到齐齐哈尔市第五医院工作。大约是1986年，洪明和我几乎是在同一段时间里，开始谈恋爱了。巧的是，他的女朋友张亚楠是我母亲最好同事的亲外甥女。就在那年我和当时的女友张伟，现在是我的妻子，邀请洪明和他女友亚楠，以及从北安来到齐齐哈尔探亲的王德民同学和他的女朋友，在我们家里小聚。大家一起和面剁馅包饺子，我们六人喝了顿饺子酒，当时我们三个同学，三对恋人，都沉浸在热恋之中，美妙的场面可想而知了！

同在一个医院，同学加同事感情好，平时相互交流很融洽，可是遇到晋级、升职、涨工资关乎个人名利的事，还是会有困扰。1996年底，齐医1983级校友李荐中主任调到齐齐哈尔医学院附属第一医院，空出了科主任的职位，那时在第五医院工作的齐医校友中，有资格竞争科主任职位的有十几人之多。当时大家公认说我应该是水到渠成了，可是公布结果时却出乎意料，这次医院竞选出两位年轻的主任，就是我和张洪明，大家都没有想到半路会杀出个程咬金来！其实我心里觉得，洪明当时也是院领导班子眼里重点关注的人选之一。平时洪明不善沟通，不多展示自己，但洪明是聪明好学又很内秀的人，杀出这匹黑马也不意外，之后我俩同为科主任在第五医院精诚协作了七年。

2003年5月，张洪明调入齐齐哈尔医学院附属第一医院心理门诊工作，2004年3月，因卫生系统资源整合，我也调入齐齐哈尔医学院附属第一医院。我到齐齐哈尔医学院附属第一医院后，洪明就去了当时的“SARS”发热门诊，发热门诊取消后，他来到了急需医生的老干部病房，他在病房的工作很出色，一年后被派到哈尔滨医科大学附属第二医院进修心血管介入治疗技术，也许是在那半年的进修期间，他拼命学习介入技术，放射线辐射埋下了他后来脑瘤的隐患。2008年，他被调入内分泌科当医生，依然刻苦学习，恶补自己匮乏的内分泌知识。这时由于彼此工作很忙，我们的交流机会就很少了。一次医院开大会，我在会场音乐厅碰见了洪明，他说：“老于，我好像得病了，有一天值夜班时，我竟然把科里值班护士误认为陌生人……”当时以为是开玩笑，我并没有在意此事，可后来不幸的事被他言中——在一次头颅CT检查中发现，在他的颅内长了一个很大的脑胶质瘤，考虑为Ⅲ~Ⅳ期！尽管医院聘请全国最优秀的脑外科医生为他做了手术，全院职工为他捐了款，可是仍旧没有挽回这位年轻优秀医生的生命，我们也失去了一位好同学、一位好同事！齐齐哈尔医学院附属第一医院内分泌科主任，齐齐哈尔市知名的内分泌专家张之农教授这样说：“张洪明是真能干，真聪明啊，在短短不到一年的时间里，把内分泌专业许多疑难的问题都抠得很细，弄得很明白，不容易啊，是个难得的人才啊，这么早就走了，是我们专业的重大损失啊！”

尽管洪明很早就走完了他的人生，但他短暂的一生却是齐医人拼搏进取的写照，张洪明是齐齐哈尔医学院的骄傲，是我们1981级的骄傲！他是我们的好同学，是我的好同事，我们永远怀念他！

我和她的那段往事

我前面写了一篇有关我自己的文章，另一篇是我和男同学间的一些往事，我们都是有故事的人，我还是个愿意分享故事的人。在《情怀》最终要截稿的时候，我还有和女同学的故事不吐不快呢！

若说我现在这年纪还要谈起曾经朦胧的恋情，同学们也许会想：你这算痴情呢？还是叫聊发少年狂呢？不管同学们做何感想，这就是我三十五年前的青春情怀，所谓少年维特之烦恼，现在想起也还是那挥之不去的绕指柔！

这里的她，就是我情窦初开的那个人，她的名字被我记在只有我知道的地方了。1976年我上初中的时候认识了她，当时我在齐齐哈尔市第八中学读初中，记得是一年三班。她那时个子高高的，皮肤白皙、文静、秀气，性格内敛，只有十二三岁吧。我对她的那种感觉是对异性的好奇，还是青春的烦恼，就说不清楚了。一年后不知什么原因，在新学期开学的时候，她没来上学，后来听别的同学说她家搬家了，转学了，转到哪个学校就不得而知了。听到这消息，我有一种莫名的失落感。1981年9月，我以394分的成绩考入齐医。时隔五年，我在齐医又邂逅了她。那是在食堂排队打饭的时候，我一眼就看见非常熟悉的身影，还是那样高高的个头、白皙的皮肤、秀气的面庞，好像在和另一个同学说着什么。我当时没敢去认她，心想这么巧，会是她吗？可别认错啊！我暗自想着，心中有种莫名的兴奋，也有难为情，还有说不清的感觉都出现了。

几天后，八中同窗、后来转到了富区钢厂中学的付霞同学，邀请曾在八中读书的同学去家里吃饭，当我听说这次邀请也有她的时候，感到很兴奋，认定一定就是她了，真是上帝的安排呀，我还真是想和她近距离畅快地聊聊过去的事。在付霞家组织的家庭宴会很成功，我们五个同学还喝了酒，这次我们又见面了，我和她有意无意地多说了许多话，那次说得很高兴，很开心，而且她把转学的原因和之后的一些事情也跟我说了。从那以后，我开始有意无意地接近她，想和她说话，总想帮她做点什么事儿，可是一直没有想出用什么办法去接近她，唉，那时候的我在这方面，可是真笨啊！

我记得第二学期开学的时候，我正在班级教室自习，她突然敲门把我叫了出去，交给我一本书，当时我很惊讶，心里怦怦跳，一种甜甜的滋味油然而生。回去之后，当我翻开这本书的时候，我更是激动不已，原来是北京杨华渝编写的《癫狂梦醒》，当年我拿到这本书的时候，我几乎要发狂了，十八年以来第一次有这样的感觉，我心想——这是恋爱了吗？这就是爱的感觉吗？若干年之后，当我和她又谈到这本书的时候，她说："我给每一个学习精神科的八中同学都买了这本书的。"同学们可想而知，我

当时的心情，用网络语来说就是：你懂的！我在天天如饥似渴地阅读这本书的同时，也有些想入非非，迫切地想找机会接近她。某天，我前思后想考虑了很长时间，很老套地买了两张电影票，想和她去看场电影，送电影票那天，我在女生寝室门前又徘徊了好久好久，最终还是下定决心到她的寝室敲门送票，她的同学说她已经回齐市了，不知什么时候回来。那个时候我们没有联系方式，我非常非常失望和失落！那两张电影票我也没浪费，请我同寝室的王德民去看了，已经记不住电影的名字了。还有一次，我约她一起坐长途汽车从齐市返回学校，那次她答应了我，一路上聊得很开心，在校期间单独一起坐车单聊的情况也只有那么一次啊！

三年的时间过得很快，我们即将进入实习期，她和一名女同学来我们寝室找我，要我去帮她和同寝的女同学打行李。这又让我激动不已了，我便拉着王德民来到女生寝室去帮她们打行李。我以前哪会打行李啊，可是不知为啥，我那次在德民帮助下，很快很顺利就完成了任务，心里有一种特别的自豪感。这一年的夏天，我回到齐齐哈尔以后，第一次去她家里造访，那时她家在工人文化宫附近的四楼。因为我家一直在住平房，看到她家很宽敞明亮，也很羡慕，同时想想自己的家庭，也有了自愧不如的感觉。她的父母和我父母的年纪相仿，都很善良。记得那一天我们俩又谈了很多，也都是些学校和同学的事情，还有大学毕业后能做什么，想做什么，个人理想和抱负什么的，就是没谈个人情感。从她家出来之后，心里还有甜滋滋的感觉。后来在过年的时候，我记得有两次又去过她家和她聊天。

1984年初，我们开始在省三院精神科临床实习，许多同学开始谈论毕业之后的事儿，也谈到了许多同学的恋爱婚姻，我是很想向她表达爱慕，所以我给她写了一封长长的信，可我当时信写得很委婉、很模糊，也没勇气直接表白。我那时还是怕被她回绝，那样就太难堪了，这么好的同学关系也很难发展下去了，没直白地表达我的情意，也是想等她回信时，看看有没有一些蛛丝马迹。她的回信也很长，也没有什么明确的表白，这让我很失望。

1984年8月毕业后，她由于家庭的原因，很快就恋爱结婚了，她的长相很出众，我记得应该是1985年，她已经当上新娘了。这就是我在大学时代的一段朦胧的“恋爱”，我自嘲那是单相思，就像一杯清亮的绿茶，淡淡苦涩中有一缕芳香的回甘，很纯真、很美好的关于青春的回忆。

精彩留言

张强：那意境！看醉酒没意思，甚至会有些反感；醉进去才会知乾坤，懂情感。体会那些豪言壮语和一声叹息。

付霞：不太懂酒，更没醉过，这醉美哈！

吴志全：那个时候，真的很羡慕几个经常聚会喝酒的同学。因为囊中羞涩，从来没敢加盟。

吴艳彬：看过喝酒喝多的，没有看过把喝酒喝多写得这么美好的。

张强：天妒英才！

付霞：人生不论长短，都是这么值得骄傲！

吴志全：乒乓球打得真好。印象里是那种谦虚、腼腆的帅哥形象。

王辅林：往事并不如烟，幕幕就在眼前！

吴艳彬：难忘同学情！缅怀张洪明。

周洁信：洪明聪明绝顶！

吴艳彬：情怀真好！

周洁信：都是好孩子！

朱晓东：满满的同学情，既有对同学的怀念之情，也有多年内心深情的告白。

陶明：多产的作者，多情的男人，多美的往昔，多好的故事，深深的情怀！

吴志全：佩服恩庆勇敢的描述和真情实意的表白。那个匆匆的年代，引多少同学去表白，然后大多数进入痛苦、绝望，好在没有自杀。今天为你的真情感动，一起呼唤我们兄弟们那天的表白：有时候，我在想如果，那年某月某日，我不是委托别人，而是直接勇敢地向你表白，或许改变了你我的人生轨迹；有时候，我在想如果，那年某月某日，我克制下自己的情绪，我们一生的回忆会不会还是那样美好。有时候，我在想如果，那年某月某日，我是不是停止了自己心脏的跳动。

弓虽：匆匆那年。

张强：珍藏美好的回忆，分享懵懂的时光。

付霞：朦胧的感觉真美！那年我十七岁，不会做饭，也忘记那顿饭请同学们吃的啥，我在八中读了初中和高一，那是我最喜欢的学校，同学都是我最亲的同学，很自然地、特别高兴地把读医学院的八中同学当成了最好的同学……说好她当新娘的前一天我会去，但那天我妈说，今晚有人介绍男朋友（就是现在的先生）来见面，当时我急哭了，我们两家分别在富区和市里，只好第二天去祝福美丽的新娘。

表白

朦胧与梦幻美丽，
真情柔曼值得珍惜。
维特烦恼说的是你，
珍藏是一种高雅的自欺，
表白让她知悉，
心中她永远没有远离。
其实她心中有你，
怯懦牺牲了你自己。
好花易主，
惋惜过去，
时光裹上年轮的外衣。

同心的成长那么痴迷，
像春风吹拂大地，
葱茏又见新绿。
你有自己的幸福，
祝福你曾经为芳华叹息。
春风伴着春雨，
表白晾晒心理，
阴晴已经过去，
阳光把表白采撷。
……

2018 年 10 月 21 日
1965 级校友宋永海写于大连

岁月似歌，梅香如故

情怀故事主人公

温冬梅，女，1963年出生。1984年毕业于齐齐哈尔医学院妇幼专业。1984—1992年在佳木斯造纸厂职工医院做妇产科医师，1992—1999年升任妇产科主治医师，1999—2009年升任副主任医师。2009年因工厂破产，医院转制，迁居大连开始自由执业，先后就职于大连富康园妇科门诊、广东省惠州市东华医院产科、大连慈铭体检中心、大连柳树妇科门诊。2016年至今旅居加拿大。

有一首悦耳的琴曲叫《梅花三弄》，有一部言情的小说叫《梅花三弄》，有一份我和闺蜜的友情如《梅花三弄》。这样形容是因为在我心里，有一种纯真年代结下的友情，像动人的乐曲，是深情的对白，在有限的生命里有这么一个人，是你的念想，是你的温暖。在或是快乐，或是忧伤，或是阴郁的日子里，曾有这样一双牵着你的温暖的手，心中就有了一份踏实地向前走的感觉。那年金秋，阳光正好，与你相遇，桂梅，冬梅，二“梅”相惜，齐医结缘。

梅花一弄暖人肠

1981 年我和同龄人经历了难忘的中国式高考，我收到了大学录取通知书，不是梦寐以求的师范院校，而是齐齐哈尔医学院，从此踏上了学医之路。当时交通条件极不便利，经过两天一夜辗转颠簸，才到达学校，完成各种报到手续，来到宿舍已经头昏脑涨，再定眼环顾窄小拥挤的宿舍，床铺排列紧凑，一张张陌生的面孔，都自顾不暇地忙着整理自己的东西，年轻女孩第一次独自离家，我情绪极其低落、忧郁、不安，思乡之情涌上心头，没忍住的眼泪瞬间决堤。这时，住在我邻床梳着两条小辮儿，也是满脸稚气的女生，转身微笑着对我说：“你好！我叫李桂梅，来自友谊农场，我是昨天来报到的。”得知她是与我老家小城相距只有几十里路的同乡，倍感亲切。“同乡”情缘如纽带一样，将我俩连在一起，似桥梁搭在我俩心间，友情就这样让彼此亲近了。从此，他乡求学的我们结为密友。在医学院的大学生活中，一起去上课，一起去吃饭，一起回宿舍卧谈，一起嫩江边闲步，假期回家路上我们也是形影相随，从相识到相知，友情在 1981 年的秋天播种发芽，三十五年后的今天已长成郁郁葱葱的大树。

因专业的限制，我们班清一色都是女生，8111 班妇幼专业三十九朵花，桂梅是班长，那时的齐齐哈尔医学院还是专科学校，3% ~ 4% 的高考升学

率，千军万马参加考试，能挤过独木桥的也都是高才生，多数人都以高过本科线的成绩被录取，放在今天考入重点名校也是有可能的。三十九朵花来自三十九个世界，自然是性格迥异，各有特点，每天同坐一间课堂，同住一间宿舍，朝夕相处，其乐融融，桂梅班长就肩负着协调集体的责任。宿舍每晚熄灯后的卧谈会“欢乐一刻钟”最为有趣，经常是宿舍同学的一句话、一个段子，逗得全宿舍哄堂大笑，最期待说梦话的同学讲英文，骂人或是爆料……就连今天想起那些欢乐的片段，都会从心底里笑出声来。

梅花二弄并蒂花

不会忘记在医学院最初上解剖实验课时，大家都很害怕，我的恐惧感更严重，桂梅就拉着我的手走进解剖室。大家围站在放男性尸体标本的解剖台旁，等待老师上课。室内寂静无声，不知是哪个胆大的女生，突然冒出一句：“好帅啊，还双眼皮呐！”引发不小的骚动和窃笑，霎时打破了恐惧不安的气氛，老师也含笑讲解着，没有一点怪罪之意。紧张的气氛被打破以后，我才敢仔细看那解剖标本，并没有想象中的那样狰狞和血腥，因为标本已被解剖老师们精心制作成可视性很好的教具，有点像层次结构清晰的“艺术品”了。制作一具标本需要许多工序，弃糟粕取精华，花费很长时间成型，方可供医学生们学习。医学院的解剖学，是医学生走上从医之路的第一课，是漫漫医路的奠基石！感谢老师的宽容，同学的幽默，闺蜜的陪伴，有你们的帮助，我才敢于面对解剖实验课。

刚入学那年的中秋节、国庆日双节合一，学校放假七天，班级里只剩下我、桂梅和几个家远的外地同学，不能回家过节，宿舍楼里变得格外冷清，空荡荡的，静夜来临时，过于简陋的门闩令我们心生不安，桂梅带我们用椅子、扫帚等一些手边能找到的物件，顶住宿舍的门，以抵挡我们心中想象的“坏人”，“武装”完毕后就安然睡觉了。那时年少天真的我们，就是这样简单快乐着，烦恼和忧愁来得快，去得也快。

第一学期在茫然中像做梦似的飘过，很快开始了期末繁忙的各科结业和考试，我最紧张的解剖课考试眼看降临。依然讨厌刺鼻的福尔马林药水味道，厌恶触碰冰冷的实验标本，不愿去教学楼一层角落的解剖实验室复习功课，只限于纸上谈兵。总想着能侥幸蒙混过关，然而考题抽签很悲催——

请指出：

（1）甲状腺上动脉的起始和走行及其作用。

（2）嗅神经的起始、走行及其作用。

真真的醉了！

这样的问题就是问得再客气，标本上我也弄不清，回答出的只是书本上死记硬背的内容，这当然逃不过老师的眼睛，结果成绩59.5分，四舍五入到60，算及格，真是勉强蒙混过关的，尴尬转为庆幸后也很受刺激。

那时的桂梅，不仅每日忙于班级的各项工作，参加一些球赛，还有校内的活动等，她的成绩仍名列前茅，精力充沛，满满的正能量，着实叫我汗颜，令我敬佩，让我深思，更催我奋进。于是第二年全年基础课我的每科成绩都达到了90分以上，我和桂梅双双获得三好学生奖章。值得我俩炫耀的是生物化学课成绩，细胞里发生

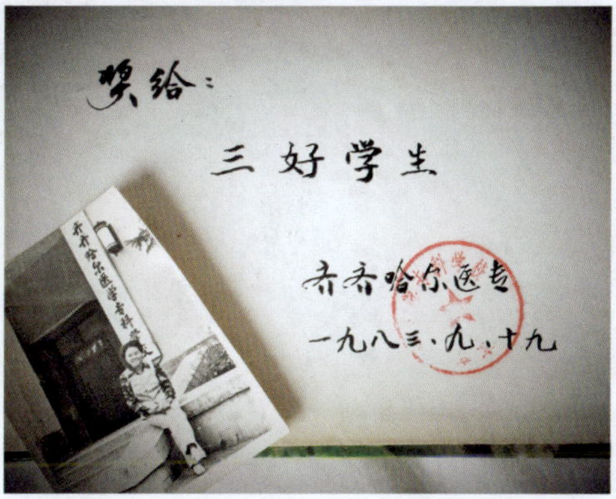

的化学反应，概念抽象，知识繁杂，是同学们都难过关的必考课，我俩是狠下了番苦功才取得的好成绩。从这个学期之后，我开始对医学产生了兴趣，和桂梅的友情更浓了，她既是我无话不说的闺蜜，更是共读医书的益友。

梅花三弄水云间

人性中蕴藏着一种最柔软，但同时又最有力量的品质，那就是善良。善良是你悬崖临危时递过来的一条缆绳，善良是你饥饿难耐时送过来的一餐食物，善良有时就是一句忠告，善良也许是失意时几句贴心的安慰，甚至，善良可能只是一个真诚的淡淡的微笑。

1983年，桂梅的一个小老乡因年少无知，触犯法律，惹来了牢狱之灾。小兄弟的事情让桂梅忧郁不安，也为他惋惜无奈。当时经济也不富裕的桂梅，却在每个周末都带上一盒纯肉馅包子去看望那个小兄弟，并谎称受其父母委托，安慰那个年轻人，并鼓励他：人生坎坷，改过自新，从头再来，一直到我们临床实习离校时才终止。在医学院的时候，每周吃一次菜肉混

合的包子是为学生改善伙食，饭店纯肉馅儿的那种包子，当时应该是奢侈品了。我俩毕业不久，桂梅的小兄弟因改过表现好，准予提前出狱，人生旅途再度扬帆启程，我们集体为之高兴。这个世界总会有一些不如意，不完美，但又总留着一些美好的点滴感动着我们，让我们相信人性的善良，人情的温暖，人间的真诚！

心中若有真善美，何处都是水云间。

梅花傲雪香如故

大学生活在色彩斑斓中画上圆满句号，毕业后我俩都选择了妇产科专业，做了迎接新生命、维护女性健康的妇产科医生，走上漫漫行医之路，彼此分赴前程，回到我们各自家乡那不同的城市。我天性胆小爱哭，从一开始不喜欢学医，到最后成为一名妇产科医生，从行医那刻起专心致志地热爱专业，坚持三十余载，足以说明桂梅对我潜移默化影响之大，春风化雨帮助之多，热忱温暖鼓励之重。我们佩服林巧稚先生的品质，敬慕《妇产科手术学》主编刘新民教授的医术，崇拜《实用妇产科学》主编王淑贞等前辈的学问，讨教同道老师们的经验，我们深知医无止境，需要学习的知识广阔无边，学习和进修是提高医术的渠道。刚做住院医师的那几年，各自拼搏在妇产科临床一线，每次短暂的相聚，就和桂梅不断切磋医术，不尽地交流心得，做个医术好的医生是我俩不言而喻的目标。

20 世纪 80 年代初中国改革开放的春风徐徐吹到东北小城，桂梅尊重丈夫的选择一起南下广东，阅历不深没经历过风浪，我为桂梅辞去双鸭山市妇幼保健院的工作而惋惜，也为她中断自己心爱的事业而痛惜，更为她前途未卜而担心，还为我们从此天各一方相见难而难过，以至于临行前我们家宴话别时掩饰不住自己的压抑凝重，佳木斯火车站挥手告别时，泪眼朦胧，相对无言，远去的列车上是我的不舍和担忧，只有心里默默祝愿她下海经商旗开得胜，万事如意。

这一别两个人联系渐少，有一段时间桂梅不慎丢了所有人的联系方式，竟然失联，后来得知桂梅就是那个时代的创业者之一，曾经历过失败，走出了迷茫，经过不懈的努力，重现金子本色。久别重逢是在惠州，我们紧紧相拥，我们欣喜若狂，我们喜极而泣，万语千言不知从何说起，我们需要安静的空间和充足的时间表达思念之情，倾诉离别后的经历，于是我们谢绝家人热情接待，躲到安静的宾馆，两天两夜中回想曾经趣事，讲天南海北，生活琐事，谈到昏天黑地，聊到妇产科工作经历过的疑难杂症与经验，更是忘记吃饭，不舍得睡觉，甚至桂梅去医院急诊会诊手术我都陪伴同行，而这又让我们重温大学时的行动一致。快乐时光总是那么短暂，相聚只有三天，我们穿越时空回到对方十几年的生活中，快乐了彼此的快乐，感受了彼此的痛苦。相见时难别亦难，但看到彼此工作、生活安好，身体健康，便没有了担忧，只有思念和祝福。后来的日子里，工作和家庭的忙碌，让我俩每一次的相聚都显得弥足珍贵，成为彼此难忘的回忆，每一次相见，总有聊不完的话语，每一次分别，心中都会充满再重逢的期待！

三十五年转眼即逝，苍老了容颜，多彩了生命，丰满了记忆，浓厚了情谊。如今桂梅成为广东省惠州市第六人民医院的妇产科学科带头人，事业蓬勃，家庭幸福。2016年夏天，一件机缘巧合的开心事让我俩喜上眉梢，仅相隔十多天，我和桂梅分别当上了外婆，家里添了可爱的小宝宝，相互道喜祝贺，又感慨不已，不觉间已步入人生的另一段旅程。我俩的情谊没有惊天动地，也不华丽夺目，但是每每忆起，却如雨露甘甜滋润心扉，感恩今生与你相识相知，感恩悠悠情缘历久弥新，感恩岁月静

好里有你常伴。我和桂梅的闺蜜情谊，印证了一首小诗：有梅无雪不精神，有雪无诗俗了人。日暮诗成天又雪，与梅并作十分春！

精彩留言

吴志全：人性中蕴藏着一种最柔软、但同时又最有力量的品质，那就是善良。是的，善良是人性中最优秀的品质，无论过去、现在和将来，我们都要坚持。而这善良，也将成就我们精彩的一生！有没有发现冬梅同学真的是越来越漂亮了？

马钢：终于又见《情怀》最初最早的作品啦，情真意切，精益求精，文采飞扬，靓照耀眼，活力四射，愿你越来越漂亮，生活幸福，天天开心！

付霞：同一间教室，同一间宿舍，同样的娇小，同坐在一个单人沙发中静静看着同学们聊天，岁月如歌，“梅”最完美！

崔光成：无论如何也想象不到这样流畅感人的文字，出自一双拿了一辈子手术刀的手！能写出这么美的文字，不仅因为冬梅有才，更因为她和桂梅的情。

张钲：冬梅是记忆中的娇小美女，学习努力，成绩优异，现在的你是成熟优雅的外婆，用满满的正能量感染着我，爱你！

火车情结

情怀故事主人公

李春牛，男，1963年出生，1984年齐齐哈尔医学院神经精神专业毕业。主任医师。现任黑龙江省公安厅安康医院副院长，黑龙江省公安司法精神病鉴定中心负责人，黑龙江省药物依赖治疗学科带头人。兼任黑龙江省精神医学协会常务理事，黑龙江省应用心理学会常务理事，黑龙江省性病艾滋病防治协会理事，北方精神医学论坛医院管理与人文专业委员会委员，全国安康医院司法鉴定专家库成员，公安部及黑龙江省公安厅科技专家库成员，黑龙江省医学会中西医结合学会精神卫生分会委员，哈尔滨市医学会心理精神专业委员会副主任委员，哈尔滨市医师协会危机干预分会副主任委员。

现居住于哈尔滨市。在单位做负责任、有担当、各方面都得到认可的好领导不容易；在家里做有厨艺、会家政、让妻儿都认可的好户主也不容

易。男人挺难，世上无难事，男人当自强。能在一个岗位工作二十年就是专家了。能在一个领域始终工作三十年以上，除了执着，还有无奈和不舍。精神科医生是全科医生，待人接物很重要，我信奉厚德励学，脚踏实地，一路走来，总有收获。路遇对手成为朋友，再没有障碍。

想对你说：有朋自远方来，每当听说有亲友到访哈尔滨，路遇困难、没有导航的时候，我都会到车站、机场、高速路口迎接。如今资讯便捷，我仍然愿意在下半程等你！

年华向晚，岁月沉香，品茶幽思间，心里总想着，要从走过的光阴里，剪下一些属于自己的片段，梳理情愫，便跳出了我的火车情结。在人类的交通历史上，火车有着一百五十年的霸主地位，它让人类的出行速度第一次超过了马，它改变和影响了人类的生活方式。中国火车的百年发展史，从“龙号”机车到时速三百五十公里的高速列车，就是我国百年巨变的最好见证。生活就宛如许多次的乘车出行，要经历数不清的上车、下车，有许多的事故发生，有许多的记忆铭心，有许多的心情收藏。火车承载着我们奔向不同的目的地，去实现梦想，去完成公务，去一解乡愁。

上学的火车

经过著名的“中国式高考”的紧张鏖战，我收到了齐齐哈尔医学院的录取通知书，家人喜气洋洋地为我打点行装，十八岁的男孩，可以躲开爸妈的唠叨，独自坐火车去外地，心里是窃喜加上小兴奋的。1981 级新生是齐齐哈尔医学院录取的第四期神经精神专业和妇幼专业的学生，与知名的“黄埔四期”很贴，那时的高考录取率不到 4%，据此推算，我是那百里挑四的人才！ 20 世纪 80 年代初入学时，母校在齐齐哈尔市富拉尔基区，那时交通不够发达，去富拉尔基只有一趟火车，就是开往满洲里的 289 次绿皮火车，晚上9点多哈尔滨站上车，早上5点到达母校所在地——富拉尔基站。每次坐火车，都是在拥挤不堪的人流中，奋力拼搏才能登上火车。疲惫地背着行囊，擦着汗水，听着“哐哧”“哐哧”的火车车轮声，把人震得头脑昏沉，完全没有了多余的想法。车厢过道里满是形形色色的同路人，想找个安稳站立的地方都很难。拎着旅行袋先找能安放的地方，然后，或伫立在门口，或伫立在列车连接处，站票。无聊地数着站名：肇东，安达，大庆，泰康，齐齐哈尔，榆树屯，昂昂溪……至此开始，心情渐渐变好，因为下一站就是我的目的地——富拉尔基。后来我乘火车有了经验，站在椅子旁，听乘客聊天，东北话是“唠嗑”，猜测着谁会在近途下车，便主动跟人家搭讪，就可能在后半夜站得难熬的时候，有一个坐下的机会。有的时候碰到找寻座位的学长和女同学，又充当梁山好汉，摆绅士风度，还会把辛苦等到的座位让出去。

每次回校都会带好行李物品，总有家人提前给我装满食品，都是我喜欢的吃食，奶奶的油炒面，爸妈的肉炒咸菜，香甜的松花江奶粉，沉甸甸的。把这些食品背到学校，放到寝室里，不出两三天，就被同寝室的兄弟们给“共产”个精光。有的时候饿极了，我也会溜到大食堂，到柜子里找东西吃，“共产”别人从家带回来的“美味”。

在齐齐哈尔医学院读书的年代，时尚服饰是戴军帽，穿劳动布衣服。所谓劳动布衣服，就是工厂工人穿的蓝色帆布工装。从家里带来的深蓝帆布工装，我拿到水房里，用开水烫洗到衣服上出白茬，那应该是最早期的“水磨牛仔装”，穿起来觉得很厉害。有件有点丢人，却可以拿来吹牛的事，就是在假期往返上学的火车上逃票。有的同学为了省下几块钱的车票钱，在列车员检票时，从前节车厢躲到车尾，又从车尾躲到车厢中间。实在躲不过了，就把夹在腋下的医学书晃一下，假装可怜，求检票的列车员放一马，如果逃过了检票，脚一踏上富拉尔基的站台，就可以轻松地顺着道口溜出去了。要知道在那年月，齐齐哈尔医学院的二等助学金只有十二元，家长每月再给上二十元钱，就是个高消费了。用节省下来的一点钱，哥几个第一次在“四季香”小店里喝的啤酒，是我记忆中最美味的开荤。

离别的火车

用高晓松的歌说，那时候天总是很蓝，日子总是过得太慢，总觉得毕业遥遥无期，转眼就各奔西东。基础理论和专业课学习两年多，我们开始临床实习了。那时神经精神专业实习，在位于北安市的黑龙江省神经精神病防治院（以下简称“省三院”），是我们奠定专业基础的关键时期，带教老师也是我们的专业恩师，有艾德森、孙孔鲁、虞迅逸、李玉经、王志文等。去往北安实习地的火车，依然是让人爱恨交加的绿皮火车。一路向北，冬季的火车，车厢连接处积了许多霜雪，踏上火车，脸上多了些许从容，陌生的世界逐渐清晰，心里隐隐生出离愁别绪：要走上工作岗位了，要去开启未知的将来了。

那段实习期是半年，让我难以忘怀。火车带我们到了苦寒的省三院，宿舍靠墙住的同学，被子都能冻到墙上去。我负责清扫公共区域的卫生间，吃苦耐劳的劲头保持至今，这与那时的磨炼有关。嘴巴甜一些，食堂胖胖的二丫就会给我打满很少换样的炖菜。同学们都好像憋着一股劲儿，自学非常刻苦，好像时间总不够用，老师做的学习卡总是抄不完，当时收集整理的资料，工作后很长时间里都能用得到，至今还惋惜同学工整的笔记没能留存下来。从看到学长写的有关精神科的病历后，带给我的憧憬多于震惊，因为我确信，未来的我，可以安抚那些病态而躁动的灵魂！

走下从北安来的火车，返回齐齐哈尔医学院，没过几天就踏上最终离校的火车了。从齐齐哈尔出发，学校专门组织人员送我们启程，比不上送女儿出嫁，难舍的分离还是藕断丝连，一直关联着我的生活和未来的时光。那时就业是分配制，同学们大部分回到了原籍，有的选择到新兴城市，如大庆。记得我们在离校的火车上，临时决定陪伴分配到大庆的同学下车，一行人在大家的注视下，来到这块遍布盐碱的荒凉土地，在高低不平的站台前，还能看到秋风里摇曳的芦苇。谁能想到在三十年后，与共和国之子——油城大庆一起成长的，还有我的同学们呢？在大庆的医学界，他们成了医学精英、医院管理者。沧海桑田，谁又能想到油田逐渐枯竭，大庆油田完成了使命，目前正在艰难转型呢？还是乘着离别的火车，而火车不再是当年唯一的绿皮，早已变成有许多班次、舒适而快捷的动车或高铁。同学们有的离开了这座油城，有的退居二线休闲出行，有的执着从事当初选择的专业，继续做行内名家。

公干的火车

走出医学院，我顺理成章地做了精神科医生。从小医生熬到大医生，差不多近十年的时间，那十年是医生入职后最辛苦的十年，主动找活干，增加临床经验，工作状态“黑加白”“五加二医护一条龙”，公干外出的次数并不多，有过如数家珍的几次进修学习，听学术会议的机会犹如医院发下来的奖品，谁能去上了谁就更厉害。那时公干出行，还是坐火车为主，远途可以有卧铺，近途也有带座号的火车票，不像上学时心急火燎地挤火

车，东躲西藏地逃票。我坐在去公干的火车上，虽然车厢比从前舒适整洁，却多了同事间寒暄应酬的内心劳顿，多了去公干事务中小心翼翼的谨言慎行，多了从火车站到社交场的身不由己，彻底没了坐绿皮火车时那嘈杂中的简单快乐，彻底没了帮同学提行李、让座位时那份青春的纯真情怀。做了有高级职称的大医生和医院领导者以后，我公干出行的次数渐多，虽然火车提速，高铁车多，磁悬浮飞驰，火车已不再是主要的出行方式，多了飞机等更快的出行选择。总愿意去有同学在的城市，去公干最开心的事情，是忙里偷闲见同学，思念不如相见，你在他乡可好？相聚小酌怡情，相叙喜乐平安。去公干的火车上，多是一个人吃饭，一个人睡觉，一个人发呆，度过了所有寂寞无聊的时间，工作任务就结束了。

在公干的火车上，我的孤独是虽败犹荣。

出游的火车

每天身在工作事物的繁杂无序中，每天身处城市生活的催促忙碌中，我和许多城市人一样，心中开始渴望安静，向往田园牧歌，寻找“诗和远方”了。城市的改造设计者留下了百年老江桥，那是通往母校齐齐哈尔医学院唯一的铁路桥，和现代的高铁桥并列着，却是不一样的铁轨，绿皮火车连通着过往和现代。

每次出游，我执拗地查找绿皮火车的时刻表，虽然它经常会晚点，虽然它比其他类型的火车更慢，虽然它里面什么味道都有，虽然它有时候挺拥挤，虽然它难以带给旅客一觉好眠，如今绿皮火车有那么多、那么多的缺点，但如果时间合适，在短途出游时我还是要选择它，我愿意支持绿皮火车的存在——不是所有的人都买得起飞机票，不是所有的人都买得起高铁票，如果没有绿皮火车的存在，那些在外地打工的人就没办法回家过年，那些低保的家庭就没办法妥善出行，那些山里的孩子就出不来大山。

这几年高铁坐了不少，抽屉里时有留下的车票，车程基本都在三四个小时左右，屁股还没坐热就到了，和地铁没有太大差别，稍远一点也就是一到两部电影的时间，并不觉得难熬。高铁偶被诟病，但不可否认，高铁兼顾了老式火车和飞机的优点，让时间成本和旅客体验达到了不错的平衡。

相聚的火车

相识三十六年，同学们相聚的火车都提了速，飞奔在人们心间的是“绿色”的高铁，就像当初那片绿色的铁皮把我们扣到了一起。1981 级的那一届学生，现在已经分不出谁是哪班的，讨论“谁和谁是一个班级”已经没有太多的意义。那时的班级人数也就三十六人左右，四个班级同在一起上课，回忆起老师点名的声音是我判断 1981 级同学的主要依据。听到谁是博士后，谁成为业界精英，谁走上领导岗位，谁奔波在只有大家、名师才能去的讲台上，同学们都会为之喝彩，都会传递由衷敬意，都想让励志精神薪火相传到下一代。毕业后三十余年的相聚，凝成了一块厚重的奇石，成为留在齐齐哈尔医学院校园里一道别致的风景。

快捷的高铁一下子缩短了同学们之间的距离，回母校相聚就像去郊游，再不需要披星戴月地赶火车了。同学情是现实交往中最真挚、最重要的情感之一，走过春秋，走过风雪，我们有了经历，有了故事，几位激情澎湃的同学提出，要记录下 1981 级同学们自己的经历和故事，征稿出版《情怀》的倡议发出后，相应者众多。岁末召集京城相议，安排好工作后，临时决定向北京出发，相聚的火车准时到达帝都——这是我第一次离开家人，在京城度过元旦，第二天恰好是我的生日，同学的祝福是生动的、快乐的，那是一种特殊的情感。

每一次同学相约聚会，都是期盼中的快乐无限。不是我们老了，有时间怀旧了，而是同学情谊日渐笃深。尽管相隔两三千公里，早晨还在通话约伴，晚上就坐在了一起，谈天说地，规划未来，互通信息，相携发展，一份份美好的情谊就这样沉淀了下来。

身边的很多人像我一样，喜欢坐火车的感觉，用时髦的话说，有“火车情结”。在火车上有风景看，从起点到终点，从绿地到荒原，从高山到长河，从烟雨江南到塞外戈壁。火车上有烟火味儿，嗑瓜子的、泡方便面的、打游戏的、看电影的，车厢就像临时组合而成的小小院落，邻居不断变换，却还是平俗的家长里短。真想有一天，坐在光影斑驳跳动的车窗前，泡一壶闲茶，在慢行的绿皮火车里，同学们都在，守着清浅时光，放逐思绪游荡天涯，想我所想，爱我所爱，不要有终点站，让心灵开一朵清芬的快乐之花，让指间划过的日子温润如玉，简约恬淡。

精彩留言

青橙儿：那些像烟花一样灿烂难忘的时光，没来得及尽情挥霍，便已奔向远方，成了人生中最遥不可及的渴望。青春时光，总想把它定格成影像。任凭岁月斑驳，依然清晰地在心底存放。怀念青春时光，怀念匆匆懵懂，单纯的烦恼与快乐，一直在心湖深处留存滋长，成了记忆里最珍贵的安慰。

华泽英：春生是内心细腻、情感丰富、记忆超群的大帅哥。娓娓道来的画面，让我又重温了学生时代的点点滴滴，绿皮火车就是我们这代人记忆深处最明显的那道烙印，也是生命里承载着生活、情感和友谊的最佳道具。春生一路走来一帆风顺，事业有成，对同学情谊深厚，最重要的是比原来还帅！令人心生羡慕。

陶明：心似双丝网，中有千千结。你的《火车情结》让我们一起回到过往，仿佛青春从未走远，仿佛同学从未分别。又让我们无限憧憬未来，去找那一辆没有终点的绿皮火车，让今生的同学情——时光不散，我们不老。

吴志全：的确，诚如春生同学所说：生活，就是许多次的乘车出行，要经历数不清的上车、下车，有许多的故事发生，有许多的记忆铭心，有许多的心情收藏。而最值得我们收藏的，就是我们在最年轻的时候度过求学的青葱岁月，那里有我们求学的渴望，有想恋爱的悸动，更有对未来岁月的憧憬……一切，现在想来是如此的美好，也因为这样的美好，我们这一代、这一届才会有这么多的情怀！这种感觉，会陪我们慢慢变老……

青北红：火车情结，一部火车发展历史，一段少年成长历程。

丁香花开

情怀故事主人公

李秀琴，女，1963年出生，1984年毕业于齐齐哈尔医学院妇幼专业。毕业后分配到齐齐哈尔建华机械厂职工医院妇产科工作。1994年2月—1995年2月，在卫生部直属北京医院妇产科进修学习。1996年担任齐齐哈尔建华机械厂职工医院妇产科主任。1999年因工厂效益不好，医院受到影响，办理停薪留职。先后在中国人民解放军第203医院妇产科、齐市协和医院妇科工作，现就职于齐齐哈尔市玛丽亚妇产医院不孕不育科。主要从事妇科内分泌失调和不孕不育疾病的治疗。

我的大学是齐齐哈尔医学院的前身，齐齐哈尔医学专科学校，位于齐齐哈尔市富拉尔基区的嫩江之滨。绿树掩映中的学校主教学楼是一座灰色建筑，中间是五层，两侧是四层。一层是解剖室、医务室、病理解剖室。二楼是微生物寄生虫实验室、医学物理实验室、组织胚胎实验室，还有一间电教室（里面有电视，周末可以看）。三楼是男生宿舍，四楼是女生宿舍，五楼是图书馆。主楼的左前方是一片树林，以丁香树为主，每到春天，丁香花开的时候，花香飘溢整个校园。右前方是收发室和自行车棚，周围也有一些树木；左后方是在建的教师宿舍、男生宿舍等建筑。右后方是一片杨树林，正后方是篮球场，左后方是由开会的大礼堂改成的食堂，食堂的后方是一个比较大的操场，冬天是冰场，在上面上冰上课。那时高考刚刚恢复，学校由中专升为大专，教学设施和实验设备都很简陋。三十五年过去了，学校发展壮大了，两次搬迁，现已建成具有现代化教学设施和花园般优美环境的大学了。但我心里的大学校园，依然是那个无数次出现在

我梦里的“医专”。

虽然市里到富区不是很远，但那时交通不是很方便，我们是坐火车到富区报到的，车上碰到了同去报到的同班同学临和她父母。下了火车有学校的车接站，到了学校后不记得怎样办的入学手续，在学姐引领下拿着行李找到宿舍。记得宿舍是四楼右手边第一间，进门后看到的满眼都是上下铺陈旧的木头床，整个房间差不多有二十张，因为三十九人都睡在这一个房间里，床摆了好几排，我只记得一进门右手边靠墙摆了三张上下铺的床。其他同学报到早，住在里面，只剩下门口的两张床了。我和临只能住这两个床位了，临年龄小，个子矮，住在了门口左手边的一个下铺，我就只能住在右手边没有护栏的上铺，本来就不是很情愿来学校，看到如此境遇，眼泪差点流下来了。

从收到高考通录取知书就憧憬着未来大学是如何的美好，但怎么都没有想到是眼前这个样子。学校工作人员说这是暂时的，学校以后会发展得越来越好。在家人和临父母的劝说下才安心留下来。铺好床铺，又用行李绳拦在床边，以防止我摔下来，战战兢兢地住了一宿，第二天后勤人员在床边钉了一块木板，才可以安心睡觉了。就这样，我的大学生活开始了。

由于最先认识了临，自然我们就成了好伙伴。一同去食堂吃饭，一同去教室上课。她比我小两岁，也是全班最小的，借着姜昆相声里的人物名字，我们就给她起了个外号叫“截柱”，到现在我们同学聚会还这样称呼她。可能是性格的原因，或是年龄小的关系，她每天都是快快乐乐的，好像永远都没有烦心事。现在我们班的“截柱”已经是齐齐哈尔医学院附属第二医院超声科的主任了，由当年医专的学生成了医学院的老师了！

忆我的大学时光

还有一位是我最近的邻居，挨着我上铺的萍。晚上睡觉时我们头挨着头，自然而然成了要好的闺蜜，她比我大，称我为妹妹，也很有大姐姐的样子，有时有心事了或不开心了我都愿意和她说，她都会帮我解开心里的结。让我对医学产生兴趣的事件是，一位进修班的大姐得了宫外孕，腹腔内出血，急需 AB 型血，我记得上生理课做血型实验时我好像是 AB 型血，于是本着医生救死扶伤的崇高精神去附属医院为大姐输了血，同去的还有同班的辉，大姐总算得救了。由此，我也渐渐体会到医生这个职业的崇高和伟大，并下定决心做一辈子医生，做一个好医生。献完血那段时间总是觉得困和乏力，

萍就带我出去上饭店吃饭，改善伙食，补充营养，真像一个大姐姐一样照顾我。萍并不喜欢医学，她的理想是当个女作家，在校期间她报了云南一所大学文学专业的函授班。她看了很多文学书籍，还介绍我们看了那时大学校园比较流行的一本书《五瓣丁香》。书上说，谁要是找到五片花瓣的丁香花，就会找到幸福。那时正值校园丁香花开的时节，花丛中到处都可以看到女同学的身影，她们在寻找着五瓣丁香。也就是在那时，我才知道丁香的花瓣是四瓣的，但偶尔会看到五瓣丁香花。毕业后萍没有进医院做临床工作，而是去了当地的防疫站。再后来听说她发生了意外……上天总是这样无情，她还那么年轻，对生活是那么乐观豁达，还没有实现自己当作家的梦想，就香消玉殒……萍姐，你在天国还好吧？在那里你找到五瓣丁香了吗？

那时大学的生活没有现在这么丰富多彩，挺单调乏味的。每天都是三点一线，宿舍、食堂、教室。我们是两个妇幼专业班一起上课，教室是位于三楼最东面的一间。上第一堂解剖课时，老师（应该是姓王）提着一副人体骨骼标本进入教室，放在讲台旁边，几个人一组，每组发一袋骨骼标本，胆子大的同学有时还会把标本带到寝室学习。学完骨骼，讲肌肉、血管、神经、内脏。那段时间天黑了是绝对不敢单独在教室和宿舍待着的，在食堂吃饭看到肉就觉得恶心，好久还是战胜不了这种恐惧心理和生理反应。由于期末考试有实践课，会让你在标本上识别肌肉名称和神经、血管的走行，所以同学们有时会三五结伴去解剖室学习，会有值班老师给我们辅导，

那时的老师真的很敬业，对学生很负责。直到现在做噩梦，还会梦到解剖室。

学校的娱乐活动很少，周末偶尔会去二楼电教室看电视，那时正热播日本电视连续剧《排球女将》，得早早去，晚了就进不去了。大家看电视的时候情绪会随着故事情节起伏跌宕，欢呼呐喊；那一年排球运动很火热，中国女排首次夺得世界冠军，消息传来，全校同学欢呼雀跃，兴高采烈，又唱又跳。男生们还把暖水瓶从楼上扔到楼下，听着乒乒乓乓的声音，权当放鞭炮庆祝女排的胜利。从那时起郎平、孙晋芳等女排姑娘成了我们心中的英雄，中国人的骄傲！每次有中国女排的比赛我们都会挤到电教室去看，我们是受女排精神鼓舞的一代人。偶尔各宿舍会在周末组织舞会，放上录音机，欢呼热舞，不过不能太晚，否则就会引得楼上或者楼下同学敲暖气管的抗议；记得有一年开元旦晚会，各班都把自己的教室布置得漂漂亮亮的，我们班尤其漂亮。教室中间由拉花汇成一个大花篮，把辉的小毛绒娃娃放在上面。整个教室布置得跟童话世界一样，布置好了，我们都去食堂会餐了。等大家回来时看到花篮也翻了，毛绒娃娃也掉到地上了，把大家气的呀！想一定是“精神病”男生们（神经精神专业的同学）干的，他们嫉妒我们教室漂亮，来搞破坏！那时我们 8110 班同学真的是很活泼、阳光、快乐！每个人都有集体荣誉感！还记得在钢厂文化宫举办过一次文艺汇演，我们班文艺委员燕独唱，莹手风琴伴奏，唱得好，手风琴伴奏得也好，全班同学都很钦佩羡慕，她们应该算是当时的文艺青年了！

还有就是我们的体育活动，尤其印象深刻的是有一次冰上课，滑冰考试要求滑 3000 米，十圈，坚持下来考试就算及格，结果滑得好的同学能滑三圈，不会滑的一圈还没到，体育老师也记不清谁完成了、谁没完成，反正大家都围着老师说自己完成了，搞得老师也无奈，结果就让大家都过了。学校的运动会和体育达标测试一起举行，在我们学校对面第六中学的操场开的，有个800米跑的测试，有的同学说匀着劲跑，有的说开始就得全力跑，我采取后一种，开始就拼命跑，结果差点坚持不下来，好在算是达标了。

还有一次全学年组织春游，好像就在富区附近的“榆树拐子”那儿吧？那里的景色还不错，树很多，有榆树、杨树，还有好多不知名的树。大家带着吃的，女生带好几套衣服，带着相机、录音机；男生带着啤酒。到了目的地，女生争先恐后地拍照，有穿裙子的，有穿裤子的，还带着很酷的太阳镜，想必这就是当下最流行、最时尚的了！拍完照片，大家就围在一起吃饭，男生喝酒，记得当时女生好像都不喝酒。吃完、喝完就打开录音机放上那时流行的摇摆舞曲，大家欢快地跳啊，高兴地唱啊，总之特别开心！除此之外，学校还会组织我们参加学校的公益劳动，如平整操场啊，搬运冬储大白菜啊，我们采用击鼓传花的方式运大白菜，白菜由第一个同学传到最后一个同学就只剩白菜心了，可能记忆是有点夸张，总之那时我们会把枯燥的劳动变成开心的游戏。

写到以前的趣事，总是写不完，也得写点正事了，学生的正事当然就是学习了！当时恢复高考没几年，学生还是很渴望学知识的，大家基本上都热爱医学，也清楚这是将来工作的基础，都很努力地学习，老师也很有教学热情，只要学生提问，老师都高兴耐心地解答。我当时向老师提出问题：学完了解剖、生理、生化以后，怎样才能把这些知识贯穿起来呢？老师不厌其烦地给我解答，说："食物进入消化道后，在消化酶的作用下，分解成糖、氨基酸、脂肪酸，再经过血液循环到达肌肉组织，提供肌肉收缩舒张的能量；静脉收集组织代谢产物经肺呼出二氧化碳，肾脏排出代谢废物。"正是这样，我们的知识学得很扎实，为未来的临床工作打下了牢固的基础。现在也由衷地感谢那些辛勤的老师们！学校是由中专升为大专，实验室条件设备相对较差，但老师们创造条件，饲养很多动物，供我们实验用。记得有一次做生理实验时需要先破坏蟾蜍的脊髓，很多同学一手抓蟾蜍，另一只手持长针经枕骨大孔刺入脊髓，蟾蜍就瘫痪了，我们就可以做实验了。我怎么都不敢抓，最后是同学帮我处理的。学完外科后，我们去附属医院实习，当时正好赶上外科做阑尾炎手术，缺拉钩助手，同学们都推荐我，让我和老师上台，让我提前体会了外科医生手到病除的成就感和快乐，并

从此爱上手术科室。现在只要站在手术台上，无论身体有多累，我都会全力投入手术，享受手术的成功与快乐。由于我们是三年制，学习的内容太多了，平时都是起早贪黑学习，到了要考试的时候就要更加努力了，宿舍、教室及图书馆都是22点关灯，这时候很多同学会借助走廊的灯光继续看书学习。夏天的早晨校园里花丛中、树影下，都可以看到同学们学习的身影，我尤其喜欢在丁香树林中一边看书，一边闻着花香，真是一种美的享受！有一次我在树下看书看得投入，有一位进修班的大姐过来拍拍我，问我看什么书，我说妇科书，她告诉我说我背上有一只毛毛虫，让她给扒拉下去了。我还谢了她，挺后怕的，万一那毛毛虫爬到我脖子里该怎么办？虽然很喜欢丁香树，但也不得不隐忍着先和丁香花们告别了。

经过两年多的医学理论学习，接着就是八个月的临床实习，同学大部分都回家里就近实习，每两个人一组，我是去齐齐哈医学院附属第二医院，那时也叫嫩江地区医院，那儿的医生大部分都是当初响应毛泽东主席“626”号召，到农村基层医院工作后返城的，性格很是平易近人。我先到的普外科，主任姓韩，带我的老师姓苏。韩主任每周一大查房，查到我管的患者，会针对患者病情提问，先问实习生，再问进修医生，再问带教老师，都没有答对的话就问主治医生，所以主任查房前得熟悉自己管的患者的病情，如果被问到，相关疾病知识答不上来，倒是给代教老师添麻烦。上手术台的时候，老师前辈们也放得开手，教剪线、打结、拉钩、切开缝合等。苏老师经常去门诊找些脂肪瘤、纤维瘤小手术让我做，打下了很扎实的手术基本功，受益终生。感恩各位老师的教诲！之后去了妇科、儿科、内科，老师也都非常好，学到了很多知识。八个月实习时间很快结束了，回到学校参加毕业考试。

一天班主任孟老师请我们去她家吃饺子，一共去了十多个同学，团支书调侃说这是让我们去吃“滚蛋”饺子了，大家心情都很沉重，默默地吃着饺子，孟老师却微笑着和我们每个人攀谈，问将来都搞什么专业啊，嘱咐我们努力工作，在各自的专业做出优异的成绩。现在孟老师应该很骄傲和自豪，她的学生们在祖国各地岗位上都很优秀。

分别的日子临近了，全班买了统一的笔记本，相互留言，留下通讯地址，记录下三年来对彼此的了解、人格魅力的认可和对未来的祝福，班长要求我们本市的同学最后走，先送远道的同学。我们帮助他们打包好行李，一批批送走远行的同学，分别的泪水不知道流了多少。现在回想起来，这些场景依然历历在目。虽然设施简陋，教学设施也不先进，但齐齐哈尔医学院的老师们敬业育人的精神却培育了一代一代优秀的医学人才，就像那每年开放的丁香花一样，开在校园里，香飘全天下。

精彩留言

付霞：又是一年花开时，每当遇到丁香花开都会认真看看是否为五瓣丁香，在西宁的一个小区真的发现盛开在高原的五瓣丁香，真实的大作！朴实的情怀！

马钢：拜读大作，梦回校园，梦回青春岁月，故地重游的感觉，感叹你超强的记忆力和朴实无华又有穿透力的语言。

王丽浮：看着你的文章，感觉如在当年的学校，记得吗，我们对门是八班男同学宿舍。

陶明：娓娓的笔触，柔柔的情愫，暖暖的回忆，深深的情怀。丁香花般的好文，点赞！

黄英辉：触动泪点！

张强：详细具体，“数字化”的描述！清晰了我日渐模糊的记忆。

吴志全：不用猜了，坏事基本是我领头干的。我小学时代曾经尿尿到女生书包里，已经是对你们 8110 班手下留情了。谁让你们班像李秀琴这样的美女太多呢！

齐红：边看边哭，勾起太多的回忆，王萍和亚玲的面庞好像就在眼前，佩服你的记忆力，短短的一段文字竟然顺畅地记录了我们三年难忘的时光，文学功底了得，没有用心的人是写不出来的，佩服！

丁香花开

有一个美丽的传说，
五瓣丁香花会带给你好运，
丁香花圃多了寻梦人。
憧憬是青年的自信，
赏花已成画中人，
人面花香互灵动。
同学闺蜜心相通，
三点一线结友情。
学习生活同劳动，
传递白菜有笑声。
刻苦学习练本领，
努力实践勇攀登。
校园绽放青春美，
丁香花开情更浓。

2018 年 10 月 21 日
1965 级校友宋永海于大连

和花和月长少年

——写在齐齐哈尔医学院1981级毕业三十五周年相聚

情怀故事主人公

路永涛，男，1964年出生于肇州县一个普通的干部家庭。1984年毕业于齐齐哈尔医学院神经精神专业。1995年任大庆市第五医院外科主任、院长助理、院长；2012年褪去一身“白衣”，立足“夕阳”事业，现任大庆石化离退休管理中心党委书记。业余生活动静结合，酷爱书法、读书、乒乓球和骑行。

想对你说：我坚信天道酬勤，每一天都要比别人努力，哪怕是“一点点”！在时间的长河里，我看到了生命的渺小、脆弱；在平凡的世界中，更加领悟到了——甘于平凡本身就是一种“不凡”！

致想念的同学们：

我是来自8108班的路永涛。2019年5月15日，一条“三十五年再相聚”的消息翩然而至。瞬间打开了我记忆的闸门，一帧帧、一幅幅，带着岁月沉香的“老照片”展现在眼前。穿过你的时光、我的年华，似昨夜星辰酿成的一壶陈年老酒，醇厚而珍贵，送给每一位路过的你和回不去的我！

一天晚饭后，带着期待相聚的激动与憧憬在公园里散步，广场上播放的歌曲《一晃就老了》让我听得湿润了双眼。不知道何时起鬓角已染霜，不知道何时起颜容已沧桑，忽然很怀念从前那些逞强、懵懂和无忌的年少轻狂。刹那间感悟人生太短暂，刹那间感觉前路不再漫长。还没腾出双手拥抱自己，时光竟已走得这么匆忙！怎么刚刚学会懂事就老了？怎么刚刚懂得路该往哪儿走？怎么还没迈开步子就老了？怎么刚刚开始成熟就老了？曲终泪挂腮！

三十五年聚散两茫茫，不思量，自难忘。还记得我吗？身材不够完美，却非常热爱生活的“小个子”。我个子虽小，篮球、排球场上却闪展腾挪、冲锋陷阵、活力四射，在众多“高人”的面前，不输球技，不输机智，尽情挥洒着青春与汗水。可还记得1982年的元旦晚会？我们8108班、8109班“阳盛阴衰”，于是8110班、8111班的你们吸引了我们的眼球，成了我们追逐的目标。晚会前我临危受命，班长丰宏林郑重地对我说：“小路啊，你的身材不适合跳舞，就担负起把守大门这个艰巨

而有意义的任务吧，原则是这样：男生嘛——随便进出，比我们班男生帅的尽量挡在门外，女生呢——只进不出！完成这个艰巨而有意义的任务，才不负你‘路大膀汉’的盛名，我可是有奖励的哟……”班长啊，我可是圆满地完成了任务。第二天早晨，班长热情的早餐来得及时，吃饱喝足，我调侃：“老班长，你交给我的任务完成得还行吧？奖励我啥呀？”班长嬉笑着对我说：“任务完成得非常棒！奖励过你了，一碗豆浆、两根油条啊！”当时我差点晕倒，三十五年了，啥也不说了……现在看来当时的任务是很“艰巨”，但意义可不太能说得出口呀！回眸一“顾”，曼妙玲珑（顾曼玲）的身姿依稀就在眼前；蓦然回首，剪烛西窗的夜谈仿佛就在昨天！

可还记得那次难忘的郊游？饥肠辘辘的赵云锦同学坐在山坡的树荫下，拿着面包香肠吃得正香，颇有异性缘的颜景章同学跑到赵云锦跟前调侃道：“瞧你，咕囊咕囊的就知道吃……”随后，一记飞眼，一顿拳脚，尴尬与难为情消散在追逐与欢声笑语中，之后的日子两个人的感情似乎升级了！我也如法炮制，毕业不到一年就找到了心仪的伴侣，谢谢你，景章同学！

可还记得1984年毕业时那个仲夏？七月流火的日子，梁老师亲自用自行车驮着我的行李，后面是同学们为我送行的队伍；耳畔满是老师亲切细心的叮嘱；身旁是同学恋恋不舍的目光。当列车缓缓启动，离别的泪水就夺眶而出……原来，同窗数载，我们跋山涉水，穿越红尘，抵达的不是远方，而是内心最初出发的秘密角落。

三十五年光阴似箭，我们从懵懂迷茫到成熟深沉；三十五年时光荏苒，我们从青丝华发到两鬓染霜；三十五年岁月如梭，我们从青春年少到年近花甲。感谢同学，给了我那段不同寻常的记忆，感谢同学，给了我那段永生难忘的经历！

亲爱的同学们：也许，托举生命之重、有风有雨的日子即将过去，更期待风轻云淡、优雅从容的日子到来。虽然我们来不及认真地年轻，那就让我们矍铄地老去吧！愿时光能缓，愿故人不散；愿你惦念的人能和你道晚安；愿你饱经风霜，历练人事，享受生命温柔的灌溉；愿你拥有好运气，对一切充满感激，喜欢眼前的美景，更要爱自己；愿齐医人，春花不老，皓月又圆，莫教偏，和花和月，人家长少年！

当年的信

情怀故事主人公

韩慧萍，女，1964年出生，1984年毕业于齐齐哈尔医学院妇幼专业。毕业后先后在齐齐哈尔建筑职工医院、齐齐哈尔卫生学校、绥化市委党校、黑龙江省标准化研究院工作。工作岗位跨度较大，2014年晋升为教授，目前主要负责俄罗斯标准的研究工作。

毕业三十五年，早已淡忘了书信带给我们的情感种种，忽然想到邮局还忙吗？邮差还去送信吗？如今的我们与人沟通几乎离不开手机短信、微信了，这些通讯方式早已成为一种时尚和主流。当年给我写信的你还在手写信件吗？

邮筒的信

邮筒的信，就是那个写在稿纸上的，折叠整齐放入信封里，再用糨糊或胶水封口，贴上邮票投进邮筒里的信。时代的发展，科技的进步，使人们的交流沟通方式演变可以说是日新月异，从最早的邮驿、信件、电报、座机电话，发展到后来的传呼机，乃至手机出现后，就使最传统的交流沟通工具——书信交流逐渐淡出了我们的生活，现在想来，写信仿佛是很遥远的事了，我好像有三十多年没用写信这种方式与人沟通了。

1977年国家恢复了高考，我们都成为时代的幸运儿，1981年，我顺利考入齐齐哈尔医学院，那时母校还是专科学校，我是妇幼专业的学生。由于学生太多，学校规定每个班级只能有一个人到收发室取信和邮件，这份美差就荣幸地落在了班干部头上，当时我羡慕极了，那可是我们8111班的信使耶，可以第一时间看到来自远方的信。每天第二节下课后，这个幸运儿都会捧着一摞的信件回到班级，站在第一排课桌前，大声喊着某某人的名字，大家都把期待的目光投向她，觉得“下一个名字也许是我……”现在想来，这应该是当年每天最有意义的时间节点了。

“你的邮票好棒啊！别揭坏了，送我吧！”那是集邮之风盛行的年代，我最常用的邮票面值有两种：本市区的信用4分邮票，市区之外的就用8分邮票了。有的人会拿出小剪刀，小心翼翼地剪开信封，很优雅地抽出信笺，细细阅读；而大多数同学会像我一样，粗枝大叶地撕开信封，偶尔会连信笺也给撕破，一些信封里时常会掉出几张黑白照片。看信时有哭有笑，有忸怩，有窃喜，表情甚是丰富。第三节课的课堂秩序就需要控制了，低头看信的，窃窃私语的，望着窗外走神的，都大有人在，老师会揶揄着说：“有的同学都自学了，不用听讲了。”老师站在讲台上，同学们的情况一目了然。这是属于我们那个时代的特定场景吧。

我在家行四，也是家里最小的女儿，家里大事无需我决策，小事更不用我知晓，离家也不算太远，所以三年下来家书一封没有，有个桥段说明我在家得多不招人待见。那是上大学后的第一个法定假日，十一国庆节，我和一同考入齐医的闺蜜李彬，坐着火车一起回家过节，却发现家里上了锁，邻居说：“你家搬家了，上楼了！几号楼不知道……”这么大的事情都没人通知我一声！我竟然被抛弃了！我应该属于热情豪放的女生，既喜新也不厌旧，小学的、初中的、高中的同学联系甚多，书信往来自然就多，更何况对于情窦初开的我们，那也应该算是一种常态，一天收个十几封信也就不足为奇了。

阅览室的信

阅览室的信确切地说应该叫便条，多是不署名的。当年学校的图书馆和阅览室是联合办公，位于教学楼的六楼。女生的宿舍在五楼，刚好就在它的下面。刚入学时我经常去图书馆借书，学校规定每次借书不可超过五本，限定一个月内必须还清。当年看书的速度简直是神速啊！根本不用一个月那么久，国内四大名著、《安娜·卡列尼娜》《少年维特之烦恼》《红与黑》等，看了好多的书，几乎都是小说哎！当时就觉得上大学真好，我的时间我做主，正好可以弥补一下因多年备考而被冷落的文学细胞。阅览室的椅子我几乎碰都不碰，我更享受宿舍里我那九十厘米宽的上铺，一边嚼着有限的零食一边看着书真惬意啊！

当年老杜（杜瑞霞）的蛋糕我可是没少分享。老杜是我的邻铺，她绝对是个才女，刚上大学那年年末，学校组织纪念一二·九文艺汇演，这次活动她崭露头角，那手风琴拉得真是出神入化，汇演中无论是独唱、合唱全都搞定，羡慕死我了。当年我班的七人小合唱《校园的早晨》，还有我和万璐表演的双人舞《秋天的梦幻》都是她给伴奏的。在我眼里老杜更是个“财女”，她家兄弟姊妹八个，她是老小，上面的哥哥姐姐都工作了，都给她零花钱，她的糕点盒很少空着，这在当年绝对够得上是个小富婆了！更巧的是，毕业后她嫁给了付国平，成为冠名的“付婆”了。

这样潇洒的日子过了一学期，直到期末结业考试之后，我是真的慌了，玩大发了，有两科勉强及格，这才开始光顾阅览室，领略了阅览室的信及其故事。那些被偷偷夹在书本中署名的或不署名的便条，曾扰乱过多少少

女平静的心扉，曾平添了多少花季女孩的今夜无眠，我就是其中之一吧？如今回想起来，那是一段紧张而幸福的忐忑，有人关爱，有人喜欢是幸运的。自习时间我们会夹着坐垫急匆匆地去六楼占座，阅览室宽敞明亮，经常座无虚席，但总是静悄悄的，甚至能听到翻书的声音。中间休息时我们会跑回宿舍小憩一会儿，哼哼小曲、吃点零食、侃侃大山，之后重新回到阅览室的座位上开始学习。然而如果你的书本里添了内容，多了张字条，入眼一份少年情愫，谁还能心无旁骛地学下去吗？我知道，我不能。心率过速、呼吸急促、面色潮红……我觉得阅览室既是奋发学习知识的殿堂，也是青葱时代羞涩玫瑰绽放的平台。阅览室的学习持续了半年，效果一般，便不再光顾那里，对我而言，教室的学习更安心。

毕业后这三十五年，早已淡忘了书信带给我们的喜怒哀乐，还是时不时地念起：还有人去邮局寄信吗？邮差好像被快递小哥给替代了吧？期盼的不再是信件，而是能包罗吃喝拉撒的邮件。如今手机短信、微信，这些快捷便利、功能强大的交流方式，让人与人之间的沟通变得分秒之内，便可连接天涯海角。话家常，谈恋爱，可以图文并茂的表达，可以随时随地的视频。动手写信，邮局寄信，盼望收信早已成为往事。可是我心里还是有种情怀：当年给我写信的你，还会写信给我吗？如果你写，我一定回信！

精彩留言

苗苗：被吸引了，又想起大学时代的丰富多彩。那个时候信给了我们好多信息，有故事的人们更加期盼有信使的时刻。热爱生活的美女，祝福你永远开心快乐！

崔光成：自从手机短信和电子邮件成为人际交流的工具，人们早已忘记了手写书信的交流方式。现在的“娃”甚至不知道“信”为何物。慧萍同学的文章让我们想起，那时的信，对爱的表达和接受是多么基本的渠道，尤其是难以当面直言的爱。看了慧萍同学的照片，我想起了我们尊敬的韩一眉校长，有同学说过，慧萍同学和她长得很像，今天比较，的确很像。

马钢：我们的大美女慧萍，多才多艺，读着你写的“信”，亲切自然，诙谐有趣，文笔之精湛，如同你的颜值一样惊艳了我。

张强：美女被心动男生表白是常态，只是表达形式会带有明显的时代特征，是当年的味道！

吴艳彬：突然看见群里热闹非凡，急忙上线，看见美文一气看完，确实文笔了得，把普通的生活、普通的信，描写得淋漓尽致，心海跌宕，强烈的带入感，我的信呢？有没有？

周庆芝：印象中的慧萍总是美美的，多才多艺，不仅男生喜欢，女生也喜欢！人生经历有高度，有宽度，点赞的同时深深祝福！

吴志全：写得非常好，有带入感。

付霞：文章精致、巧妙、精彩，生动再现了我们的学校生活。

黄英辉：信承载了太多美好情感和回忆，被你带回了青春时代，见字如面，真好。

最苦的甜蜜生活

情怀故事主人公

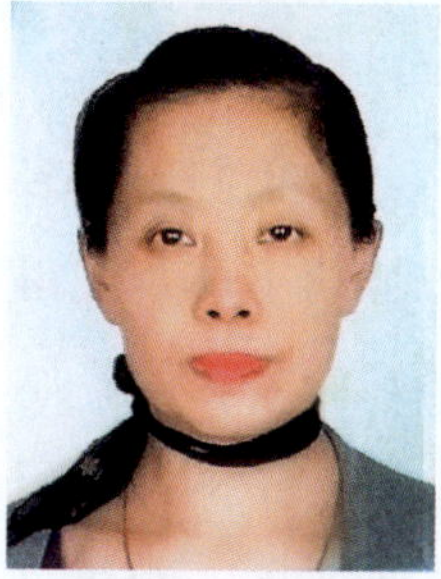

赵瑞霞，女，1963年出生。1984年齐齐哈尔医学院毕业后就职于原齐齐哈尔建工医院妇产科。齐齐哈尔建工医院后来与公安医院合并，现称齐齐哈尔第一医院分院。于2000年晋升为副主任医师，2001年来到广东中山，就职于一家台资企业医院，至今一直从事妇科工作。

几天前我的齐齐哈尔医学院同学跟我联系，说咱们1981级同学毕业三十多年了，慢慢地也会老去，趁现在还有精力，写点什么，留给以后做回忆。当时我不假思索，跳动在眼前的就是我在学校常吃的一道菜——甘蓝炒尖椒。这是我毕业后时常就会在脑海里浮现出的一道菜，当时的菜价记得不是很清楚了，可能也就一毛钱左右吧，时时回想起的那是一种美好难忘的味道，每当想起这道菜，就到市场买回原材料，炒上一回，可是就是吃不出当年的味道来。

1981年是我们国家改革开放的第三年，也是恢复高考的第四年，那时好像全国人民都关注高考，好像只有考上大学才有出路，我们1981级有四个班，同学们也是经过不懈的努力才考上齐医的，两个神经精神专业班，两个妇幼专业班，一个班三十九人，挤在两间宿舍里，一个宿舍有二十多人，铁床，上下铺，过道连一张桌子都摆不下，行李箱一般放在床上脚的那一头。那时候到学校报到，只有一件行李、一个提箱，好像就再没什么了，家庭条件好的可能会有一支手表，但是我没有。我们班同学都是黑龙江本省的，齐齐哈尔和哈尔滨的同学较多，还有大庆、鸡西和其他小县城的，当时感觉哈尔滨的同学比齐齐哈尔的同学生活条件要好些，大庆的同学生活条件普遍好些，我当时家里给的生活费是每个月十二元，第二年涨到十五元，

学校还发点生活补助费，具体多少不记得了，我们当时是国家免学费，生活费要省吃俭用才够花。

我们宿舍有二十人，马晓军住我的下铺，写一手好字，当时我们班很多人都模仿她的字体，记得她的妈妈好像是医生，她有一个酒精炉，我们周末用这酒精炉来做菜，改善伙食，还有王丽浮，记得王丽浮用酒精炉来炒鸡蛋，好像当时的鸡蛋还是用什么换来的，鸡蛋打好后倒进锅里，听不到吱吱的声音，炒鸡蛋就跟熬鸡蛋一样，炒出来的鸡蛋并不好看，但我们吃起来还是津津有味的。放假后从家里回来，同学们都带一些咸菜什么的，那时我家养了两只鹅，鹅很会生蛋，我妈妈就把鹅蛋腌渍起来，等腌好了，我就带一些到学校给同学吃，咸蛋里有很多的油，很好吃的。

学校当时没有浴池，我们洗澡还要到外面的浴池去，要不要排队就不记得了。那时我们欢度新年就是在食堂会一下餐，然后回班级活动，把黑板布置一下，当时最奢侈的娱乐就是跳迪斯科，一个录音机都很难弄到，高潮时就是几个班一起跳，直到现在，我们有什么活动，大家都会来一个蹦迪，我还可以上去蹦几下，就是那时攒下来的功底。现在同学们聚会时，还提起我当时上学时穿的一件墨绿色平绒衣服，那是我自己买的布料，自己设计，花钱剪裁，自己缝制的一件比较“时尚”的衣服，比起买现成的时装，节约很多成本，尽管那时不富裕，但还是会精打细算，满足一下女孩子的爱美之心。

对于上学时的往事，留给我的没有饭店酒店的回忆，更比不了现在的富裕的都市生活，但那时的回忆总是甜美，难忘。那时的菜味道是最香的，衣服是最美的，虽然现在生活比那时富裕多了，但好像怎么也找不到那时的美好甜蜜的感觉了。

精彩留言

马晓军：看到了你的文章和穿插其中的照片，倍感亲切，很羡慕你的好记忆，能留住很多难忘的片段。酒精炉的故事连我自己都忘记了，但是住在上铺的你的好多特征迄今还能想起，走路总是高昂着骄傲的头，标志性的发型，发色，本来就比别人白出几度的脸还嫌不白，每天早晨站在我的床边照着镜子精心整理妆容，爱美到极致。虽然毕业后未曾谋面，但是坚信你一定是快乐幸福的！

吴志全：苦中的甜蜜，这是我们一代人的记忆。那年代，物质生活是苦的，但在那年代，能考上大学，享受和同学在一起苦读的时光，又是甜蜜的。这种苦中浸透着甜蜜的年代，是我们共用拥有的岁月芳华。瑞霞同学的文字虽然质朴，但充满哲学的思辨，让我们一下子又回到了那年那月，那在齐医度过的每一寸时光。忆苦方能思甜，让我们珍惜现在的拥有，一同品尝明天更加甜蜜的味道。

付霞：我记住了你的文和你的菜，记忆中是漂亮、幽默的同学，一首老歌般的文稿，不仅仅有菜的味道，还飘出淡淡的茶香！

校园的紫丁香

情怀故事主人公

青北红，女，1964 年出生，黑龙江省伊春市人。1981 年考入齐齐哈尔医学院妇幼专业，1984 年毕业分配到伊春市妇幼保健院妇产科做临床医生。1990 年调到齐齐哈尔市第二医院妇产科继续做临床医生至今。2007 年晋升主任医师，同年担任妇产科主任。在三十三年的岁月中，始终孜孜不倦地一路拼杀于妇产科之刀光剑影、血雨腥风中，从未退缩，至今仍乐享其中。工作之余喜欢旅行，喜欢摄影，喜欢将眼中看到的一切美好变成永恒。

齐齐哈尔医学院毕业前夕，班长发给我班每人一个粉色塑料皮笔记本作为毕业留言本，记得当时我在好多相同的本子上激情满怀地写下过好多不同的临别感言，同样，我的本子里也毫不例外地留下了好几位老师和同学的临别赠言。毕业以后的三十多年里，搬了好多次家，这个本子都依然保存完好，每次看到它，我都会一页一页地翻看，回味那段淳朴、懵懂的青春岁月，最后目光总会停留在最后一条留言上，这是毕业那年刘翠霞和我一起回我家，在临走的傍晚趴在我床上写下的。

记得当时我在厨房帮我妈做饭，听

到翠霞在我屋里哭，我急忙跑进屋里，看见她趴在我床上，头埋在臂弯里闷声在哭，当时真把我哭蒙了。翠霞大我八个月，家在南岔，虽然跟我学的不是一个专业，不在一个班，因为是老乡，所以会经常约在一起玩，在学校里，我们度过了许多快乐的时光，毕业了，得知她要分配到齐齐哈尔市，我则要分到家乡伊春市，就趁着回家等分配通知的机会，邀她来我家玩几天，我们一起离校，坐火车欢歌笑语地直接来到我家。翠霞性格开朗，人又勤快，深得我爸妈欢心，几天下来我带她玩遍了伊春的大街小巷。白天翠霞还开心得不得了，怎么这会儿就哭了呢？而且哭得还如此伤心。我连忙拉着她的胳膊说：“别哭了啊，是不是想家了呀”，因为翠霞实习是在北安，所以她应该有半年多没回家了。翠霞也没看我，就那么趴在床上，只是不再哭了。吃完晚饭，翠霞和我家人告别后，我送她去火车站，一路上她话很少，情绪也有些低落，我也受她影响，一改往日我们在一起叽叽喳喳、嘻嘻哈哈的样子，一路沉默着来到车站，检票时，翠霞眼圈红红地拥抱我一下，算是告别，我望着她熟悉的背影，想到以后再不容易见面时，鼻子也是酸酸的，心里空落落的。从车站回到家，整理床铺时，我发现了枕头底下的我的粉色塑料皮笔记本，翻开看到翠霞的留言时，才恍然明白，她趴在我床上是在给我写留言，她哭泣是因为写到了动情处……

《长相思》

我的挚友，
为何要我洒泪为你写下赠言，
如此一别，意味着什么？
不知何时相见，何时相见……

秋天到了，天气这样凉，
此时心中只有无限的惆怅。
记得三年前，也是在这样的秋天，

我们刚刚相识，却一见钟情，
可那时心中充满了欢乐，充满了希望。

三年中，我们亲如姐妹，
共同的性格、共同的理想，
把我们的心紧紧地连在了一起，
我们就像热恋中的情侣，
一刻不见，就想，就想得发狂，
盼望着那幸福的星期六的夜晚啊，
我们相见欢歌、倾诉衷肠，
但有时也有悲伤……

然而，我们以诚相见，
生活上互相体贴、互相关照，
有福同享、有难同当。
是友谊使我们战胜了一切，
驱散了乌云，迎来了曙光。
心的相通、感情的契合，
更坚固了我们友谊的城墙。

我们是同学、是挚友、是同乡，
本应我们永不分离，
永远生活在一起，
共度未来那美好时光。
可是，命运之神却这样无情，
违背我们的愿望，
使我们分居两地，
天涯海角、银河相望，
鸿雁传情、倾诉衷肠……

"青"，三年来我一直这样称呼你，
可那时，给我安慰、给我希望，
可此时，即将分别之际，
再叫你一声"小青"，
却感到从未有过的孤独、凄凉。
难以抑制的泪水流出眼眶——失声痛哭，
别人不能理解，
可在你的心里一定会有同样的反响。

临别之际，我不再掉泪了，
尽管我是一个感情脆弱的人，
但是，我坚信不久的将来，
我们会相见，友谊地久天长！

离别前，姐姐再嘱咐一句：
愿你
工作上求上进，
事业上求理想，
爱情上求高尚。

别忘了，我们是挚友、是姐妹，
姐姐在千里之外把你想念，
对你寄以无限的希望。

姐姐：翠霞

1984年8月8日晚

看到这里，换成我趴在床上哭了，想起在车站分别时翠霞红红的眼眶，拥抱时的不舍，心里清楚我和翠霞在齐医三年的学习生活中产生的友情，不知不觉已经根植于我俩的内心深处。1981年的秋天，当送我到富拉尔基齐医报到的父亲把入学事宜帮我安排完毕，转身离开的瞬间，望着父亲的背影，我的眼泪止不住地夺眶而出，而就在那一刻，不满十七岁的我，第一次离开家乡的兴奋、新奇感荡然全无，充斥全身的是完全置身于陌生环境中从未有过的茫然和孤独。接下来的学前教育、专业课学习，还有每天的日常，我都是在极度想家的状态下度过的。直到开学一个多月后，从刘翠霞来我的寝室找伊春老乡开始，我的心情才就此转变。至今我还记得，当我站起身迎向她说出“我就是你要找的伊春老乡”时，翠霞开心的笑脸和躲在眼镜片后面的眸子里闪动着的光芒。那天是星期六的晚饭后，寝室里人多又吵，我俩来到校园，十月的傍晚凉风习习，校园里很安静，周末同学们除了回家的，大多躲在寝室里，我俩顶着瑟瑟秋风，围着唯一的教学楼转了一圈又一圈，有着说不完的话，虽然是第一次见面，可是大有相见恨晚之势，直到天色黑下来，我们才余兴未消地返回，路过教学楼左侧的一片树林时，翠霞说那些是丁香树，我看着那些叶子几乎落尽的枝条，问她是怎么知道的，翠霞说她家的院子里就有这样的丁香树，春天花开的时候，花香会飘满整个院子。那时我只听说过丁香花，还从没见过丁香花花开的样子，我看着在秋风中树叶飘零的丁香树，幻想着丁香花开的画面，仿佛也嗅到了阵阵的花香。我和翠霞依依不舍地回到各自宿舍，分别前约定以后的每个星期六都要见面。从此以后，我在齐医的学习生活有了温暖和生趣，同时也有了一种期盼，期盼着看到来年春天校园里簇簇绽放，花香四溢的丁香花。

快乐的日子总是过得很快，转眼到了 1982 年的春天。一个星期六的傍晚，春风和煦，我和翠霞到校园散步，不经意间一阵清风吹过，我闻到了一股幽幽的花香，心中一阵狂喜，真的是丁香花开了吗？我急切地望向教学楼左侧，果真，那片凋零的树丛不知道什么时候缀满了紫色的花朵，我拉着翠霞快步跑过去，小心地将鼻子贴近那淡紫色的可爱的小花，闭上眼睛深深吸一口花香，那种淡雅、清新的幽香顿时沁入心脾。显然，翠霞没我这样兴奋，记得她还嘲笑我说：“一看就是没见过世面的样子！”我也不管她怎么蔑视我了，完全陶醉在了丁香花迷人的芳香中。校园里的这

些紫丁香就此成了我在齐医除了翠霞以外的又一最爱，每逢丁香花盛开的时节，我会时常流连于这片芬芳的花海，或背诵习题，或掩卷沉思，偶然也会偷偷地看着一对对男女同学在丁香树下窃窃私语而羡慕不已。

三年的齐医时光转瞬即逝，当我和翠霞提着行李离开校园时，正值盛夏，我回头最后看了一眼校园里满眼绿色的丁香树，心头竟然涌起一种看过花开花落时，繁华落尽君辞去的伤感。毕业十年聚会，翠霞没参加，我和同学们重游校园，唯一的教学楼依然如故，教学楼左侧的丁香林，这个被我认为是校园里唯一的风景区已经变成了一个个土丘，我失落地只能从内心深处去回忆那曾经的一树芬芳。

毕业三十年聚会时，齐医已经搬迁到了市里，规模早已今非昔比，我挽着翠霞走在堪称园林式学院的校园里，脑了里出现的却是三十年前的那栋唯一的教学楼、那片春天里馥郁芬芳的紫丁香，还有我和翠霞在齐医三年中许多美好的过往。很庆幸这些温暖的记忆并未在三十多年漫长的沧桑岁月中烟消云散，而是伴着丁香花的幽香，永久地留在了我的记忆深处。

精彩留言

朱晓东： 会享受生活的人，也是有情怀的人。

黄英辉： 走心的文字，至真的情感凝聚在朴实无华的文字里，一定是流着泪写出来的。默默无闻的紫丁香，把我带回那个年代。

陶明：优美的文字，芬芳的故事，亦如优雅才情的你！喜欢你拍的那些好看的照片，愿快乐健康，随尔天涯！

刘翠霞：北红，我的大学同学、校友加老乡，更确切地说是闺蜜！从1981 年入学至今，三十七年的岁月一晃而过！可这种亲如姐妹的感情从未随时光的流逝而变淡，反而随着年龄的增长越来越浓！光阴荏苒，如白驹过隙，感叹岁月的流逝！ 1981 年，那个青葱的岁月，青涩的年代，感谢北红的有心和用心，用浓浓的感情之墨浓墨重彩的回味了当年的那段美好，如果不是看到我当年的笔迹，我真的都难以相信那段长长的诗句是出自我的亲笔！当年的那份纯真、那份真情没有任何文学的修饰，完全是一种真情的流露！入学时的初相识，三年的相依相伴，分离时那种心酸和留恋！所有这一切仿佛就在昨天……逝者如斯夫，转眼已人到中年，我和北红毕业后虽有短暂的分离，可感谢上苍和不舍的缘分又让我们生活在一个城市，尽管不能朝夕相伴，可偶尔一个电话粥也能开心和心安好久！这就是缘分和同学纯真的情感！愿明天的我们依然珍爱生命，热爱生活，开心快乐，优雅到老！也以此和各位同学共勉！

图书馆

情怀故事主人公

许淑云，女，1964 年出生。1984 年毕业于齐齐哈尔医学院妇幼专业，毕业后分配到哈尔滨市平房区人民医院妇产科工作至今。于 1992 年晋升主治医师，2004 年晋升副主任医师。一直工作在临床第一线。

1981 年，我如愿地考上了齐齐哈尔医学院，像许多大学生一样，带着对未来的美好憧憬，离开家，投入到另一个陌生的集体环境。在短短的两年半时间里，学校的图书馆成了我最喜欢的地方，也给我留下了终生难忘的记忆。

上大学前，我家附近也有个图书馆，就在东安发动机公司，当年那个

公司是哈尔滨的一家兵工厂，在大学生公寓院子的平房里，也就是半个足球场大，馆里藏书少得可怜，主要是报纸、杂志和少量的名著，来借阅和看书的人总是坐不满屋子。我家里因为经常来人，就一间屋子，不能安静地看书，所以只要有时间，我就会在那个图书馆里耗上几个小时。那里安静的氛围，通明的灯光，对我有着巨大的诱惑，人们如饥似渴地阅读着喜爱的书刊，就是那哗啦啦的翻书声，也如同美妙的音乐。那里的书几乎是免费借阅的，只要如期归还就可以，只是有些抢手的书，要排队等候一段时间。那时候学习还没有那么紧张，我和楼上的几个同学，甚至都去过东安厂里的办公室看书。我们父母都是工厂的工人，躲过大门的看守总是有很多法子的，如拿别人的工作证晃一下，说工作证忘带了；或者让熟悉看门人的厂里职工带领我们进去等。虽然是军工厂，管理很是严格，进门很难，但看大门的师傅见我们只是些学生，一般都不会太为难我们。在进入高中学习以后，由于经常在校加班学习，在家学习的时间就少了，所以几乎没有时间再光顾图书馆了，三年高中学习后，通过高考我来到大学，才重新开始经常泡图书馆了。

齐医的图书馆跟我以前去过的图书馆相比要大很多，几乎占了整个教学楼六楼的一半面积。而我所住的五楼女生寝室，就是教室改造的，二人的上下铺床排放一周，中间空地大得能打羽毛球，那真叫一个大宿舍、大集体，无任何隐私可谈。这样的寝室估计也是空前绝后了！若午饭回来，全寝室那叫一个热闹。俗话说三个女人一台戏，那二十六个女生是不是就能成个戏园子啊？想在寝室睡个午觉，门都没有！刚开学的时候，还期望大家自觉不喧哗，可是，最终的情形就是，怕热闹的我自己找地方走了。女生寝室的门正对着通往图书馆的楼梯，去那里看书比去三楼的教室还要方便。每天午休时间，我几乎都是从食堂直接去图书馆，在那里看书加午觉一起搞定，而且一点都不担心睡过点，每当听到凳子归位的声音，我自然知道该去三楼上课了，几分钟就能赶到教室。和现在许多大学相比，那些教室和寝室都要骑车半小时的，我在齐医的大学生活就显得幸福和便捷多了。

在图书馆，我真正借阅的书有两本：一本是《少年维特之烦恼》，当时也是心血来潮，不知从哪里听来的，说那是年轻人都应该读的一本好书，可是我却完全读不下去，不知是心不静，还是欣赏水平不到位，没看上一天，就还回去了；第二本就是我的专业书《妇产科学》（本科教材），其实我们学校发的是专科教材，妇幼专业课时较多，老师就按照五年制本科的教材讲课。那时候教材可不像现在这样好买，过了开学季，想买教材，比登天还难。我们就去图书馆借阅教材，大家都借，自然要等很久，借到的书像宝贝一样，我们相互借阅，抄书是经常的，没等到买一本自己的书，就考完试了，单科也结业了。我记得，我很侥幸考及格了，班级居然有几个同学是补考才通过的。

其实，最吸引我去图书馆的既不是借书，也不是安静的自习和午休，而是我总想见到一名男同学。因为有一本我很想读的好书，我在私底下知道他手上就有，很想向他借，这本书不是当年的那些手抄本。虽然那时候，课堂上盛行传阅一些流行小说，但是，我还是不敢在上课的时候看闲书。在齐医读书的时候，男女同学之间交往，传统思想根深蒂固，上大课时，1981 级四个班一百多人在阶梯教室，男女同学见面都不打招呼，课余时间基本没有机会见面。我想见那个男生，就想到了图书馆，那里应该也是他喜欢去的地方。为了见到他，我做了两个椅垫，除了我坐的一个，另一个就用来给他占座位。我幻想着图书馆里坐满了人，只有我旁边还有我给他占的空位子。要知道，齐医的图书馆经常是满员的，如果去晚了，或许两个椅垫就被扔到桌子上，没有地方坐，就只能乖乖走人。每次前脚刚踏进图书馆，眼光就迅速搜索那个熟悉的身影，面色黝黑，鼻梁直挺，戴着黑边眼镜，一脸书生气的男同学。如果没看到他的身影，就会装作找座位，失望地坐下看书。有时候出去方便一下，回来仍忘不了再用目光搜寻图书馆的每一个角落，生怕漏下他的身影。整个一个学期，我无数次的期望，无数次的失望。后来，我怀疑，我是否真的想向他借书，还是只是想让他注意到我，我甚至怀疑，如果真的看到他，我是否敢向他张口借书。始终我也没有向他借到那本书，后来我辗转多人，终于还是读到了那本书——《傅雷家书》。那也是我在大学里，除了教材，唯一一本完整读过的课外读物。至今书中的一些段落仍记忆清晰，也被那字里行间的父子情深所感动，书信里所传达的思想和阅读体验，是现代语音、微信、视频等快捷浏览方式所不能代替的。是的，因此我至今仍愿意写点日记，可能就是受那本《傅雷家书》的启迪吧！自以为可以有机会与他谈论此书的读后感，可是，机缘擦肩而过，时光就是这样无情，一转眼就临近毕业了，我再也没有可能把心里的话对他说了，我们将在不同的城市里生活，他也只能永远存在于我的心里和记忆里。

我把这段大学时的青涩经历叫作我的初恋，那个陪伴我大学生活的图书馆，承载着太多的期待与

梦想，永远留在我的记忆深处，每当想起，还是会很温馨，很美好，终难忘。

精彩留言

崔光成： 据说许多同学都在那个小小的图书馆有过故事，所以图书馆不只是阅读的地方，也是阅人的好场所。

付霞： 幸福的读书时光。

吴志全： 大学当中最值得记忆的场所之一，一定是图书馆；大学当中最值得记忆的情怀之一，一定是初恋的悸动。淑云笔下的图书馆，将两者巧妙地结合在一起，勾起了我无穷的回忆。“书中自有黄金屋”，没想到淑云的书中还有暗恋的羞涩，也因为这小小的羞涩，图书馆有了温度。如果时光能够倒流，我也想去图书馆来一场初恋，直到地老天荒。

齐冬梅： 写得真好，朴实无华。虽没有惊心动魄，但是有女儿情长，纯真美好。

陶明： 羞答答的玫瑰，静悄悄地开。绽放不了的初恋情怀，是最纯最美的青春的日子。尽管年华向晚，当我们用回忆的金线，用牵念的璎珞去编织那些明媚的往昔，心儿便又去畅游那片年轻的海了。

甜蜜的漩涡

静静的图书馆，
满架的书，
满屋的人，
饥渴的大脑，
贪婪的眼神，
电光石火的搜索，

占座唯恐挤满人。
宿舍里温馨快乐，
教室里定点听课，
细碎时间在这里消磨。
其实心中有个隐约，
《少年维特之烦恼》
竞争不过《妇产科学》！
《傅雷家书》写亲情，
缠绵了阅人的时刻。
时光从记忆中流过，
图书馆是甜蜜的漩涡……

2018年10月19日

1965级校友宋永海于大连

匆匆那年

情怀故事主人公

刘志宏，男，1963年出生。心理治疗师、注册心理师、心理咨询师培训师、心理学副教授。1984年毕业于齐齐哈尔医学院神经精神专业并留校工作，开始做政治辅导员，后涉足心理学领域。2000年调到浙江，现居杭州萧山，工作在温州，过着时尚的“双城生活”。

主要工作： 20世纪90年代创建齐齐哈尔医学院心理咨询与心理测量中心、齐齐哈尔市青少年心理咨询服务中心，21世纪初创建浙江省萧山心理咨询中心、杭州康华心理咨询服务有限公司、杭州市萧山区第一人民医院临床心理科、温州康宁医院心理健康中心等心理健康服务机构。长期在一线从事心理学教学、科研和临床工作。主编、副主编《实用临床心理诊断与心理治疗》《心理健康通论》《医学心理学》《性心理学》等教材、著作8部，发表《太极拳对老年人某些心理功能衰老的影响》等学术论文10余篇，参与省市科研项目3项。曾参与“EPQ—RSC”中国常模的修订和《心理咨询师成长指南》的起草工作。三十多年来，接待各类求助者近2万人次，积累了较丰富的临床经验，对心理咨询、心理治疗及心理测验方面的体会颇丰。擅长儿童、青少年的发展咨询，恋爱、婚姻、家庭的心理辅导，神经症、心身疾病、失眠、性心理障碍的心理治疗及心理康复、职场减压和健康教育等，每天坚持半天的心理咨询是我目前的工作常态。

主要任职：现任中国优生优育协会儿童脑潜能开发专业委员会副主任委员，中华心理咨询师国际协会常务理事，中国高教学会医学心理学专业委员会委员，中国医师学会睡眠医学专业委员会委员，浙江省心身医学专业委员会常务委员，浙江省心理咨询与治疗专业委员会委员，温州市心理咨询协会名誉会长，杭州市萧山区心理咨询师协会法人，浙江省公安厅民警心理健康服务特聘专家，浙江省心理咨询师综合评审专家，厦门大学医学院讲座教授，温州医科大学附属康宁医院心理咨询与心理治疗中心主任等。曾任黑龙江省心理学会心理咨询与测量专业委员会首任主任委员、齐

齐哈尔市心理学会副理事长、黑龙江省大学生心理咨询研究会常务理事等职。

主要荣誉：1994年荣获齐齐哈尔医学院“优秀共产党员”称号，1993年、1995年连续两次荣获黑龙江省“未成年人保护工作先进个人”称号，1997年荣获黑龙江省高校“优秀思想政治工作者”称号，1998年荣获中国高校“心理卫生先进工作者”称号，2004年荣获杭州市萧山区“劳动模范”称号，2012年获温州市卫生系统“优秀共产党员”称号。近年来多次获得萧山科协系统“先进个人”及温州医科大学“优秀教师”等荣誉称号。

想对你说：在成长中体验快乐，在快乐中谋求成长。

匆匆那年，在稻花飘香的秋天，不早不晚，我们一起走进齐医。三年的读书时光，青春正好，不离不弃，我们做了同学；匆匆那年，那个硕果累累的秋季，我们挥手告别，互道珍重，各奔东西。三十五载的岁月长河川流不息，带给我们满满的牵念与回忆，深深的同学情意，视生命一样珍惜。

——题记

一个细雨绵绵的夏季，手撑雨伞，独自漫步在西子湖畔，呼吸着清新的空气，眺望着远处绿油油的玉皇山和湖面上泛起的层层涟漪，任小雨敲打着思绪。一对年轻的情侣依偎在不远处的长椅上，手机里传来了王菲唱的《匆匆那年》歌声：匆匆那年，我们一时匆忙撂下难以承受的诺言，只有等别人兑现，不怪那吻痕还没积累成茧，拥抱着冬眠也没能羽化再成仙。不怪这一段情没空反复再排练，是岁月宽容恩赐反悔的时间……聆听着这段优美的旋律，我不禁百感交集，好像回到了当年的齐医校园，不由得想起了那些青葱岁月里的人和事，却不经意间发现一切早已物是人非。过去犹如这缠绵的细雨，淋湿了我的记忆，牵动了我的心扉。我把往日折叠成片段藏在回忆里，一旦开启，便有如视频一样音画连绵不断，此忆无绝期，包含着不尽的思念和情意。

匆匆的年华深处，总有那么一些人，温柔过你的岁月，芬芳着你的梦想；

总有这么一些事，温暖过你的路途，明媚着你的青春时光。也许是岁月的步伐走得太匆忙，转眼时光逝去，当年的英俊青年、花季少女，如今已年过半百、鬓染霜花。无情的光阴夺去了我们青春的容颜，但带不去同学间畅舒的情怀，青春的年华总是那样令人回味。此时此刻，我的眼前仿佛浮现出了和同学们在校园里共同学习和生活的那些闪光日子，那些悸动不羁的青春岁月，还有那份激动人心的情感萌动。

当年被封闭和禁锢多年的港台文化如一缕春风悄然地弥漫在校园，改革开放的春潮滋润着每一名大学生的心田。还记得，学习之余我们会不顾学校的禁令，躲在像教室一样大的宿舍里，偷偷地听邓丽君的“靡靡之音”，嘴里哼着《何日君再来》，心中充满着对校园美好爱情的憧憬和向往。有一次，以团活动的名义组织同学跳“迪斯科”，我在教室门口“放风”，没想到只是上了一趟厕所的工夫，借来的录音机就被保卫处的人给没收了……现在想起来还很沮丧，但当时伴着《我的心上人》的乐曲，一起狂舞摇摆，尽情释放着青春激情与活力的场面仍历历在目。还有一次，作为团支书的我，奉命去小树林“抓”谈恋爱的同学，那种矛盾、冲突，还有羡慕与紧张的心情，足以构成“创伤”，使我产生了一过性的“恋爱恐惧症”，现在想起来，这也许就是我上大学期间没有桃色故事的真正原因。更难忘的是，第一次收到落款“内详”的情书时，患有“恋爱恐惧症”的我，心跳、面赤、不眠等一系列症状，压抑了我大学时光对爱情的悸动和畅想……

一段往事，恍如昨日；一份美好，宛如初现。如今回忆起这些青春懵懂时的心境、情节和场面，发现它们早已都雕刻在生命的时光里，历久弥新，不能忘怀。那时的我们都曾经为爱痴狂过，为了某个人，为了某些事，奋不顾身地勇敢过，笑过，也哭过。徐志摩说过：一生至少该有一次，为了某个人而忘了自己，不求有结果，不求同行，不求曾经拥有，甚至不求你爱我，只求在我最美好的年华里，遇见你。现在想想，当年的我真傻，只有心动，没有行动。

当年青春勃发的我们，萌动的爱情在心中被装点得非常唯美。我们为了心中的爱，心甘情愿地付出，却不曾想要得到任何回报。那时的我们，天真地以为可以一起去看日出日落，就可以牵手到最后，一起细数一生的人情冷暖。青春时期的爱情总是有太多的任性，太多的无奈。待到大学结束后，又有多少人带着埋藏已久的爱和遗憾离开，无论之后岁月如何变迁，他们带走的或许是真情和怀念。当时我最羡慕和向往的是，带着自己爱的人离开学校的同学。也许我们怀念的不是那个曾经爱她胜过爱自己的那个人，而是怀念那段美好青涩的岁月，还有曾经懵懂的自己。感谢在那段时光里我们曾经爱过的人和爱过我们的人，因为他们让自己更懂得了爱的珍贵，体验到了爱的真谛。

丁香树下，潺潺情意，嫩江桥畔，悠悠华年。一转眼，谁把少女盖头掀；一回头，谁与少年手相牵？青草枯荣已几何，教学楼前的合影留念，校园小路上的惜别祝愿，谁相隔千里情悠长，谁近在咫尺恨不见。很多喜欢总是错失在离别前的说不出，现在想来，我恨死我自己了……很多美好恰恰出现在来不及告白的青春岁月里。青春时期的恋爱无论是以唯美，还是以缺憾为结局，这份情愫都依然在我们内心深处散发着岁月的芳香，温暖着我们整个人生。记着有人说过：没有结果的爱情，但只要开花了，颜色就是灿烂的。见识了那道灿烂，我的青春便无悔。内心合理化解释：只是弥补遗憾以缓解相聚时的压力。

漫步记忆长河，翻阅时光片段，甜蜜在心间开花。精彩曾经的温暖，携一缕繁华如梦，闲看日白风清，笑对烟云流年。不怪每一个人没能完整

爱一遍，是岁月善意落下残缺的悬念，如果再见不能红着眼，是否还能红着脸，就像那年匆促刻下永远一起，那样美丽的谣言。如果过去还值得眷恋，别太快冰释前嫌，谁甘心就这样彼此无挂也无牵……当《匆匆那年》的旋律把我从回忆中唤醒的时候，我恍然明白，有些爱情一旦错过就无法从头再来，有个人来过自己青春一次就已经足够刻骨铭心。你来时，我还青涩；你走后，我已成熟。这才是真实的人生！我幸运，与你邂逅于最好的年华里。因为你，我遇到了更好的自己。

感恩过往，岁月不言伤，此刻流年安详。说一声珍重，道一声安康。站在西子湖畔，再一次呼唤眺望远方，放飞青春和梦想，让希望和愿景从这里起航，面对衰老，再次体验青春年华！

精彩留言

黄英辉： 谁指使你去小树林的？挖出来晒晒。

周庆芝： 对摇摆舞记忆犹新，美好芳华！

吴志全： 不愧是我班的书记，我们的楷模！

陶明： 匆匆那年，你是有青春烦恼的少年维特；不意经年，你是有唯美情怀的知名学者；唯愿暮年，你是有闲情逸致的童心智叟。

珍惜彼此的情缘，一直到老！

情怀故事主人公

刘长辉，男，1963年出生。现任沈阳和平众安医院院长，众安心理咨询中心主任，博雅心理咨询中心主任。担任沈阳市精神疾病医疗质控中心主任，中国性心理协会委员，中国老年医学学会精神医学与心理健康分会常务委员，辽宁省心理卫生协会常务理事，辽宁省医学会精神科专业委员会委员，辽宁省卫协精神科专业委员会常务委员。

2016年劳动节期间，经几位热心的同学倡议，我们原齐齐哈尔医学院1981级的部分同学齐聚上海，诉诉三十年的思念，忆忆三十年的经历，说说三十年的牵挂，这给了我们足够的相约相聚的理由，大家相互听听久违的声音，看看久违的面孔，一起怀念美好时光，交流人生经历，领悟生命真谛，展望美好前程。

光阴似箭，日月如梭，三十年前的岁月，已成为永久的过去，而今大家都已越过知天命的年龄，但又有谁真的能忘却那份同窗的无忌、那份曾经的真挚、那份青春时的纯粹、那份不了的情谊？走过从前，往事如烟，每每回味，心中留存的是一段永恒的记忆，留下的是一缕无限的思绪，印迹中的点点滴滴，总是让人在澎湃中陷入了宁静，在回味中感受了美好，在快乐中享受了幸福，咀嚼着它，总会心如潮涌，感慨万千。岁月渐远，此情正浓，三十年的光阴，洗去了我们的稚气，但洗不去那份心存的深深情谊。我们再聚首，重叙往日的友情，倾诉生活的甘苦，互道别后的思念，尽享重逢的喜悦，为的是那份情，那份天底下最真最纯的情，让我们共同品味、共同找寻、共同体验那久违的欢畅。

看着同学们在愉悦中叙述着青春年代伟岸的时候，作为8109班一个不起眼的角色，我自己在那个时候，更多的是疾病的痛苦体验者，入学报

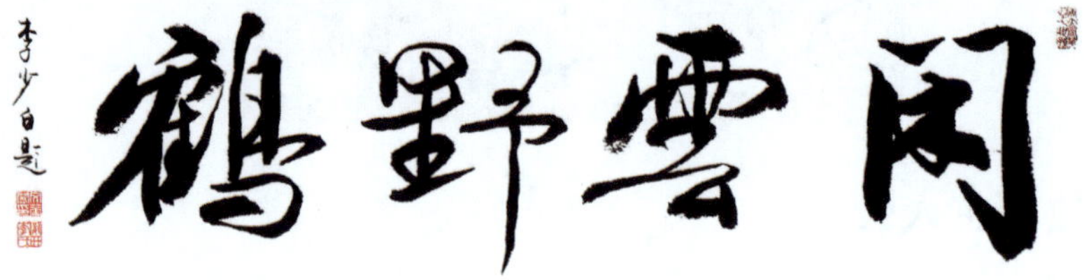

到后不久就周身长疖肿，身上每天至少长有五个“大疖子”，我成了校医室的“著名”病号，牛黄解毒丸、银翘解毒丸吃多少都不管用，后来干脆不吃了，药丸成了同学们打闹时互相投掷的攻击武器。因为臀部是我的疖肿好发部位，上课根本坐不住，所以同学们上课的时间，我多是趴在寝室里睡觉，大一的上半学期我几乎是在翘课中度过的。上半学期结束的时候，当时的班级学委崔光成在报告出勤率的时候，我还老大的不满意——我是患者，你愿意怎么说就怎么说吧！疖肿影响了我去上课，可是没有影响到我好玩的心思，打篮球、踢足球样样参与，好多同学都认为我是装病。当时也真是奇怪，上课坐不住，玩起来却是全无大碍。还经常勾搭一个爱玩牌的同学躲在寝室里小赌。作为一名专业的心理学工作者，现在回想起来，

当时就是一个抑郁情绪的躯体转换状态，抑郁的原因我是知道的，在这里就不赘述了。而这种抑郁情绪的转换机制从大学开始，到目前也一直影响着我。着急上火就满脸的长包包，如此不得不自嘲这是“第二个青春期”。

让我今天还能回忆的是，当年的“著名”病号，曾得到过现在很多著名专家的帮助，光成总是会问我怎样了；老沈总是在问我能走吗；辅林经常拿着我的饭盒去食堂；忠良总是翘课陪我玩牌；学钦、屈波、周群等又能在玩牌之后一起出去减压……

此次相约，让我们十几名同学又聚在了上海。三十多年前，我们从齐齐哈尔医学院毕业，从学校走上社会，意气风发，指点江山，初生牛犊不怕虎，美好的世界就在眼前，每个人抱着自己的理想走到了社会这个大熔炉中。三十多年的风霜雪雨，青春帅哥平添了几丝华发；光阴荏苒，花季靓女如今已风韵卓然。感恩的心，让我看到熟悉而又陌生的同学。熟悉是因为三十多年来，我们一直在牵挂，陌生是因为经历了三十多年的社会磨炼，当年意气风发的同学们刻上了岁月的印记，变得更加成熟、沉稳、从

容、淡定。虽然有一点点的陌生，但更多的是庆幸，庆幸在我们的人生中，拥有了这一份纯洁的同学感情。在交流过程中，在聚会的酒桌上，同学们只有纯洁的感情，没有了名利场上的追逐，没有社会上的尔虞我诈，没有了地位之分……

来也匆匆，去也匆匆，大学生活很快过去，走入社会转眼三十多年。此时相聚上海，喝进了酒，醉了是心。同学情真的话语总能让人心头一暖，但相聚是短暂的，快乐也是短暂的，假期过后，我们挥挥手，又要赶赴各自的岗位，继续书写人生的下一段经历。

致我往昔的同学们，感谢你们与我为伴的那些日、月、年；致我亲爱的同学们，愿你们一切顺意安好；致我最爱的同学们，愿我们珍惜彼此的情缘，一直到老！

精彩留言

吴志全：长辉的文章，不是用笔去写，而是用心去体悟的。拳拳同学之心，跃然纸上。虽然岁月催我们老去，但心中的同学友谊，却永远年轻，充满青春的活力。无论时光走到什么样的地老天荒，同学，你永远还像昨天一样，不曾老去，不会老去！还如当年运动场上充满雄性激素的嘚瑟。

付霞：珍惜情缘，感恩到老！

周洁信：多次拜读长辉写的文章。有专业的，有科普的，阅读者人人受益。这次写的同学情，更是情真意切，怀念你在齐齐哈尔的那些日子……

顾曼玲：朴素的语言，流畅的叙述，写尽了最纯的青涩时光。你对自己疾病的描述、让我想起那个年代我们看过的电影《第八个是铜像》，电影里有一句台词，有谁还记得吗？谢谢你对同学感情的自然描述，牵挂却陌生，虽不是洋洋洒洒，却是内心最真的写照。

黄英辉：珍惜彼此！

崔光成：长辉在沈阳干得那么好，为你高兴！还记得我曾经邀请你到母校工作吗？那时要建精神卫生系，李荐中点了你，我觉得再合适不过，因为你当时是齐齐哈尔市最棒的心理医生。我这个人做事刻板，一直到现在基本没改。当时觉得姜老师信任，所以必须记好每堂课的出勤情况，真不知道你的身体有状况，好像咱俩还吵了几句，现在看真不应该。文章写得真好，情真意切，感动！祝长辉在沈阳一切都好！

陶明：三十年前，情结同校。三十年间，相思相念。三十年后，抒写情怀。同学缘，这一世，天不老，情不散！

这些年，母校变化覆地翻天

情怀故事主人公

黄英辉，1984 年毕业于齐齐哈尔医学院妇幼专业，曾从事儿科、预防保健、党委宣传部及科研管理等工作。

工作之余，喜欢浪迹天涯，梦想是足迹遍及祖国各大名山、世界著名山脉和名胜古迹。

时光荏苒，转眼间离开母校已三十余年，回首往日在母校的点点滴滴，还依然记忆犹新。由于工作的关系，我常常要重回母校，每当漫步在大医广场，穿过大医路，流连在大医文化时光隧道，往日灰暗的教学楼、简易的教室、拥挤的宿舍，一遍遍浮现在眼前，令人感慨万千。如今的母校从

EXPEDIT

偏远旧地搬迁至繁华都市，全然不见了旧时的外貌，母校的灵魂与血脉却依旧亲切如初。

三十多年来，母校的规模发生了翻天覆地的变化，校园面积达到 110 万平方米，建筑面积达 27 万平方米。且不说书山学海，小桥流水，单说《大医园赋》丹青舒卷，就让人回肠荡气！七神柱、麒麟、象石透着骨子里的神圣和博大；思园、梅园、杏林园、丁香园、希波克拉底雕像象征着美好、博爱、圣洁。母校校园的每一寸土地都激发着学子们奋进的力量、博爱的胸怀、人生的思考；藏书万卷的图书馆，以充足的营养灌溉学子们的成长；带着沧桑韵味的校史馆，展示了母校诞生七十年以来的成长足迹，给后人留下久经回忆的精神食粮。

三十年前，我在母校就读的时候，母校还是专科学校，学校只有两个专业——精神卫生和妇幼保健，在校生也不过千余，教职工数量也不多，教师的学历大多是本科。如今已发展到有 20 个教学及教辅机构，教职工 5000 余人，其中副高职以上达 1000 余人！具有博士、硕士学位的专任教师占比为 84.1%。现有普教、成教、留学生等各类在校生近 2 万人。设有本科专业 19 个，涵盖了医学、理学、工学、管理学、法学 5 个学科门类。其中，精神医学专业为国家一类特色专业，临床医学、精神医学、药学、预防医学4个专业为省级重点专业。拥有省级精品课程、省级实验教学示范中心、省级教学团队、省级人才培养创新实验区、省级教育科学A类研究团队。

如今拥有4所附属医院、7所非直属附属医院、26所教学医院、44所实习基地。还与美国、日本、俄罗斯、澳大利亚、菲律宾等国家的知名高校、国际遗传与生物技术中心等机构建立了校际友好关系，开展合作办学与学术交流。

从无到有，如今拥有3种期刊：《中华现代护理杂志》《神经疾病与精神卫生》《齐齐哈尔医学院学报》，均为国内公开发行。《中华现代护理杂志》《神经疾病与精神卫生》均为国家级期刊、统计源核心期刊。

这样傲人的成绩，怎么不让人赞叹，让走出校园的学子感到骄傲和自豪！

母校给了学子们“大学至善，大医精诚”的血脉，给了学子们“学海无涯苦作舟”的行动指南，给了学子们“自强不息，甘于贡献”的精神力量。

如今母校已桃李满天下，学子遍及国内外，在各自的领域取得优异成果。我自己深得教诲，三十余年来，努力践行母校的教诲，在人生的路上走出了坚实的足迹。

感恩母校，感恩师长，感恩学友，感恩成长中的一切挫折。

在感慨母校取得飞速发展同时，我也感慨同学们的成长。随着年龄增长，深感同学情更深，乡愁更浓，特别是对母校的思念，更是与日俱增。

三十余年过去了，我们脸上写满了风尘，我们都有过迷失与彷徨，也有过成功与喜悦，每位同学都在践行着曾经的誓言。我们幸运、我们骄傲，我们有共同的母校，在遥远的祖国边陲，这是我们的齐齐哈尔医学院。

我们的三十年

情怀故事主人公

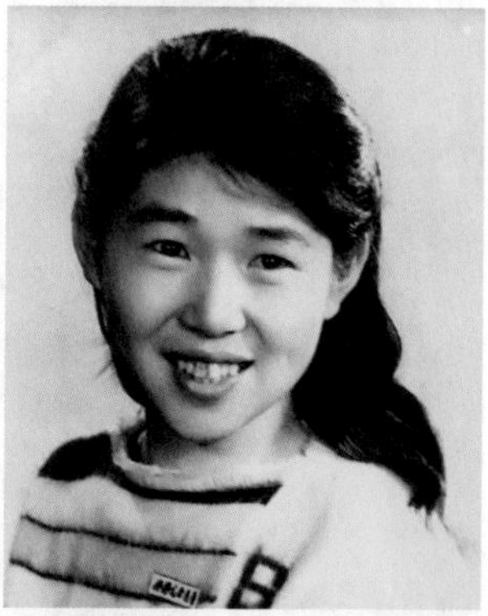

李松芝，女，1962 年出生。1984 年 7 月毕业于齐齐哈尔医学院妇幼专业。毕业后分配在齐齐哈尔市第二医院妇产科工作。2004 年晋升为主任医师。2005 年离开家乡亲人，来到福建石狮妇幼保健院工作五年，之后在北京、珠海、上海、温州等地工作，现供职于广州仁爱天河医院，从事生殖健康工作。

齐医 8110 班同学为纪念相识三十五年，毕业三十二年，于 2016 年 6 月 25 日约鲅鱼圈相聚。当我接到这个通知，格外兴奋，失眠，翻日历，翘首企盼，掰手指倒计时……已是无数次地重复！鲅鱼圈，海鲜美食也好，海风美景也好，作为聚会地点并不重要，甚至来不及向往，只是热切地期待着与我阔别三十多年的同学们能再相见！

毕业三十几年了，你在家乡还好吗？你在他乡还好吗？还好吗？你是否还记得我——那个青涩、直率，甚至有点莽撞的我？你是否还记得偷吃你糖果又不打自招的下铺？你是否还记得寝室到食堂的那条蜿蜒小路上，我们说笑打闹的身影？你是否还记得校园丁香树下你我促膝交谈，悄声述说女孩心事的情景？你是否还记得那个雪花飘飘或是烈日炎炎的下午，抱着书本去阅览室给对方占到座的窃喜？是否记得下课时在教室我们面红耳赤争辩答案的慷慨激昂？这一声声、一幕幕，令我怀想，多么难忘！同学们，你们会来吗？会来吗？还有没来得及在短暂校园时光里熟识的同学，你知道我曾留意你吗？你知道我曾经小声喊过你的名字吗？你也曾经留意过我，喊过我的名字吗？

同学间不管是知心的，还是仅仅熟悉的，甚至不熟悉的，我们都有着一份特殊的情怀，因为我们是——同学！十年修得同船渡，五世修得同窗读。相识三十五年，弹指一挥间。每每想起同学，还是年少的模样，虽青涩，但纯真，更朴素，笑容却格外甜，翻阅以往的相册，思绪万千，有些记忆模糊；有些清晰可见；虽然久远，但怀念无限。亲爱的同学们，真想快一点见到你们，和你们聊上学时候的往事，听你们诉说这些年的故事，打听我们当年彼此心中的秘密，畅想我们今后的生活，让我们的感情在这次聚会中升华！

2016年春节，聚会前奏就已响起。生活在哈尔滨的同学小兰和晓军专程到齐齐哈尔与组委会的同学会合，商议聚会事宜，敲定聚会地点，接受齐红同学的建议，去大连附近一个海滨城市——鲅鱼圈相见。接着，聚会的准备工作就开始紧锣密鼓地进行，分工明确，又要顾及整体性，班长责无旁贷成为组委会的领导者，齐红是核心。

首先是码人，本着“一个不能少”的宗旨，拉网式地寻找每一位同学。

发挥微信和网络的巨大能量，直接和间接地联系能联系到的同学，出国的三位同学没能联系上，国内的也有几位没有联系上。身在西宁的付霞同学，小身材大能量，她根据同学们提供的“不确切”线索，登录百度和各医院的官方网站逐一查找，与医院的医务科电话联系，看是否有同学在此医院工作，甚至还通过公安系统查到了好几位同学，可谓用心良苦。精诚所至，金石为开，通过各方面努力，班群人数已达到三十二名。

在微信群里，李永红发出了倡议，同学们积极呼应，报名接力，每天更新，接龙越来越长，由三五位，到十几位，短短的几天，报名同学达到了二十多人，在最后的一周还有两名同学报名，三十二名同学中有二十六名同学报名。每天看到不断增加的熟悉的名字，兴奋与期待无以言表。渴望聚会，不是只有我一个人的，同学们都是盼望的。

万事俱备，只欠东风。聚会一天天临近，同学们热情高涨。

盼望的日子终于来到，我们要向着快乐出发，向着幸福出发，向着憧憬出发。2016 年 6 月 23 日下午，我们作为第一批先遣部队从齐市出发，正式为相识三十五年聚会拉开序幕。同学们个个双肩背包，行李装箱，李秀琴带来了女儿的喜酒，北大仓四大美人；李永红带来了一箱红酒；我带来两瓶俄罗斯红酒；其他的同学也带来了很多红酒。这是要不醉不归呀！同学们刚到车站，就迫不及待合影留念，照片上传到群里，还没出发的同学看到后那份着急。车厢里，同学们叽叽喳喳，一顿神拍，就连乘务员都被我们的兴奋所感染，看到我们拍照，主动避让。为了取景角度好看，北红站在车厢卧铺上，为同学们拍照，各种姿势，各种表情，连拍不断，照片飞一样不断上传，群里也炸开锅了。张玉霞带来了饺子，我打开自酿的红酒和辣子鸡，还有不知道是谁带来的熟食，一次性的纸杯和筷子准备妥当，因陋就简，在车厢里提前庆祝聚会了。一晚上，同学们品尝着饺子，喝着红酒，吃着各种水果，欢歌笑语，欢快地一直聊到火车熄灯，才各自到自己的床位上休息。24 日早晨，火车到达了鲅鱼圈站，秀敏女士，海之恋宾馆的老板，也是齐红的发小，把我们接到她的宾馆，沿途风光旖旎，景色宜人。宽敞的马路，畅通的车流，这座海滨小城格外宁静。十分钟的车程就到达了宾馆，整洁的环境，家一样温馨，每个房间的床单和被罩都是为这次聚会新买的，暖暖的色调，让我们倍感温暖，又正是大连的樱桃节，房间里最抢眼的是红红的樱桃，像一颗颗火热的心在跳动。

接着几路人马从不同的方向，向鲅鱼圈进发。秀敏一直忙着接站，艳彬人不能来聚会，可是在我们到达之前，就把玫瑰精油寄到了海之恋宾馆，同学到达宾馆，首先收到了远方的礼物。付霞给同学带了今年发行的纪念猴币，每人一枚，珍贵的心思胜过珍贵的礼物，她就像火苗点燃蜡烛一般融化着我们的心。这次同学聚会，二十六颗心从祖国四面八方汇聚到此，随着同一个节拍一起跃动，重新演绎出一支以同学情谊为主旋律的交响曲，情深意浓。

同学们不顾旅途疲劳，立即换上节日的盛装，一行十几人向 28.5 公里外的海岸线——山海广场出发。山海广场是鲅鱼圈的标志性景点，位于营口开发区旅游区，是鲅鱼圈区内海边游玩的好去处，宏伟的观景台，高高耸立，浮桥直接通向大海深处，很多钢结构的造型粗犷豪放，矗立在蓝天碧海之间，而白色的细沙滩就显得更加柔美。如此美景，同学们早已迫不

及待，踏浪，拍照，三五成群，随意组合，有的戏水，有的跳跃，沙滩上同学光着脚丫，尽情玩耍，照片花样翻新，有照手的，有照脚丫的，还有俯卧沙滩上的萌萌照，照片的夸张程度，一个字——炫！

有不能前来的同学也不甘心置身事外，一直在场外参与互动，日本的王晓梅、新疆的吴艳彬一直守候在手机旁，点赞、留语音，一直忙个不停。她们虽不在现场，甚至比我们还兴奋。她们只要看群里稍微有一会儿停息，就不停询问，让我们时时实况转播。无拘无束，同学们开心得忘记了自己的年龄，比上学的时候玩得更嗨。

24 日晚，同学们全部到达，曾无数次想象同学们见面的场面，当那一刻到来，我们还是先端详熟悉又有些陌生的脸，认真辨认当初的模样，有变化大的，有变化小的，但无论怎样变化，只要一笑，就是当年的那个你！然后就是无拘无束地欢叫、握手、拥抱、打趣、调侃，嬉笑持续了好久，出走已经半生，归来又是少年！那感觉真好！那感觉真美！远远超过三十年前的校园的聚会。想说的话总是太多，有聊不完的陈年往事，说不尽的离情别绪，道不完的喜悦与沧桑。同学们脸上多了自信、坚强，少了当年的稚嫩，生活的阅历和积淀在我们身上总算彰显。

丰盛的晚餐，灿烂的笑容，我们满怀喜悦，欢聚一堂，深情追忆过去的岁月，细细品味人生的酸甜苦辣。大家希望时间停滞，让我们享受这人间最美好的时光，体验人间最美的真情。每个人都抑制不住激动的心情，是因为我们共同走过的一段青春岁月，最难忘是同学情。

25 日清晨，海之恋宾馆仿佛披上了节日的盛装，湛蓝的天空是最美的底色，彩虹门矗立在宾馆的门外，红火的火焰造型寓意着 8110 班的同学今后红红火火，金色的大字“齐医 8110 班三十五年同学再聚首”格外耀眼。彩虹门两侧高高耸立着彩柱，分别写着：风雨历程三十余载难舍难分难忘，同甘共苦几多春秋如梦如幻如歌。短短两行字，回顾那青春燃烧的岁月，是那么的美好，那么的亲切，三十五年后的同学聚会，才知道同学友情之可贵。在这彩虹门下，8110 班同学留下灿烂的笑容和兴奋的欢呼声，为我们今后的回忆绘上了浓厚的色彩。为人妻，为人母，步入社会，成家立业后，才知道青春的可贵。

早餐后，我们去望儿山景区，在那里，我们不仅看到波光粼粼的湖水，还领略到独特的丹霞地貌，这里还流传着一个动人的传说：相传在很久以前，海边渔村住着母子二人，母亲辛苦将儿子抚养长大，供他读书，儿子赴京赶考，不幸船沉人亡，母亲不知，每天登高远望，日复一日盼儿子归来，直到化成一尊石像，立在山腰，人们就称这尊石像为“慈母石”，望儿山也由此得名。同学们兵分两路，一组登山，山路陡峭，攀爬巨石踩出的崎岖小道，我们拽着钢索，小心前行，巨石的缝隙有不知名的植物顽强地生长，上面结满成熟果实，班长、英辉、晓军、小兰、齐红和我，六人相互搀扶，不辞辛苦登到山顶，这里可以观赏到鲅鱼圈的全貌，领略到山水间的美丽风光，感受到慈母盼儿归的浓厚亲情。浏览风光，欣赏长廊、华亭、清澈的湖水，徜徉在花海之中，成了最美丽的花仙子。接下来是丰盛的午餐，鲜美的海鲜，地道的东北菜，不仅品尝当地具有特色的荷叶包，还有朴大姐从老家带来的朝鲜族辣白菜，让久居异乡的同学思乡之情油然而生。张张笑脸，款款深情，平静不下来的心，时间在激动、感动、喜悦和欢乐中飞快流逝。

午餐后，驱车前往下一个景点，吃饱喝足的同学们在短短的一段车程中，依然热情高涨，庆芝带领大家唱红歌，不过曲调熟悉，记不住歌词了，忘词了，不怕，庆霞网上下载，发在群里，同学们打开手机，照着唱，歌声嘹亮；朴大姐随着歌声即兴跳起了朝鲜族舞。兴奋感染每个同学，前排的同学纷纷举起手机拍照，我坐在后面，担心少了自己，刚站起来，一露头，就被后排的刘丽华、王淑华按下，如此反复，我还是出现在镜头里，成功了。十几个短暂视频瞬间就发送到同学群里，不知道是哪位同学留言，这女同学们是吃了唐僧肉了吗？感叹岁月的不公。

二十分钟的车程，我们来到忆江南温泉旅游度假区，鲅鱼圈得天独厚的地理环境，温泉以高温、弱碱、出水量大而著称，富含钾、钠、锶、硫

等矿物质和大量微量元素，利于身体健康。还有牛奶、玫瑰花、柠檬、富硒温泉等三十几种，室外温泉的过道上，各种动物石雕随处可见，也有人面鱼身的美人鱼石雕，温泉里有色彩艳丽的蘑菇亭，顺流而下的温泉水形成了珠帘，任由人们在下方纳凉。室内温泉设置别致、绿色的植被，让我们亲近自然，壁画和华丽的窗帘使景区更加典雅。温泉的一侧可见原始的石洞，洞口有潺潺流水慢慢滴下，宛如水帘洞一般，这里无疑又成了同学们拍照的场所，同学们身着艳丽的泳衣，色彩斑斓，款式新颖，转眼变成了快乐的小鸭子。齐红、慧临和我打着水仗，撩起的水花遮挡了视线，无法睁开双眼，我们就背对背继续，不知道谁偷拍了这一瞬间，蔓玲坐在美人鱼背上，正准备照相，可是后面的背景抢了她主角的风采，我在后面挥舞手臂，没有想到，脚一抬起立即被秀琴抓起，朴大姐在后面叫好，结果我们成了照片的主角。玉霞和齐红在温泉里荡着秋千，双脚拍打起水花，比试着谁的水花大。小兰和晓军的造型一看就知道是瑜伽的粉丝，有的在躺椅上休息，有的在泳池里比试泳技，还有的躲在隐蔽的地方说着悄悄话，逃避大家的视线。同学们没有任何顾忌，不管身材如何，竟敢摆四小天鹅的造型，一个一个精彩的瞬间上传到群里，真不知道哪里来的自信。幸福定格在瞬间，这些视频和照片都会记录我们今天的欢愉。

返回宾馆的车上，同学们有了睡意，有的很快进入了梦乡，车上的睡姿千奇百怪。看到熟睡的宝宝，这样的瞬间能不留下精彩的回忆么！晚餐，同学们开怀畅饮，班长提议讲讲当年在校的情史，每个人如实坦白，话题浪漫，同学们的好奇心瞬间爆发，有大量隐情浮出，青涩的我们大饱耳福，同学们娓娓道来，眼里仍存羞涩，感受当年的温情，更有回味在其中。是谁送过电影票，是谁和同学相约在树林，是谁在同学的坐垫下面放字条，还有延荃代替班长去告诉谁这事不可能。请自己对号吧。说不完的浪漫，听不够的传奇。这话题太有诱惑力了，耽搁了我们欣赏夜景的时间。

26日我们到海滨浴场游玩，海水清澈见底，烈日炎炎没有丝毫影响我们的兴致，女同学们一直忘我的玩耍，海水打湿了裤脚和裙子，摄影师在金色沙滩上给女同学们多方位拍摄，艳丽的服饰，五彩的丝巾，墨镜，小阳伞，遮阳帽，构成一幅色彩斑斓流动的图画。每个人都是主角，每个人又都不知道什么时候被偷拍。沙滩一侧由朴大姐带领同学，围成圆圈，跳起了欢快的民族舞蹈，沙滩的另一侧，庆芝组织同学们在模仿模特走时装步。

欢乐的时间总是过得太快，我们还没有来得及回味，就要说再见了。午餐过后，我们就要离开了鲅鱼圈了，短短的两天相聚，回忆三十多年的往事，有太多的不舍，有太多的留恋，在这个海滨小城，完成了我们多年

的期望，相聚让我们回到了天真烂漫的学生时代，我们在这里重温青春岁月的快乐时光，岁月苍老了我们的面容，心依然是那时的心，情依然是那时的情，仿佛就在昨天——我们似乎是才刚刚分开，可是时间无情，再聚竟是三十五年后！相聚如此惊喜，如此激动，忘掉了矜持，忘掉了年纪，我们亲亲地相拥，不舍地道别，友情的芬芳会给我们平淡的生活增添一缕和煦的阳光。我们将激动与欢乐定格为永恒，将美好与幸福篆刻在记忆的圣殿上，再见了同学！再见了鲅鱼圈！我们在这里与同学别离，这两天成为我一生中最美的回忆。聚会结束后，英辉同学在一周内做好了值得我们一生珍藏的视频，文图并茂，用情之深，让同学们钦佩！聚会后的半年时间里，同学们的兴奋状态持续不减，不时在我们的群里再现聚会照片：阳光、沙滩、海浪、丝巾，还有各位灿烂的笑脸，每每提及，就是一阵欢声笑语。

年年岁岁花相似，岁岁年年人不同，校园一别已多载，竟不知时光飞逝来去匆匆。同窗之情是这么一种情感，不能时时相聚，却能一见如故。时光，留不住昨天；缘分，能停留在初见。这次聚会是我们多年思念的开始，青山在，人未老，同学们一定保持好体力，一定能在以后的每次聚会上看到精彩的你们，然后，让我们盼望着下一次相见。

因为是我们的《情怀》，我才大胆地动笔，回忆丰富美好，但让我写成文章，我既没有飞扬文采，也不会捕捉亮点、吸人眼球，更兼遗憾，始终不曾笔下生花，我只能用我的真情我的实感去片片地回忆、段段地诉说，诉说给自己听，诉说给你们听。回忆三十五年前，我凭着一张入学通知书与你们相遇，给我带来人生的惊喜；回忆三十五年来，与你们的相处、相知和分别，给我留下了思念与期待；回忆三十五年后，这历史性的重逢，重温大学时代那激情燃烧的岁月！无论是相遇、相知还是相伴，都让我心中充满了感慨、感动、感激和感恩！感慨岁月，沧海桑田，曾经的少女如今已知天命；感动岁月，大浪淘沙，没能磨灭我们心中的那份纯真；感激岁月，春华秋实，让我们逐渐成熟来沉淀这份友谊；感恩岁月，感恩你们，我在青春岁月里遇见你们，是你们伴我度过那段最美好的青春，你们让我的时光激荡而不浮躁，你们让我对逝去的往事保留下最光华的回忆！

我每回忆一段，仿佛是对自己诉说一段过往。每一段，每一段，从噙满泪花，到泪水涟涟，再到热泪滚滚，现在已泪流满面。我已不能再回忆，不能再诉说，甚至不能再幻想，是不舍得幻想下次的重逢，要把下一份幸福留到实现的那一时日。到那时，让我再次拥抱你们、拥抱青春、拥抱友谊、拥抱生活！

同学们，姐妹们，我想你们，我爱你们，我等你们……

精彩留言

周庆芝：仿佛回到了那时，那景，那情，流连忘返。相逢瞬间，友谊地久天长！

李秀琴：松芝详细而动情的叙述，又把我带回了那美好的相聚时光，再次感受同学那真挚而难忘的情！

崔光成：生动亲切，画面感强，如临其境！同时让我们知道了，没有男生参加的女生聚会更热闹。

付霞：每一段都那么走心，心情激动，又想流泪。

吴志全：十年修得同船渡，百年修得共枕眠。你们班姐妹的缘分，缘于百年一线牵。珍惜，珍藏！

医者仁心：我们入校，你们回来考试，对你们只有短暂的记忆，可是对我同乡的两位女生而言，却记忆犹新……

黄英辉：看一次感动一次，谢谢你！记录下这么美好的回忆。

陶明：这通篇细腻的描述，是很走心的文字。因为重情，所以用心，所以感动！谢谢你分享这段，实在能引发共鸣，这久别重逢的同学情！

精诚

JINGCHENG

心在敬畏，行有底线

不能用金钱衡量医生的价值！

用医术、经验和业务功底说话

医者至情至性，医者之仁之怀。

啥时候能干出头来呢？

用职业素养、医者仁心果断行事

医学赋予我的是无价之宝。

老者安之，朋友信之，少者怀之。

治病救人第一，患者用药安全第一。

洒下床前明月光，三十五年医路长。

敬佑生命，救死扶伤，甘于奉献，大爱无疆

不能用世俗的眼光去审视医生的功过得失！

医生不仅仅是一份职业，更是一种信仰！

有情怀的医者，要有情感，要有医德，要有医术，要有信仰

不论我怎么折腾，都没能改变命运的安排。

我的从医路

情怀故事主人公

周洁信，男，1958年出生，1984年毕业于齐齐哈尔医学院神经精神专业。主任医师，教授，齐齐哈尔医学院学科带头人，退休回聘。现任齐齐哈尔医学院附属第二医院神经内科主任、康复医学科主任。

获得的主要荣誉：2005年和2006年先后两次被评为“黑龙江省卫生系统医德医风标兵”；2005年被评为齐齐哈尔市“白求恩式好医生”；2008年被评为“全市卫生系统行风建设先进工作者”；2012年被评为“黑龙江省高等院校师德标兵”；2014年被评为全市卫生系统“百姓贴心医生”；2015年被评为齐齐哈尔市第三十一届劳动模范，全市“教书育人、管理育人、服务育人”先进工作者；2016年在黑龙江省卫生和计划生育委员会组织的“健康龙江杯”评比活动中被评为“群众满意的好医生”，获齐齐哈尔医学院建校70周年医疗专家奖；2017年被评为“齐齐哈尔医学院首届名医”。

社会团体组织主要兼职：黑龙江省医师协会理事、黑龙江省康复医学会理事、黑龙江省脑血管病学会常务理事、黑龙江省劳动能力鉴定专家、黑龙江省医疗事故鉴定专家、齐齐哈尔市医学会头颈超声专业委员会名誉主任委员、齐齐哈尔市医学会神经内科专业委员会副主任委员、齐齐哈尔市医学会眩晕专业委员会副主任委员、齐齐哈尔市康复医学会常务理事、齐齐哈尔市心理卫生协会常务理事、齐齐哈尔市心理卫生学会心身医学专业委员会主任委员。

萌生学医念头

我之所以选择报考医学院校，与我的家庭影响有关。我外公在齐齐哈尔市中医医院工作，是位老中医师，建国时就是齐齐哈尔市名医，政府也给予了很高的待遇，建国时的工资就是二百元人民币，当时的二百元可是个不小的数目。自我记事时，外公已经行医有四十多年了。外公家书房的一面墙上，挂着中华人民共和国卫生部颁发的行医执照，另一面墙上挂着齐白石的水墨画，书柜里摆满了医学专业书籍。老人家的特长是诊治疑难杂症，尤其在癫痫、癫狂治疗方面有很深入的研究，并取得了很好的疗效。记得当时经常有精神疾患的患者来外公家就诊，来的时候是几个人夹持而来，胡言乱语，又哭又闹，伤人毁物，几天以后再来复诊时像换了个人似的，言语、沟通基本正常了，并且能对以前的失控行为表示歉意，向医生表达谢意；我的母亲和我姨也是中医师，多年从事中医临床工作，和我外公治疗方向相似，曾经有过一家三人同在齐齐哈尔市中医医院、同一个科室工作的场景；我姨夫是学西医的，当年为了解决和我姨两地分居的困难，从北京协和医院调入齐齐哈尔市中医医院；我父亲工作在齐齐哈尔市第二医院，是一名口腔科的医生，我姐姐是齐齐哈尔市国企职工医院的内科医生；我的三哥是齐齐哈尔市建华区中医院中医师，在我们家族中只有他继承了我外公的事业，保留了外公留下的经验和验方，在一些疑难杂症的治疗方面小有名气，现已退休，仍被返聘。我小时候，经常待在这些医院里，对医院、医生、患者、疾病都有大概的了解。由于当时看着一个个患者的痛苦被解除，患者在医生面前毕恭毕敬的样子，感觉到这个行业是很高尚的，使我萌生了学医的想法。

艰难求学路

我初中、高中都是在齐齐哈尔市第二中学就读的。当时正值我国的特殊时期，有“新五年”“老五年”之分，就是小学五年级和小学六年级两个年级学生同时上初一。全年级共有二十六个班级，两千余名学生。在就读三年初中、两年高中的共五年经历中，几乎没有学习文化课，倒是度过了学农、学工和学军三个阶段，其中，在黑龙江省泰康县所属的绿色草原牧场学农一年，做了拔草、铲地、扒玉米等农活；在齐齐哈尔市第一机械厂学工一年，先后在翻砂、铸造、装配车间工作。因此，在学校学习文化课的时间不足三年。就是在这短暂的在校学习时间里也包含着军训的内容：同学们每天带着一米半长的木制步枪在操场上训练拼刺刀；备战：当时由于发生了“珍宝岛战斗”，和苏联关系十分紧张，我们都要在校园边缘地带挖防空壕，教室窗户都拉上黑色窗帘遮住灯光，以防苏联军队对我们进行轰炸，整天处于紧张的“临战”状态。余下有限的时间也只学了又浅又少的文化知识。1975 年高中毕业时，文化水平还达不到到现在的初中程度，如数学只学到了一元二次方程；物理只学到了牛顿第一定律、电流电压电阻之间的关系；化学只背会元素周期表，了解一些简单的化学反应方程式。而当时同学擅长的就是写批判稿，内容有批判“学而优则仕”，宣扬“宁要社会主义的草，不要资本主义的苗”、号召“学习黄帅精神，破除师道尊严”，反对学习外语，还经常写向毛主席、党中央表忠心的表态稿。那个时代国家取消了高考，上大学要看劳动者“手茧”的厚度，手茧越厚证明劳动得多，思想改造得彻底，才可以有上大学的资格，当时的大学生又被称为“工农兵学员”。从 1967 年起的连续十年，全国大学没有通过高考招收学生。所以上大学对当时的学生、青年来说就是一个难以实现的梦想。

1975 年我高中毕业后，先是顶替一个叫“李永春”人，去齐齐哈尔汽车厂做了临时工，具体工作就是烧锅炉，每天要推独轮车运煤。由于自己身体条件不好，体质差，初期干起活来很费力，经过一段时间的锻炼，

逐渐就能适应了。1977年3月，我正式参加工作，单位是嫩江地区公路工程处，负责当时嫩江地区所辖十一个县的公路、桥梁建造工作。我的工作内容很多，参加勘测、检测土方、开钻机等。每年三月份、四月份到外县工地施工，十一月份才能收工回家，基本是一年不着家。

1977年秋季是粉碎“四人帮”的第二年，我国恢复了高考制度，消息一公布，就像给了全国怀揣大学梦的青年注射了一支强心剂，应届高中毕业生、已经参加工作的和待业的适龄青年都兴高采烈，跃跃欲试，纷纷报名参加这第一次高考。当时我的心情非常复杂，既庆幸自己遇上了好机会，终于有上大学的可能了；但又心有不安，担心自己在中学阶段什么都没有学到，脑子里几乎是一片空白，成功的可能性太小。但是在梦想的驱使下，还是报了名，单位还给放了半个月的复习假。我在家复习了三四天后，感到自己基础太差，什么都不会，最终决定放弃当年的高考，转而开始到社会举办的文化课辅导班重新学习，待准备充分后再参加以后的高考。从此我开始了在补习班的学习历程。

当时的补习班都是由各个中学有经验的老师利用业余时间授课，授课地点是借用的各小学教室，时间是学生放学后，讲授内容为语文、物理、化学、数学、政治、外语等。一般授课时间都是17点到21点，参加学习的人大多是在职人员。对我来说，这是一个理想的学习渠道，因为这种学习方式不会影响我白天的工作。在工作单位我从事的是体力劳动，工作又忙又累，稍有一点休息时间我就赶紧看书、做题，久而久之，领导看着就

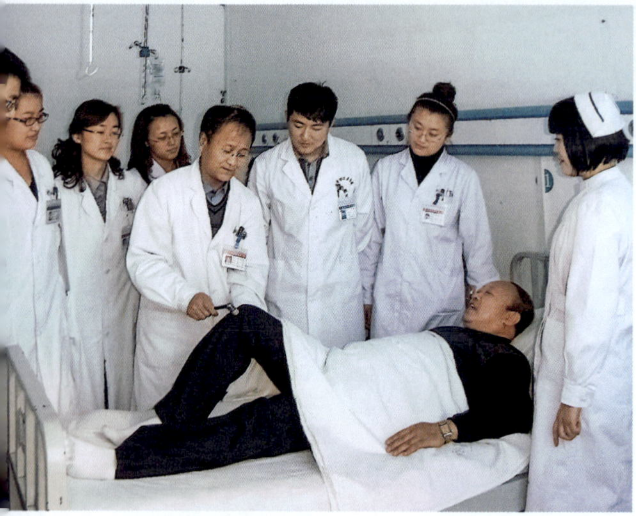

不顺眼了，工厂开会时领导经常批评我，说我“不安心工作，这山望着那山高”，一旦有什么活儿必定让我去干，其他人哪怕在打扑克，也可以继续玩。没有办法，我就想个办法，把我看的课本都包上书皮，封面写着《三国演义》《水浒传》《西游记》等，这样领导再看到就不批评了，还说“你看这些书多好哇”。为了节约时间，我晚间下班后吃个面包，就骑着自行车去上课，晚上到家接近 22 点了，还要做大量的习题，又没有老师判卷子，不知道对错。这些困难还勉强可以克服，但是对于学习最不利的是每年三至十一月在外县施工，这就参加不了补习班了。1979 年、1980 年先后两次参加了高考，最后均因为总分与分数线相差十几分而落榜。

考取齐医

两次失利，我还是心有不甘，选择继续复习，准备第三次参加高考。为了保证不中断补习班的学习，我调转了工作，由原来的工厂转入齐齐哈尔市第一百货商店，再也不会离开齐齐哈尔市了，这就保证了补习班的课程全年不间

断。在第一百货商店工作期间也还是起早上班，贪黑学习，这样又熬了将近一年。1981 年第三次参加高考。初试合格后，准备复试。当时初试与复试间隔时间有两个月，为了与应届考生接轨，在这两个月中，我又插入齐齐哈尔市实验中学毕业班复习，这是我几年高考复习过程中接受的最系统的考前辅导，有了一定的收获。两个月后如期参加了高考。最终以 397 分考取了齐医母校，也算圆了我的学医梦。

有一个词叫作“过去”，过去就是再也无法复制的从前；还有一个词叫“回忆”，就是可以让我们的心再回到无法复制的从前。

精彩留言

李秀琴：拜读了大哥的文章，了解了大哥的求医路是这么的坎坷，更加钦佩大哥为了自己的梦想执着奋斗的精神！为大哥丰富的人生喝彩！

付霞：终于知道了大哥的故事！同学真棒！《情怀》真好！

吴志全：齐医如果有个能称得上“大医”的人，那就是大哥了。

太空炸药：周大哥真是我的精神榜样！

张强：一直是我们的榜样。

宋秀英： 第一次和大哥在齐齐哈尔见面时，留给我的就是感动、感动！平凡人的伟大，为大哥点赞！

周庆芝： 工作敬业，作风低调，永远值得学习的大哥！

陶明： 平实的脚步，践行大医之路。1981 级同学们生活中的大哥，医海中的航标！

医学从这里开始

情怀故事主人公

叶桂兰，女，1963年出生，黑龙江齐齐哈尔市人。1984年毕业于齐齐哈尔医学院神经精神专业，1991年白求恩医科大学神经科硕士毕业，1994年上海医科大学神经科博士毕业，毕业后先后于此三所医学院附属医院从事神经科临床工作。1996年来到美国，西北大学博士后出站，从事神经科学研究，和先生、女儿生活在芝加哥北郊。千禧年元旦，经历了芝加哥百年不遇的大雪。2002年转入制药公司，从事药物研发和临床药物安全工作。后举家迁入休斯敦北郊，经历了台风埃克和奥巴马当选美国总统。现居于洛杉矶北郊。

想对你说：九月的洛杉矶很热，热得什么都不想做。坐在电脑前发呆，因为《情怀》要截稿了。我写什么？

校园拾零

学校校园，那是三十年前美丽的嫩江岸边有围墙的老校区了。入学时好像只有两栋建筑，食堂和教学加宿舍楼，后来在我们读书期间又添了一栋男生宿舍楼。女生住教学楼，顶楼是图书馆。那时的图书馆，图书和期刊加在一起，也只有屈指可数的几架，在图书数量上可能还比不上现在一个中小学图书馆的藏书。尽管如此，图书馆总是散发着求知若渴的气息，尤其是晚上自习时间，经常是座无虚席。当时的我们有谁想到，今天的学校图书馆竟藏有图书 80 万册，中文期刊 1500 种，外文期刊 380 种，以及多种数据库。那些年不知道是为了学生的健康还是为了节约能源，学校教学楼和宿舍晚上定时熄灯，常常害得我们在被窝里借助手电筒看完看了一半的小说。20 世纪 80 年代初，文化大解放，过去的“禁书”上了书店的货架，《人啊，人！》《圣经故事集》《围城》。《红楼梦》和《十大古典悲剧集》居然在富拉尔基新华书店就能买到。除了“禁书”解禁了，西方电影也进入中国，国产电影题材也渐渐多样化。出了校门，隔壁就是钢厂电影院。好像每到期末好电影就越发的多。当时只是如饥似渴地呼吸新鲜的文化空气，并没有领悟到那是国家的改革开放使文化和意识产生的进步，与之俱来的则是三十年的影响与经济巨变。

食堂后面的空地，在冬天里是好大的溜冰场。感念学校的溜冰场，在那里我学会了溜冰。记得第一次穿溜冰鞋，我和同学们一起歪歪斜斜地摔倒了爬起来，爬起来又摔倒，还把技术较差和来不及躲闪的同学也拉倒在地。当然永远都不会忘记那些很会溜冰的同学，他们溜冰的动作有多帅！女生们为了下一次体育课不会摔得太尴尬，晚上偷偷跑到溜冰场上“挑灯夜战”，全然不理会黑龙江三九天夜晚的北风，红红的笑脸不知因为兴奋还是来自严寒。回到宿舍熄了灯还兴奋不已，久久不能入睡。

晚上肚子饿了可没有夜宵，只能盼望第二天早晨食堂里热气腾腾的大馒头了。那几年里，学校食堂里的饭菜样样好吃，现在还好怀念那些记忆中最美味的羹肴。食堂里最奇妙的是在不算长的打饭队伍里总可以见到一位高年级男生在读《资本论》。医学院的学生连吃饭都要读《资本论》，资本与医学之间到底有着什么样的联系，从那时到现在，一直不忘，想到很多结果，终不得谜底。

三年后，还是在这间食堂里，学校为1981级学生举行了毕业宴。我们互赠毕业留言，憧憬未来，依依不舍，好像有人喝多了，有人哭了……

过去那么多年，点点滴滴的校园记忆就好像五颜六色的树叶，静静地睡在秋天无人问津的马路上。《情怀》犹如春风，吹起了所有的叶片，牵动久久不息的思绪万千。

师生情·同学情

入学的第一天，报到处的老师张口就叫出我的名字，可我怎么也记不得在哪里见过他，他就是我的班主任姜炳哲老师。开学前，他将8109班三十九名学生的照片和名字成双成对“拷贝”到脑海里，这三十九名学生对于他，每幅面孔都已经标注了名字。现在回想起来仍然觉得不可思议，十分感动。期末考试后这位班主任会将成绩排名榜挂在教室黑板上。当时，这一招还真的激发了我们在排名榜上向上爬的愿望和战斗力。在我的印象里，总体来讲，8109班的学习成绩总是越来越好。

我们这一届四个班，总共不到一百六十人。我们班只有五名女生，都是小小的，安安静静的，好像时时刻刻都在教室里读书。我们这些女生在校的大部分时间都住在同一间宿舍，可却记不得，也许确实没有任何十七八岁女生该有的冲动和疯狂，结果就是现在想点评一下、笑一笑的机会都没有。对门的10班和11班是女生班，时常有女生的笑声传过来，让人顿感轻松愉快。教室里，我们五个女生也坐在一起，秀波是我同桌，她的手总是热乎乎的，冬天里她总是把手套戴暖了换给我，给我暖手，一天要换上无数次。毕业后和秀波分开，我先后选择在上海、香港、休斯敦、洛杉矶等南方城市生活。

在校的第二年，流行起了交际舞，在我们班的教室里，男生教会了女生跳交际舞。毕业后大家各奔东西，好多年和很多同学都没有联系，这使我对好多同学的记忆停滞在三十年前。2011年的聚会上突然领悟到时代进步了，我的记忆却没有移动过脚步。过去的三十年，中国的进步是历代最大的，从不是每一个人都能拥有自行车到多数人购置家用轿车，从排队付费打公用电话到全民手执智能手机。有了智能手机后，对中国人沟通与交流贡献最大的当属微信，一时间人生旅途中每一个阶段的同学、同事都建起了微信群。感谢热心的群主，大学同学也联系了起来。找到了小姜、晓丹、小尹，也有了晓玉的消息，更是常常看到同学聚会的照片，十分温馨。在人生的每一个阶段里，都会有生命中最重要的人，珍藏在我内心深处的必有我的大学同学，我忘不掉同学间的相助，从点点滴滴到年年月月，有对我的鼓励和支持，更有代我孝敬我的父母，照看我的兄弟姐妹……

能走多远

读中学时把居里夫人作为偶像，进了医学院才领悟到，白衣天使也是一样的神圣。齐齐哈尔医学院，我的医学从这里开始。毕业后，迈出了校园，怀着对治病救人的憧憬和神圣的使命感，开始了十年神经科医生的医学生涯。得益于恩师张淑琴老师和秦震教授的启蒙和言传身教，那时我的神经科分析、诊断、处置病患的能力与日俱进。21 岁应有的热情，燃烧在住院医师 24 小时摸爬滚打的分分秒秒里。

病房里心肺复苏，急诊室抢救重症脑出血，疑难杂症讨论分析，日日夜夜查房处置，最后看着患者转危为安出院回家，心里的价值感重重的，满满的。家人开玩笑：“你夜里睡觉打雷都不醒，值夜班的时候，患者有事能叫醒你吗？”说来也怪，凡是在医院里值夜班，走廊有再轻的脚步声，我都是第一个听见并起来查看。职业培养了人的责任感。临床医生，一路从齐齐哈尔医学院附属医院到白求恩医科大学附属医院再到复旦大学附属华山医院，那是我生命中最精彩的一页。

一个人的思维方式是可以刻意训练和改变的。如果没有这种刻意，往往可以通过大学的学习和最初几年的工作，有意识或无意识地塑造形成。中医有望、闻、问、切，西医有视、触、叩、听。简单说就是，凡事要收集表面的现象和证据，经综合分析，然后才得出结论，这是医学生得天独厚的经验。当然深层次上远远比这几句话复杂得多，这种思维方式应该算是情商的一部分，所以医生应该具有更高的情商。这一套医学逻辑思维，使我日后的科学研究和临床研究受益匪浅。

目前我在世界五百强的公司中做药物安全医生和高级医学科学家。职业首规是治病救人第一、患者用药安全第一。要做到药物安全需要无数人的共同努力，政府的科学管理，制药行业的严谨研究、判断和及时信息交流，医疗工作者的严格遵守用药指南，患者和家属的主动积极配合。以上因素，缺一不可。当医生大笔一挥，写下处方，能花多少时间来权衡决定各种可选择药物，能花多少时间去想一想已开出药物的不良反应，这些药物带给一名特定患者的效益和风险又有多少呢？作为患者和患者家属，当手执处

方，走出诊室准备取药，或者直接走进药店浏览药柜时，我们是否想到，药物的安全性如何？药物效益和风险的天平上哪一边更重？药物安全已经成为重要的社会课题。

因为生命和健康的可贵，才有医生职业的崇高。这种崇高不是虚幻的，是接地气的。医学的重要性不是仅仅体现在医院病房、患者病床，更体现在触手可及的我们自己和亲朋好友时时刻刻的生活中。寝居饮食影响人们的健康，自然环境影响人们的健康，被人类改变的外界环境更影响人们的健康。很庆幸，迈出医学殿堂学习到的医学基础知识和思维思路，加之现代通讯，我可以保持身体健康，而且可以照顾身边的亲人和朋友，日常保健和简单的健康问题无需专科专家“出手”。医学赋予我的是无价之宝。同时回想，仅仅这三十年，科学与技术的进步，带动医学理论与实践的认识更新是如此的巨大，医学科学，学无止境。

三十年转瞬即逝，三十年物换星移，不变的是医生的职责、敬业和情怀。

现在回头看看我们这一届，同学们个个都已是医学界的中流砥柱。一个人能走多远，除了机缘巧合，还决定于一个人有多大的上进心，能否自律，有多执着，是否有坚定的信念和意志，并且是否有能影响周围人的信念。所有所有，十年磨一剑，坚持最重要。古今中外，无论是领袖人物还是百姓中的传奇，他们对人类进步和世界和平的贡献各有不同，成功的故事都有些共性，滴水穿石非一日之功，背后一定有坚持。人要有梦想，大胆的梦想。转身望望，梦想不是梦，是有想法，敢想，而且坚信、坚持，义无反顾。我们这代人赶上了和平的年代，飞速发展的中国，科学技术不断进步，风调雨顺，国泰民安；经济全球化，不同肤色、不同种族的人们和平共处，让世界成为每一名地球人的美好家园，那是我们每一个人的愿望，更是我们每一个人的责任。

精彩留言

张钲：齐医是母校，是摇篮，叶桂兰是我们1981级的医学生，通过自己的努力进取，成长为走出国门的学者，给人启示，令人敬佩！为1981级与叶桂兰同学骄傲！

付霞：大情怀！大梦想！大坚持！

栀子白兰茉莉花：你的回忆把我带回到那个年代，想起咱俩前后座探讨问题的情景，心中生起屡屡思念，想你！我在北京、秦皇岛，回来的时候告诉我！我们都很敬佩你！

叶桂兰：同学们的鼓励永远珍藏在心间。

孙跃岐：小叶是我们1981级同学的骄傲。

马钢：境界，智慧，成就之高令人敬佩。

李杰：同学的成就，我感到自豪、骄傲、荣幸、开心，五味俱全！

崔光成：写得真好！三十几年前的往事，仿佛就在眼前。叶博士写作也是博士水平！

吴志全：前段朴实描述，把我带回了那个芳华时代，久久心难平静。半生的奋斗经历奠定了思维的博大和追求的境界！当年作为齐齐哈尔市七中一班的班长，就不多夸你这个同窗最久的同学了，至少还领导过你（自豪）！1984年中秋节为你创作的诗，我再嘚瑟一次。

同窗六载结青缘，
昔日谈心白虑捐。
笃学相期求自勉，
此时千里共婵娟。

张强：云里雾中的才女。

张岩：同学们的美文各个精彩，高大上，读后心里满是骄傲自豪——他（她）们是我的同学。

雒东江：学霸，才女，好医生，优秀科学家！

周庆芝：淡淡的表述和淡淡的思绪中渗透着人生哲理，桂兰永远是齐医的骄傲，是我学习的榜样。常回家看看。

坚守思维哲理

母校摇篮在富拉尔基，
学医从这里开始，
我认为你是否颠倒了一个字？
排队打饭，
熄灯手电筒看书，
溜冰场上飞扬，
你回放母校生活记忆；
从临床医生做起，
你训练了综合取舍辩证分析，
从望闻问切，视触叩听，
引申到看世界思维哲理；
殊途同归的见解，
我们似曾相识，
我提倡
构建中国现代哲学体系——
“‘平衡蓄能、
失衡做功、
适度调控、
人脑潜意识思维认知规律’
和‘体温哲学观念’，

遵循客观规律，
解决实际问题。”
你对地球人美好家园的祝福，
是人类命运共同体，
我赞美你博学，
坚守思维哲理，
话说到了我心里。

2018年10月22日
1965级校友宋永海写于大连

非洲往事

情怀故事主人公

陶明，女，1963年出生，哈尔滨市长大，1984年毕业于齐齐哈尔医学院妇幼专业。眼科主任医师。现供职于哈尔滨市眼科医院。现任黑龙江省医学会眼科专业委员会角膜病学组委员、眼神经学组委员，哈尔滨市预防医学会理事。

三十五年医者路漫漫，痛并快乐着。有无数治愈的成功手术，有备受信任、赢得好评的愉悦；也有束手无策，疗效不佳，医患矛盾，被家属责骂的无奈、沮丧与迷惘。让我从一而终做医者的理念是——医生是善良的职业，做一个善良的人最好的方式，就是坚持做医生。

天性率真，亦静亦动。确信没有共产党就没有新中国。好好工作之余，寄情于山水，山川河流都是我的“情人”，行千里万里去见情人的心情，就是每一次出行的动力。品一款茶，闻一段香，插一束花，烹一份餐，集生活中的点滴为幸福。诚信做人，用心做事，平静生活，简单快乐。

1981级同窗约稿《情怀》，写点什么？回忆在齐齐哈尔医学院的校园生活，已经被同学们写得如诗如画。想来想去，就写那一段援非医疗的工作经历吧，那寂寞又美好的两年！

一位眼科同道的推荐，让我意外成为中国援外医疗队员，赴西非毛里塔尼亚，完成为期七百天的援外医疗任务。天性中潜伏着的好奇和童心未泯被牵动了，慈善、远行、猎奇是我喜欢做的事，2012年，我随性，我心动，我行动。去非洲援外医疗，现有的工作要暂时停下来，明确的现在和不明确的后来，需要选择，跟着心的感觉走吧，我选择了后来。未知的事情有遐想空间，有意外刺激，有挑战能力。我窃喜，年已不轻，心未老矣！仲夏时节告别至亲故友，离家启程到没有诗，只有远方的非洲。

背行囊，连续行，三万里路云和月，乘飞机加上时差飞行了二十多个小时，2012 走出平生第一远，够刺激！飞抵毛里塔尼亚首都机场，抬眼望，机场凌乱纷杂，地勤懒散怠慢，黄沙路，艳阳高，房舍矮，车马稀，人面褐，衣衫长，2012 遇见平生第一荒，真意外！非洲恶劣的气候地理环境，让毛里塔尼亚人置身于贫困；殖民历史，伊斯兰宗教文化，善于乞讨，接受施舍，让毛里塔尼亚人散漫慵懒。这一切造就了他们简单、随性、乐观的性格。他们的生活状况令我惊异。他们对生命的漠视，对疾病救治的无知愚钝让我不愿再提。他们对中国医生的信任、友善、礼遇、尊重让我深感快慰。在非洲热土，能为许多人解除病痛，维系居民健康让我愉快。2012 来到非洲，以我薄力，医治疾患，留存善缘，命中有幸，援外医疗，无怨无悔。一张窄窄的机票，亲在那边，我在这边，2012“乡愁”二字是从未有过的刻骨铭心！想妈妈，想女儿，想家乡的美食，想我熟悉的一切。有时，亲友们的一句简单问询，会让我如沐春风，感动涕零，放开寂寞忧伤与孤单思念，不觉得无助、无奈了，千里万里仿佛未曾走远。2012 眼泪欢笑都是真的；2012 走进非洲，天荒地远；2012 援外医疗，国之善举。

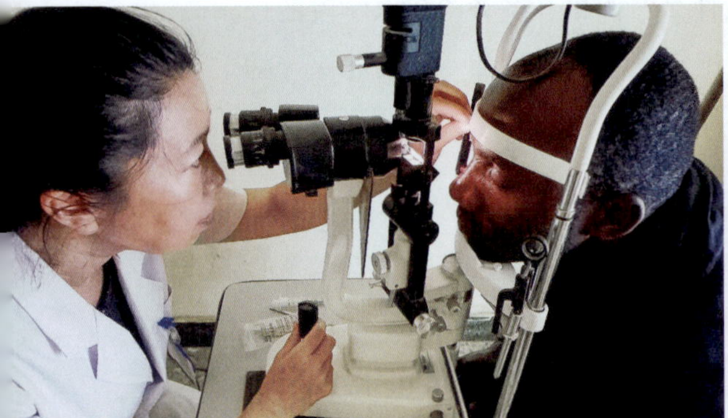

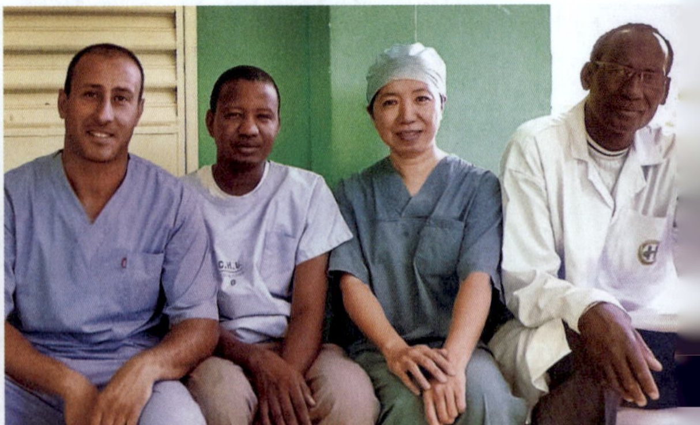

留在塞利巴比的感动

我和六名队友一行七人，在毛里塔尼亚的小城塞利巴比地区医院执行援外医疗工作，那是一座占地面积约两千多平方米的医院，是塞利巴比地区最大的医疗机构，是由中国出资援建的。来到塞利巴比医院的第一天，医院院长、医务总监就带着我们参观医院的环境，介绍科室分布和医院的仪器设备，很正式，很隆重地把中国医生介绍给了医院各科室的医务人员。至此，我有了新的医疗岗位，有了不同种族的新同事，开始在这个新环境中工作和生活了。

伴着日出日落，斗转星移，来毛里塔尼亚已经半年了，一天上午，医院的外籍医生来找我和麻醉医生去看急诊，一名远道而来的产妇，因雨后摔倒发生了眼外伤，三十三周难免早产，要尽快处理眼外伤和剖宫产手术。查看手术台上正准备手术的患者，还好眼睛只是眼睑裂伤。麻醉医生为患者做麻醉，我快速缝合了患者眼睛的伤口。手术进行着，产妇的情况良好，医生从患者腹中取出的胎儿情况却非常不好，婴儿皮肤青紫，没有呼吸，没有反射，处于窒息状态。助产士把包好的婴儿放在门口的桌子上了，我和麻醉医生问助产士新生儿怎么样了，回答说："巴塞崩，冒了"。意思是：不好了，死了。这种情况在当地认定为新生儿死亡，直接弃婴了。

我和麻醉医生见状，二话没说，马上跟护士要吸引机、插管、吸管，要抢救新生儿，回答说：都没有。我跟麻醉医生急忙在仪器柜里找了几样能用的器械，做了个简易的吸引器，一人做心脏按压、人工呼吸，一人吸痰、清理口腔异物。一起紧张地抢救了二十多分钟，婴儿还是没什么反应，

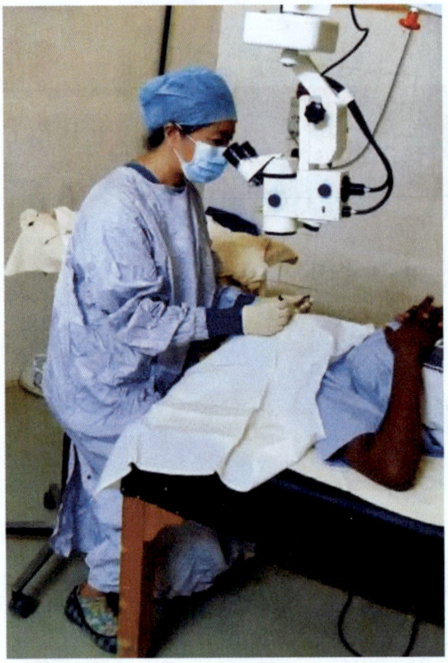

当我们看着小婴儿，也在考虑要不要放弃的时候，那婴儿的小手轻轻动了一下，打了一个嗝，这个细微的反应，绝对是灵魂的感召，牵回了我们的信心！马上又开始继续心脏按压，配合人工呼吸，几分钟后，婴儿终于有了哭声，皮肤也从青紫渐渐变成了红润，睁开了毛茸茸的黑亮的眼睛。这时一直站在旁边，看着抢救的婴儿父亲跳起来说："什纳瓦，塞崩！什纳瓦，塞崩！"意思是：中国，好！中国，好！当时在场的人都鼓起掌来，婴儿的父亲双手举过头顶，说了一段话，听懂了那个父亲是问医生叫什么名字，要按着当地的最高礼节感谢医生，救活了他的孩子，要以医生的名字给孩子命名。我和队友会心地笑了，我告诉孩子的父亲，男医生的法文名字叫尼古拉，孩子的父亲异常兴奋地说，他给儿子取名，就叫小尼古拉。医院的院长知道此事后，感动地说："医院里好久都没有发生过这么令人高兴的事了！"这件事让全体队员都感到自豪和快乐。

是啊，不论何时何地，不论条件怎样，救死扶伤都是医生永远不能放弃的责任和义务，与死神和病魔抗争对决，成功挽救生命，是医务工作者的神圣与骄傲，这种幸福感和成就感是金钱无法诠释的，也是他人无法体会的。我告诉自己：中国医生加油！

品味原始

时间过得挺快的，援外医疗工作一年了，生活环境由新奇陌生到熟悉适应，心中竟然对这遥远荒凉的非洲，产生了许多的喜欢和融入。喜欢它天然广袤的沙漠，在纯净的蓝天下，以沙雕的美妙姿态，敞开它热情的怀抱；喜欢它碧蓝宁静的海岸线，以海涛的铿锵旋律，展示它的辽阔深邃；喜欢那里的人们单纯的社交，随性的生活，过着简单快乐、有原始味道的日子。

早晨时常去晨练，看见街边店有摆成小山状的面包棍，走着竟有一股烘烤的味道飘来，循着味道走去，一座矮小的泥巴房子是烤面包房，狭小的空间里，有两个男人在忙碌着烤制面包，纯手工制作。泥巴砌成的烤炉里散发着浓郁的麦香味，充斥满屋，旁边的砧板上摆着新鲜出炉的面包棍，那焦脆的样子，真勾人食欲，买了两根，嗨，便宜啊！四十乌吉亚，不到一元钱人民币一根，比家乡的烧饼还便宜呢，吃起来外焦里软，醇香的原麦味道。这种面包棍是当地人每天都吃的食品，早餐配着热的糖茶吃，中餐和晚餐是配着菜吃的。这么破旧的面包房里，每天烤制着原始味道的面包，这面包棍与当地人简单的生活状态是那么的匹配。尽管吃的是粗制食品，当地的小孩活泼、结实、可爱，姑娘、小伙子出落得挺拔俊秀，阳光开朗。想到中国的小孩，因为吃不到放心奶，家人四处寻找奶粉的情景，就让人心酸！是，我们生活得太复杂了，是我们给生活注入了太多的添加剂，要是回归简单，生活就会健康愉快很多吧？

从毛里塔尼亚首都努瓦克肖特驱车七百公里前往驻地，路上在一个叫阿莱格的小镇上歇脚打尖，路边有挂着羊肉，放着炉子的棚子，是卖烤羊肉的街边小店。走近看是个半地下的坑状烤炉，炉灶里放着炭火，炉膛里放着一个大的方形铁烤盘，里面是大小不等的羊肉块，

正嘶嘶地冒着热气，飘着烤肉的香气，微焦的羊肉块泛着油光，略带些灰暗的颜色，看了一下犹豫着没敢吃，来过非洲的老队员告诉我试试，说很好吃，自己就先吃起来了。我没经得住诱惑，吃了一块，喔！真是非常好吃啊！就是新鲜羊肉加了点盐，就能这样咸鲜可口，香而不腻。这原始方法制作的烤羊肉，天然纯香，回味无穷，实在难忘！最经典的是卖烤羊肉的牛皮纸袋是装过水泥空出来的，撕成大小不等的牛皮纸块包着那些香香的烤羊肉，听说这个，心里确实有些反感，可一转念：水泥的主要成分是硅酸盐，跟水垢的成分差不多，纸上也沾不上多少的，比起塑料袋的白色污染，还是牛皮纸环保。此后便一发不可收拾，喜欢上了这种原始工艺的烤羊肉，每每工作开心，或是忙碌疲惫，都会去吃烤羊肉，当作给自己的奖励和加油吧，在那些孤寂的日子里，非洲烤羊肉给我添了许多的营养和开心呢。

季雨和沙尘暴

初到西非时正值雨季，尽管天气炎热，但时有凉风吹拂，细雨飘洒，没觉得传说中的撒哈拉沙漠酷热难当。驻地的附近还有树木绿草，农田青纱，闲牧牛羊。一片田园乡野风景，我暗自得意，沙漠荒芜，我居绿洲，幸哉！

季雨天气，出门观雨，西非的风雨独有气势，骤起突停，无拘无束，风飒爽，雨凌厉，风雨相携，驻足撒哈拉沙漠，是一份湿淋淋的狂野。再看雨中的人们，竟能泰然自若地行走在雨中，不需躲避，不需遮雨，安然接受着天赐的沐浴，一脉骨子里的野性。在缺水的沙漠里，雨季要开心，享受天然沐浴，种植谷物果蔬，动物繁殖生命，季雨就是西非贫瘠土地上的一线生机，生命之水天上来。

西非的气候不比家乡，春夏秋冬四季分明，雨季过后，很快进入了旱季的少雨天气，沙漠才露出了酷热干旱的真相，烈日艳阳，热浪灼灼。地表温度达到 42 ~ 52℃，两三个月里都不下一场雨，河道干涸，草木枯黄，是沙尘暴形成的特殊气候背景。一个休息日，早晨天气还好，近中午时大风将地面尘沙吹起，风刮来的方向有灰黄色的风沙“墙”快速地移动着，越来越近。眼前模糊不清，空气浑浊不堪，水平能见度小于五十米，漫天昏黄，遮阳蔽日，飞沙走石，一阵阵热风浊浪，翻滚冲腾，那情景以前只在电视新闻中得见，置身面对沙尘暴，还真有惊恐感，我还是勇敢地登上房顶，迎风斗沙中拍下了几张沙尘暴的现场照，便快速躲进房中。十几分钟后，外面昏天黑地，室内突然变暗，驻地的电线被大风刮断了，停电！幸好还有发电机。几分钟后接上了电，我在电脑前跟国内的亲友们讲着沙尘暴，亲友们为我担心，也祝福我平安。遥远的相伴，竟让置身困境中的我，倍感亲切，倍感温暖，对异乡异客，有网络真好！

西非的季雨狂野，沙尘暴强悍，恶劣气候环境中，在那里乐观生活的非洲人民，让人钦佩！

怀念非洲式的友善

在毛里塔尼亚援外的日子里，一日三餐，厨师烹制。鱼虾肉蛋，每餐必食。没有了在国内的时候，小女人柴米油盐，煮饭、烧菜的家务杂事，慵懒和馋嘴便如影随形，赘肉也悄然而生，喜欢的衣服也穿着紧绷了，如

所有爱美女人一般，别无选择地计划着减肥。非洲大地有地球上最丰富、最温暖的阳光，灼热了沙漠、土地、绿植、河水，我喜欢在那满是阳光的沙石路上徒步运动，健身减肥。每天在午后的斜阳里，脚步轻快地走上四五十分钟，亦如在中国时，去洗浴中心的汗蒸馆里，享受汗蒸的感觉。不一样的是，这汗蒸馆天然又绿色，道路两边尽显异国风情和人文特色。走过公路边，民宅旁，小桥上，草地里，不时与那些陌生的黑皮肤的人们擦肩而过，我倍感意外的是，他们中间大多数人，或男或女，或老或幼，都会放慢脚步，主动跟我打招呼问好，善意的话语，爽朗的笑容，让我真切地感受到他们的礼遇和友善。令我动容的还有，那些可爱的黑孩子，看我走过来了，会在远处的院子里，草地上，挥着手臂，大声喊着："诗意呢哇！马德马再勒！"边跑边喊地到我跟前来，伸出玩得脏兮兮的小手，就是为了要跟我握一下手。时常三五个一伙，几个小孩都伸过小手来跟我握手，有时是簇拥着一个小孩过来跟我握手，握着那柔软而稚嫩的小手，低头看见孩子们那写满快乐的面庞，那写满纯真的眼睛，那写满兴奋的表情，真是太可爱了！叫我"中国女孩"！藏在心底的小萝莉满血复活，童心稚趣油然而生，我混入他们中间，伙同他们一起从土堆上滚轮胎，骑小轮自行车，孩子们欢快地笑着，叫着，跟他们玩成了一团，笑成了一团，喔，重温童年的感觉，真好！

有天下午，去徒步运动，沐浴着阳光，吹拂着微风，行走在去往城外的公路边上，一辆丰田越野车迎面驶过，我没有在意，继续前行着，那辆车却很快掉头驶了回来，停在了我的前面。我驻足路边，望见车门打开，走下来一位高大俊朗的先生，微笑着问我是不是走错了路，城里的集市在另一个方向，可以搭他的车送我。我弄明白他的意思以后，忍不住笑了起来，用法语加动作告诉他，我是在运动健身，他听了也笑起来……我连忙跟那位先生说非常感谢，并主动伸出右手（非洲的礼仪是只能握右手），跟他握手致谢。回到驻地，给队友们讲了这件有趣的事，队友们打趣地说，怎么没有给那非洲先生英雄救美的机会啊，就装作是迷路了，让那个帅哥用车送你，再演绎一段非洲恋曲！寂寥中的诙谐，友善中的非洲！仰望蓝天白云，一份温馨的情愫印在了心底：享受阳光，感受友善，非洲热土，我会怀念你！

采撷欢乐，挥别大西洋

一个暖暖的午后，有闲暇时间，便呼朋唤友一起去看海。信步大西洋岸边，涛声依旧，浪花漂移，海风清爽。大西洋总是以它辽阔豪迈的姿态拥抱着每一个走近它、热爱它、眷恋它的人。每次来到大海的近旁，都感慨它的大气磅礴，空旷致远。平日生活中的一些烦闷焦虑，在这里会轻松释然。碧蓝而清澈的海水，仿佛把心灵的角角落落都冲洗一遍，心会变得舒爽快慰，那感觉就是面朝大海，心旷神怡！大海的可爱还不止这些，漫步沙滩上捡贝壳，漂亮的贝壳是海里长成的别致花朵，每只都天成，每只都唯一，每只都带着一份赏心悦目的好。大海默默地把蕴藏的物产和资源，慷慨馈赠给了那些生活在身边，辛勤劳作的渔民们，渔民们至今还用原始的方式在海上捕鱼，划着小船把网散在海里，围网等待鱼踪，然后大家奋力拉绳起网收网，喊着非洲歌舞般的劳动号子，动作节奏强劲有力，健美飘逸，有黄河纤夫的影子，但多了几许强悍和热烈。我跟朋友们被这热闹吸引，跑过去跟渔民们一起拉渔网，捕捞着大西洋赠予的海中财富。喔噻！打上来的有硕大的金枪鱼啊，我贪婪地用目光觊觎了那鱼良久，就跟那渔民商量能否卖给我一条，还嬉笑着厚脸皮说帮人拉渔网了，跟人讨价，花了五千乌吉亚（人民币约一百元）买了一条大约七公斤的金枪鱼。厚道的渔民还送了一盆小青鱼。新鲜的金枪鱼做成生鱼片，非常美味！渔民们把打上来的并不多的海产品平均分配成每人一份。男人们在海里劳作，女人们坐在海边把捕到的鱼儿收集起来，兑换成钱，就是他们生活的全部收入来源了。我猜他们不会太富有，但一定是自给自足的。这种安稳简单的生活，对那些随性、单纯、善良的毛里塔尼亚人来说，可能是最合适的生活方式，日子简单平常，却不失快乐舒适。

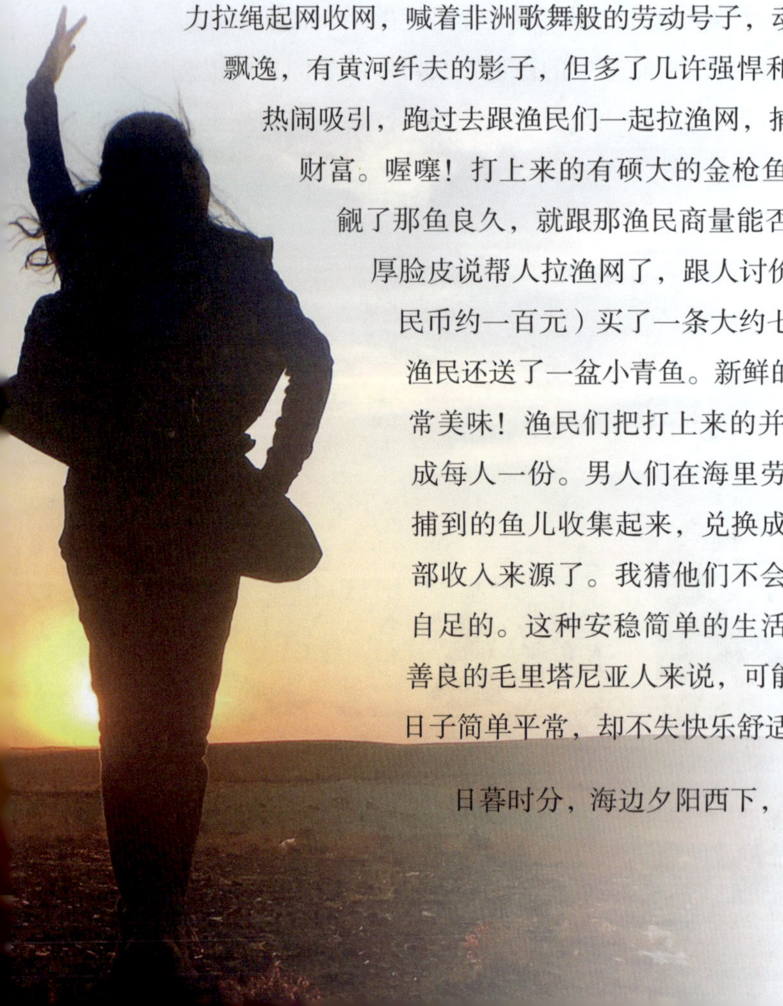

日暮时分，海边夕阳西下，我带着那些喜欢的贝壳、

新鲜的大金枪鱼、小青鱼、鲜海蜇，还有愉快无比的心情，眷恋地回望着大西洋，这些采撷在手中，在心中的快乐，会永久地留在记忆的海洋里，成为欢乐的浪花，欢乐的歌。轻轻挥别大西洋，挥别非洲，离工作任务结束只有一个月了，心中的感恩、感谢、感慨、感叹交织在一起，感恩生命里有非洲援外医疗的特殊经历；感谢身在异乡有家人和朋友的情义无价；感慨脑海里会恒久怀念非洲的依稀往事；感叹700天的工作任务无法留下更多的帮助和善举。

非洲往事，往事如金！

精彩留言

吴志全：很多人的援外，纯粹就是援外，但是，陶明的援外，有诗酒田园，还有一份因心的融入而产生的浪漫，眼中有画，心中更有情！不愧是才女。这样的才女，不仅非洲人民喜欢，我们的很多同学，特别是男同学都把陶明装在心里那最柔软的角落，时时想起，便生温馨。陶明能打动我们男同学，打动非洲人民的，我想，不仅是医术和为人，也有内在的气质和才华！祝愿陶明永远如花，活得滋润而美好。

崔光成：不愧为才女！读你的文字，仿佛自己到了毛里塔尼亚。你本不该当医生，或者像毕淑敏一样，先当医生，后当作家。非洲的经历一定很苦，但你带给大家的是善良、积极、快乐，这就是你内心的写照！

张钲：陶明，文章写得诗情画意般美好，想起援非都觉得苦，但你却把工作做得如此美好，让读者感受到中国这位美丽眼科医生的心灵同样纯洁美丽。为你自豪！爱自己，爱职业，爱你所有的不分肤色的需要帮助的患者，感谢你的非洲往事，让我们感动！

付霞：有诗和远方的往事，带我们走进非洲看到了那片海，文美，景美，人更美！

齐医生： 作为第三十三批赴毛里塔尼亚医疗队的一员，我将在2019年7月19日奔赴毛里塔尼亚的基法执行我的援非医疗任务，希望我能踏着前辈的足迹，为中非友谊做出自己的贡献。

王丽浮： 援外的时间里，把自己的生活过得如诗如画，有内涵的人，才能过得如此精致。

华泽英： 外表柔弱美丽的你，内心能如此强大！人格也如此独立！福州几天相处，我也成了你的粉丝儿，生活中点点滴滴的情调，能把每天过得那么精彩，腹有诗书气自华就是写给你的！毛里塔尼亚的风景、人事都能印在脑子里，读到这么美丽的文字，我内心都升起了感恩生活的感慨！谢谢同学中有美丽优雅知性又那么独立的你！

黄英辉： 大美！大爱！大格局！真好！

张岩： 拜读美文，非常向往原始状态的非洲，良好的医患关系，可以不忘初心救治患者，没有添加剂的面包、羊肉，可以尽情享其甘味。寂静的沙漠之美，更可以让我们的心灵放个长假。我也想去非洲。

浪漫天使

我登录百度，
点击毛里塔尼亚地图；
跟随陶明师妹的脚步，
跟她走援非医疗路。

从松花江畔起步，
三万里行程收眼底；
背上“乡愁”的行囊，
品尝乐与苦。

塞利巴比医院，
成功抢救新生儿窒息；
“中国，好！中国，好！”
举手鼓掌是非洲人民的诚意！

成就分享幸福，
加油鼓劲自助；
原生态沙、海、天、路，
心与心交流融入。

晨练品尝醇香的面包，
感受孩子健康快乐的鼓舞；
咸鲜适口的烤羊肉，
寂寞与幽默偷渡。

旱季沙暴，
雨季雨骤；
童心稚趣，
玩耍无忧。

海浪吻脚沐浴阳光，
勤劳的渔民单纯善良；
大西洋迎来远客，
是个浪漫的中国姑娘。

2018 年 8 月 30 日
1965 级校友宋永海于大连

因为爱着你的爱

情怀故事主人公

张钲，女，1963年出生，1984年毕业于齐齐哈尔医学院妇幼专业。儿科儿童保健主任医师。曾在中国医科大学附属医院儿科、首都医科大学附属北京儿童医院进修。曾担任第一重型机器制造厂职工医院儿科主任，四川省德阳市第二人民医院儿科主任。现任德阳市第二人民医院预防保健科主任兼干保科主任，四川省医学会理事，四川省康复医学会儿科分会委员。担任四川省健康教育巡讲专家，全科讲师。

喜欢音乐、运动、读书，健康要自己管理。

记忆堆积了好几层，而我踩过青春，踏上医路，选择了做儿科医生。三十五年的儿科从医生涯，让我有了一生不变的儿科情怀，生命里最在乎的身份就是儿科医生。不惧劳累，不嫌烦琐，没有抱怨，因为爱着你的爱！写在脸上是春的温柔，夏的坦荡，秋的收获，冬的纯洁。

我于1981年考入齐齐哈尔医学院妇幼专业，医学院的校园生活清亮的像一杯白水，妇幼专业没有男生，清一色的女生，少了许多滋生在校园的浪漫际遇。也因我家在齐市，周末常回家里休息。三年的学习生活颇有些程序化，上课、突击复习，应对考试，考试后放假……时间过得很快，我毕业后被分配到第一重型机器制造厂职工医院工作，为什么会选择儿科？因为喜欢！为什么会喜欢儿科？因为临床实习的经历和感受教育了我。我在儿科的实习过程非常顺

利，收获颇多，儿科的老师们带教认真细致，高老师、吴老师、王华老师都是我印象深刻的好医生、好老师，接诊、问诊、查体、下医嘱、书写病例，每天跟老师查房、出门诊，我的儿科专业技能一路突飞猛进。小朋友们治愈出院时让我感触最为深刻，孩子们与医生和护士打招呼、告别，看到小朋友天真可爱的样子，就想抱起来亲亲，经我之手痊愈出院的孩子给我带来了强烈的成就感。实习结束时，我已经可以独立完成门诊和病房的全部日常工作了，我对儿科临床工作充满自信！毕业后我毅然选择做儿科医生，是因为喜欢孩子们的单纯可爱，愿意守护孩子们健康成长，就这样做了儿科医生，从未犹豫迟疑。

毕业后去工作的第一重型机器制造厂职工医院，也是父母工作的单位，有一种回家的感觉，工作岗位是我心仪的儿科医疗工作，一切都是那么顺风顺水，工作起来就格外有激情。1990 年医院派我到中国医科大学进修一年，1995 年到首都医科大学附属北京儿童医院 NICU 进修半年，这些难得的学习机会，为我以后的儿科临床工作奠定了良好的基础。1997 年，我晋升为副主任医师，因自身的努力和医院用人的需要，我担任了儿科主任，与产科协同合作，抢救成功了许多危重新生儿，为新生儿的平安健康付出了全部的爱与工作热情。

2000 年，丈夫工作调动的原因，跟随丈夫举家来到四川，转入四川省德阳市第二重机厂医院（以下简称“二重机厂医院”）工作，改变的是工作环境，不变的是儿科情怀。在新的工作环境中，没有融入四川人闲适的慢生活，依然积极专注于自己喜欢的儿科医疗，当时二重机厂医院儿科的日常工作只是治疗一些常见病，儿科重症及疑难病例都要转去成都的四川大学华西医院救治，尤其是新生儿的救治转诊更多。新生儿救治工作几乎是医院的空白，凭着进修学习及前些年工作积累的扎实业务功底，我从诊断、用药、护理等方面全方位引进、开展了新生儿重症治疗、小儿重症病例诊治技术工作，克服了初到蜀地的水土人情不熟、方言交流不畅的困扰，让二重机厂医院儿科工作开展得有声有色，转诊率下降，抢救成功率提高，科室在治疗水平上有了质的飞跃，开展了多项新技术新项目，我也得到了相关科室和医院领导的认可，半年后二重机厂医院改制为德阳市第二人民医院，我被聘为儿科主任，成了学科带头人。

做了儿科主任以后，每每有新的技术、新的理念出来，能够迅速熟悉上手，解决以往受到困扰的难题，心里别提有多高兴！很多患儿是我看着长大的，儿科医疗的成就感和价值感无可替代。由于在危重患儿，特别是新生儿抢救中得到华西医科大学儿科教授们的高度评价及认可，在2003年我被推荐当选为四川省医师协会新生儿科医师分会委员，成为当时我所在医院里，第一个入选四川省级学术团体委员的医生。2003年底，“非典”防控任务艰巨，医院任命我在新院预防保健科任职科长，我接受新职位的唯一条件是——我要继续出儿科专家门诊。从新生儿救治到现在的儿科临床、儿童保健、预防医学、主持公共卫生健康管理、疾病预防与控制监测，我都敬重并热爱我从事的职业及岗位。在四川，在德阳，在2008年汶川大地震中，我参加了那场抗震救灾医疗救助的战斗，留下了难以忘怀的经历。

2008年5月12日14点28分，四川省汶川地区发生了8.1级地震，天摇地动，顷刻间房倒屋塌，大约半个小时，第一批伤员就被卡车送到医院，他们大多是重灾区的农民，一个3岁多的小男孩，满脸泥土和血痂地出现在我的视野里，我放下手里的事情，不顾一切奔了过去，同时在人群中寻找外科医生，最好是脑外科的，找到了脑外科医生，我跑过去，拉起他就喊：“快跟我来，快！”小男孩需要反复清洗伤口，护士提醒我生理盐水不多了，余震不断，不能回到科室取，在有限的条件下，我尽力为他把伤口清洗干净后，看到整个头皮都掀开一大半，患儿疼痛不已，哭到没有力气再哭了，渐渐安静下来，清创缝合，找护士做皮试，静脉点滴抗生素，控制感染，补液，一气呵成。在我的精心照顾下，小男孩的伤口如愿一期愈合了！在当时情况下，伤员的伤口感染率非常高，我的小患者是第一个痊愈的伤员，他的爸爸妈妈都在地震中不幸遇难了，出院时他被姑姑认领回家。我欣慰小男孩没有感染，能痊愈出院！可以告慰他在九泉之下爸爸妈妈的在天之灵了。

还有一名高三的学生，是个班长，他重返教室救人时余震袭来，双腿受到严重轧压伤，转运到医院时伤势危重，感染伴发高热，意识模糊。当时每天转运到四川大学华西医院的伤员名额只有 2 个，我有转运筛查的权力，就力争安排转送他，终于保住了他的生命。东方卫视跟踪报道他的事迹，专门为此事采访了我，问到为什么选择把他转走时，我回答记者：“因为他年轻，勇敢，品学兼优，他也许就是未来的栋梁之材。”东方卫视的新闻报道播放时，同学张延荃在上海家里电视上看到了我，非常高兴地告诉关心我的朋友们——张钰是安全的！事后每当我想起这份同学的牵挂，心里都是暖暖的。

事隔多年，我还会不时地想起小男孩和大男孩，还会牵念：他们都还好吗？那次汶川地震的医疗救助中，我在医院的帐篷里连续工作了一个月没有回过家，虽然家距离医院很近……

2009 年，甲流 H1N1 传播，有一天走得晚，下班时间已过了近 20 分钟，走廊上不再嘈杂，人明显少了，我忙碌了一天，正想收拾东西下班回家，突然，桌上的电话急促响起：“你好，张老师吗？院长请您马上到发热门诊。”我的心“咯噔”一下，近期发热患者就诊人数骤增，全国都在积极防控“甲流”，市政府专门下发文件，要求全市所有医疗机构密切关注可疑病例，及时发现并有效控制，避免二次传播。我急忙穿上白大褂，戴上口罩、帽子，疾步到了发热门诊。发热门诊的医护人员正忙碌着，感染科主任正为上海来德阳出差的 4 名发热患者做检查。这 4 名发热患者的就诊，引起了我的重视——甲流？聚集性发病？我立刻警惕起来，不行，要逐级报告，召集专家组会诊，4 例病例应初步诊断为“疑似甲型流感”聚集性病例。确诊需要病源学检查，对符合采样要求的 3 名患者急采咽拭子，上报市疾控中心，请求做

预防保健科
50年发展状况
■ 张 钰

病毒学急查。

但是由于缺乏确切流行病学病史，急查病毒条件不够。此时是 20 点，患者已经开始烦躁，不愿意配合进一步的检查，有的患者想要自行离院了，情况紧急，怎么办？首先，耐心安抚患者，注意加强隔离，做好患者及医护人员防护工作，让食堂给患者送晚餐及饮料，安排患者就餐；随后，再次向市局领导及疾控中心主要领导汇报情况，请求市疾控急做病毒学检测。接到报告后的市局领导及疾控中心在我的坚持下，决定让市疾控连夜加班进行病毒检测。此时天已很晚，4 名患者已经入睡，可是现场的医护人员及各方面专家还在紧张地等待检测结果。

凌晨3时，我的手机第一时间响起："张主任，你们的采样结果是阳性，3 位患者确诊为甲型 H1N1 流感！"这是德阳市首例聚集性甲型 H1N1 流感的确诊病例！聚集性病例的发现，使德阳市在防控甲流方面临严峻的形势，各级领导高度重视，分工负责，转运、流调、协助将患者转定点医院及时诊治、隔离，同时指挥防控机构对 4 名患者住宿的宾馆进行消毒、排查、隔离等处置，忙了一整夜，我们的付出为德阳市甲流防控起到了至关重要作用，高效地控制了甲流在德阳的流行与传播，我们医院在甲流防控工作中受到四川省的表彰。"医乃仁术，无德不立；大医有魂，生生不息"。在工作中，医院领导班子给了我充分的信任与支持，2015 年，我的职称晋升答辩被专家认可全票通过，破格晋升为主任医师。对地震后中小学生心理调查的研究展现了对德阳市中小学学生心理健康的维护、为解决如何关爱在校留守儿童群体这个问题，提出了合理建议，被德阳市教育主管部门采纳。

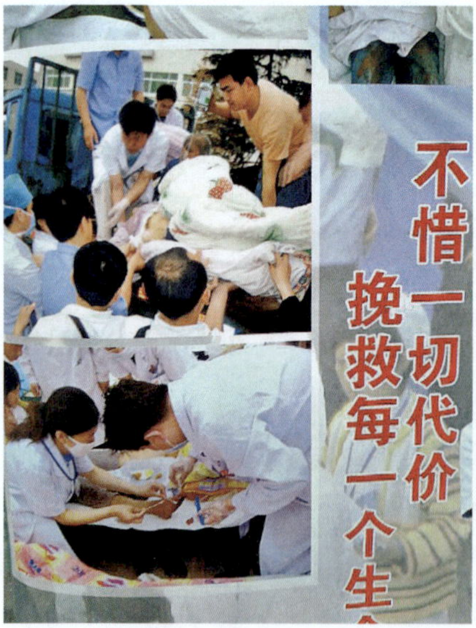

很多人问过我，当儿科医生是什么感受？累吗？我想说：当儿科医生累，而且不是一般的累！特别累！这是我发自内心的感受，相信别的儿科医生也和我有同样的感受。全国儿科

医生的缺口将近20万，加上国家近几年又出台了二孩政策，当儿科医生怎么会不累？但是我更想说——做儿科医生是我的骄傲！做儿科医生，要有牺牲精神，我对家人的照顾不多，丈夫却非常理解、包容和支持，让我对家人心存感激！我热爱儿科，这是先决条件，兴趣是最好的老师，对于职业，没有哪个职业是不委屈的，用匠心做好自己的专业，就会觉得甘之如饴。治疗好一名患儿的成就感、价值感和幸福感，远远超过工作辛苦的付出与付出、回报、收入高低的对等。儿童是家庭的最爱，儿童是祖国的最重，儿童是未来的最真，坚持做儿科医生是我恒久不变、无悔无憾的情怀！

现在我已经有了自己的孙女，我更加体会到孩子是家庭中的核心，愿宝贝们健康快乐地成长！因为我爱着你的爱！

精彩留言

齐红：上学时我们感觉你是一个高傲的人，不好接近，没想到你是那样的朴实、善良、正直、勇敢，甚至是倔强！我们在学校没有机会说上一句话，这篇文章有机会让我了解了远方的老同学，感谢《情怀》，感谢有你，对医疗事业热爱到如此地步的同学，看了你的文章更坚定了我的信心，为我们热爱的医疗事业继续努力吧！

吴志全：儿科医生累，而且不是一般的累！特别累！这是所有医生的共识，但张钲，在这个领域到现在为止，整整扎根了三十五载，把自己的青春和一腔为医的情怀，全部奉献给了她热爱的辛苦的儿科。我想，这不仅仅是职业兴趣，更是医者慈怀大爱的体现，是发自内心的一种职业信仰和理想追求。也正是千千万万像张钲这样的齐医学子，用自己的正能量铸就了齐医的品牌，托起了中国医生的形象！厉害了，我心目中大美女、亲爱的张钲同学，为你的坚守和情怀致敬！

马钢：医术精良，志向高远，才气过人，爱心博大，颜值担当！不忘初心，医者情怀！向所有漫漫儿科医路上的同学们致敬！

崔光成：用一生的爱守护着祖国花朵的健康，做着平凡而伟大的工作，同学们的榜样。

付霞：用实际行动表达了我们儿科医生的情怀！儿科医生最在乎的真的是儿科医生的身份！感谢你的爱！

雒东江：我与张钲同学在一起工作过，彼此非常了解，她儿科基础非常扎实，工作认真！为实现自己的职业价值在不懈努力，是我们学习的榜样！ 1981 级的同学们是一个时代的代表！

陶明：美丽的女人，美好的情怀，感动的故事，激情的岁月！读你的感觉像春天！亲爱的同学，我们爱你！

小山：读你的美文又重新认识了你，曾经娇美人的形象顿时高大起来，坚守信念，大爱无疆，技术精湛，勇挑重担，不愧为我们 1981 级的优秀美女专家！

爱的奉献

你从心里喜欢，
你给孩子笑脸；
你的心花灿烂，
分享着那份甘甜。

天使姗姗走来，

送上妈妈的情感；
孩子见你亲切，
你与孩子妈妈姐妹相伴。

苦与累是家常饭，
超负荷挺着干。
走进了儿科，
就是战场，
与死神争夺生命，
一往无前。

新生儿抢救，
命悬一线；
不怕抱怨，
敢于承担；
托举初升的太阳，
给家庭光明灿烂。

20万儿科医生缺口，
要挑起育人的重担；
齐医校园里一棵树苗，
移栽到哪里都做奉献；
你提高德阳儿科水平，
四川人选能任贤。

热爱儿科工作，
比生命重要；
努力拼搏上进，
谱写爱的奉献！

2018年8月24日
1965级校友宋永海于大连

人生三弄

情怀故事主人公

朱晓东，男，1964 年出生。1984 年年方二十即已大学毕业，因年少时喜欢舞刀弄枪，故自幼崇尚军人，将“宁为百夫长，胜作一书生”作为自己的人生座右铭，故毕业时毅然弃医从军，成为一名坦克兵，幻想着金戈铁马、气吞如虎的生活，无奈和平时期，部队枯燥、呆板的日子消磨人的意志；慈不掌兵，几年的部队生活下来，觉得自己的仁心更适合去救人而非杀人，不敢说悬崖勒马，也是幡然悔悟，回归本行，由野战部队回到家乡的部队医院，由一名军官重新成为一名医生，本想有机会再上战场救死扶伤，无奈 1999 年恰逢部队大裁军。

我在 1984 年国庆三十五周年阅兵时入伍，又在 1999 年国庆五十周年阅兵时退伍，入伍十五年后，终点又回到起点，重新回到地方，转业到齐齐哈尔市中医医院工作，运用部队学到的知识，成为一名消化内科医生，主攻消化内镜，凭借部队多年培养出的吃苦耐劳精神，踏踏实实，兢兢业业，经过多年的努力，终于小有所成，成为一名科主任，在相关领域拥有一席之地。

业余生活，首提爱好摄影，虽无大作，闲暇翻来，倒也自得其乐；第二爱好旅游，国内国外走了不少，期望早日修炼到旅行的境界。平日不好烟酒，抽烟体会不到赛神仙的感觉，啤酒半斤即不胜酒力，近年倒是喜欢品茶赏鱼。十分惦念同学，2014 年在同学们的支持下，组织了 1981 级毕业生三十周年聚会活动，从此一发而不可收，热心同学活动，为了情怀，充满情怀。

校园记事

1981 级同学要写一本名为《情怀》的书，写不出激情澎湃的海一样的情怀，闲谈几段三十六年岁月里我记忆犹新、刻骨铭心的过往。

近年来，回忆青春的电影很是盛行，赵薇执导的《致我们终将逝去的青春》，与歌曲同名的《同桌的你》都热映过，都是怀念逝去的青春，感叹岁月的无情，悲伤着青春的短暂，抱憾着青春的懵懂。我说，青春从未逝去，青春留在了心里，青春写下了诗画。在我们每个人内心的一个角落里，都保留着每个人最难忘的青春故事，等待我们去回忆和回味。我的青春是在医学院里短暂的学习时光，校园生活快乐而充实，校园故事如同英文歌曲 *Yesterday Once More* 一样，一幕幕印在脑海。

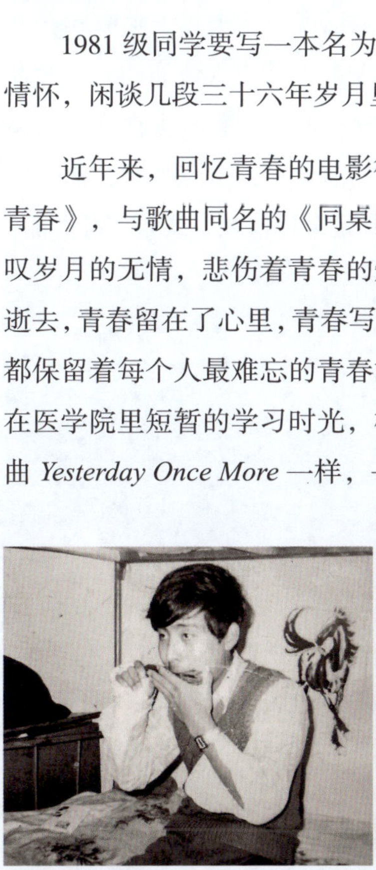

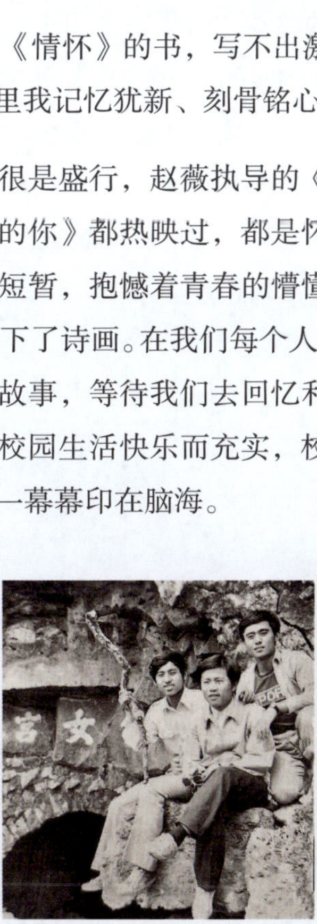

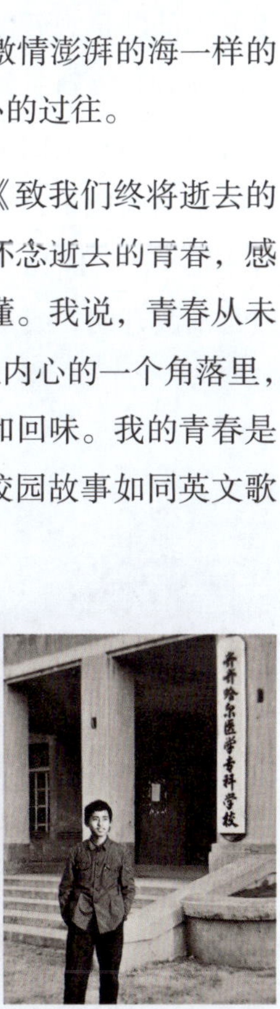

温柔过岁月的那扇窗

医学院的宿舍，是个有故事的地方，有我们的快乐忧伤，有我们的爱情萌动，有我们的志趣理想。入学的第二年，学校盖了新宿舍楼，虽然是普通的二层小楼，但毕竟是告别了刚入学时二十人一间的超级大宿舍，搬到了八个人一间的标配宿舍了，八个兄弟，情同手足，生性活泼，才思敏捷，人人有戏。新宿舍的窗前，树影斑驳，阳光柔和地洒在窗上，窗外的一条林荫路是全校学生去往食堂的必经之路，一日三餐的时候，同学们都会走这条路去食堂就餐。同宿舍的兄弟们发现，站在窗前不仅可以眺望远处绿荫的操场，还可以近观那些想看又不能驻足观看的移动“风景”，用今天的话说，一个得天独厚欣赏美女的地方，每到三餐的时间， 宿舍窗外的林荫路上就有人流涌动，关键点是各班级的女生们都会从窗前走过。宿舍的兄弟们不再急着去食堂排队买好吃的溜肉段了，而是挤在窗前看女生们从楼前走过，重点是要看他们在心中定义的“漂亮女生”，或是长发飘飘，或是身材修长，或是文静秀丽，或是活泼开朗，或是小巧玲珑……

女生们走过窗前都会被品评一番，嬉笑调侃一阵，更有顽皮的兄弟，还给女生们起了不少的绰号，什么“草帽”“趿拉板”“狗尾巴花”等，狗尾巴花应该是送给梳了高高翘起的马尾辫的女生，最可爱的绰号“小巧玲珑”是宿舍的兄弟们给那个长得像洋娃娃一样的漂亮女生起的充满爱意的绰号。平时在宿舍里生龙活虎、粗声大气、不拘小节的兄弟们，能在那些时刻不约而同地安静下来，温情脉脉，含笑对视。引用歌德的话就是：“青年男子谁个不善钟情？妙龄女子谁个不善怀春？”那是我们人性中的至洁、至纯。我常想，那时如果走在路上的女生们看过来，你会读懂那扇窗后面，温情目光里的青春情愫吗？你会含羞带笑地一低头，洒下一路芬芳吗？可惜那时候的情感，就是那样的简单，后来，没有校园爱情花开的后来了……

我们毕业三十年聚会时，来到当年校园里的宿舍楼前，同宿舍的兄弟们还是感慨万千地望着那扇窗，因为那扇窗里我们曾经用青春的情丝，编织过朦胧的爱情璎珞；那扇窗里有单纯的日子，也有充满遐想的日子；那是温柔过我们青春岁月的一扇窗。

愿我们历尽千帆，归来仍是少年！

青春舞步

我们上大学的年代，是20世纪80年代初期，属于改革开放初期，谈不上太多的文化生活，中央电视台春节晚会还是三年后的事，记得当时除了革命歌曲，还第一次听到了“轻音乐”这个词，那时校园最流行的就是台湾校园歌曲，风靡一时，有《乡间的小路》《外婆的澎湖湾》《赤足走在田埂上》等，那时的明星很少，就记得最有名的就是王洁实和谢莉斯这对男女二重唱组合，用今天的话来说就是“相当的火”，其他的文化生活就是学校有时组织的文艺演出，印象最深的就是当时校学生会的文艺部长，人长得漂亮，歌也唱得棒，相信会是许多女生的梦中情人。除了歌曲，文化生活给我印象最深的还是校园舞蹈。

记得当年的学工部曹部长有句关于校园舞蹈的名言，“提倡跳集体舞，不提倡跳交谊舞，禁止跳摇摆舞”，所谓“摇摆舞”应该是舞姿以摇摆胯部为特点，作为60后的我们对忠字舞没有印象，既没看过，也没跳过，最多是看过革命样板戏《红色娘子军》中的现代芭蕾舞，交谊舞没听说过，跳摇摆舞更是严厉禁止的，其实在今天看来，当年的摇摆舞跟今天的嗨曲比起来根本算不了什么，但在20世纪80年代初期，对于我们这些刚刚从“文革”中走出来的学生来说可是件大逆不道的事，60后的男女同学别说拉手跳舞了，见面都不说话，跟现在的孩子比起来，不同性别的同学间了解都不如今天的小学生，上了大学还处于青春懵懂期呐，所以当看到女同学伴着节奏感强烈的舞曲扭动胯部时，给我们的内心造成了强烈的震撼，面红耳赤，心跳加速，时至今日还记得当年的那支舞曲的名字和旋律，曲名叫《我的心上人》，歌词在当年看来也是充满了挑逗性，在2014年毕业三十年同学聚会时我还特意在网上找到这支舞曲，听到舞曲后，同学们纷纷跳起当年的摇摆舞，看到同学们的舞姿，仿佛回到了学生时代——学校管理严格，摇摆舞只能关起门来偷偷跳，主要是女生班的女生们跳，男生就显得古板很多，只不过对面教室传来的舞曲声搞得我们心猿意马，根本无法看进书去，也怪我们定力没有修炼到位，不知当年考试没及格的同学是否与此有关。到了新年，各个班级组织新年活动，我们班和8111班共同活动，别的活动都记不清了，只有其中一项活动记得很清楚，就是男女同学一对一跳舞，就算是交谊舞吧，今天看来舞姿那是相当初级，印象很深，记得当年大家也都是大姑娘上轿头一次，男女同学都是羞答答的，记得当年也是鼓起勇动气去邀请女生跳舞，那个物资匮乏的年代也没有什么皮鞋，也就讲不了什么仪式感了，就穿着球鞋和女生跳舞，也没有学过什么舞步，动作笨拙可笑，踩脚是免不了的，现在想起来也是历历在目，哑然失笑。

《读者文摘》的故事

“往事像落日映照的河面，我拣闪光的珍藏在心中。”这是当年五朵金花及阿诗玛的扮演者杨丽坤的丈夫唐凤楼在她患难时写给她的诗，表达了对患难妻子不离不弃的爱，演绎了媲美电影中的现代爱情故事，因为此时的杨丽坤已不是电影中那个美丽的阿诗玛了，因受到迫害，她患上了精神疾病，这种无法像正常人交流的疾病症状更甚于躯体疾病，诗作表达了唐杨夫妇历经坎坷后仍然怀念生活中的美好，苦中作乐，记得这是当年最风行的一本杂志——《读者文摘》中的一篇文章。

当初不知是谁的课桌里放了一本杂志，读了以后，深深被那一篇篇隽永的文章所吸引，从此一发不可收拾，从杂志里，我了解了小施特劳斯和他的不朽名作《蓝色的多瑙河》，了解了美国的肯尼迪家族，读到了很多今天应该称之为心灵鸡汤的文章，应该说对自己的三观形成起到了很大的作用，一本好的杂志和一本好书真的可以影响人的一生，从那时起开始订阅这本杂志，大概订了有十几年，装了十几个档案袋，一直放在书柜里，搬了几次家，也舍不得丢弃，后来因为涉及知识产权问题，由于当年这本杂志名为美国杂志 *Reader's Digest*（中文名翻译为《读者文摘》）所有，后来杂志改名为《读者》，虽说名字不重要，但还是觉得后来文章差了很多，再没有那种令人感动、难忘的美文了，不知是不是随着年龄的增长，阅历的增加，具有了所谓的成熟，再不会轻易地被感动了，我觉得人随着年龄的增长，应该变得成熟，但不意味着圆滑、世故，人的内心深处应该保留着一点纯真，现在书店里的书和当今社会一样都很现实，什么职场攻略，怎么和人、和上司相处，厚黑学等，那些触及心灵、抒发情怀的书籍，包括文学名著已经没人看了，物质文明是极大丰富了，精神文明建设却跟不上来。

不知是不是当今社会的悲哀。现在的社会人越来越富有，但是幸福感却越来越少，人们精神越来越空虚，读一些陶冶精神的书籍的人越来越少，人们更多的时间都奉献给了手机，有的人把手机叫作“电子鸦片”，想想不无道理，全社会应该提倡多读书、读好书，我的人生经历告诉我，读一本好书、一本好的杂志就能让你受益一生。

我的从军路——圆儿时的梦

相信每个 60 后都有一个绿色的梦，在我们小的时候，从教科书里知道了黄继光、邱少云等英雄人物，从电影中我们看到了《英雄儿女》中王成的英雄形象，他手拿火箭筒，高喊着；为了胜利，向我开炮！那声音至

今仍在我的耳边回响，仍然让我们热血沸腾。可以说我们是怀着对解放军的向往和对英雄的崇拜长大的，每个人心中都有一个从军的梦想，有一个名为“军人”的情结，乃至于对绿色军装顶礼膜拜。在那个物资匮乏的年代，绿军装、绿军帽、红领章和五角星是最流行的时装，军装也是最有风度、最气派的一套服装。记得当时青年人有一顶军帽是很厉害的，军帽便时常被人抢去戴，这种现象当年叫抢军帽，甚至有人为此付出触犯刑法的代价，可见当时穿军装的诱惑力有多大，因此当我因分配不到满意的单位而感到一筹莫展的时候，突然传来了部队要从我们毕业生中招募军医的消息，能到部队医院工作并穿上令人艳羡的绿军装简直太令人兴奋，当时仅限哈尔滨和齐齐哈尔两地的同学可以报名，但后来又变成了招部队带兵的行政军官，很多人打了退堂鼓，最后只有我、同班的王辅林和 8 班的杨志强（杨志强也是我的中学同学），坚持参军并通过了体检和政审，真正成了军人，穿上了梦寐以求的绿军装，改行走上了行政军官的从军之路。后来我们又相继回归医疗本行。在 1999 年部队第二次大裁军时，除了王辅林考上了研究生，留在了解放军总医院外，我和杨志强又脱下了军装，转业回到地方医院，结束了十五年的部队生涯，留下了满满的回忆。

初到军校

度过了漫长的毕业季后，我和同学们踏上了军旅，奔赴军校。军校位于河北省石家庄市，需要在北京转车，当年坐的是绿皮火车，虽然是特快，到达北京也得二十四个小时，买的是硬座票，那时年轻，对未来充满好奇和兴奋，一点也不觉得累，生平第一次出远门，第一次去北京，第一次住招待所，第一次尝到了苦瓜，有了太多的第一次。小时候都是唱着“我爱北京天安门”长大的，对北京和天安门可以说充满了向往，因此我们特意在北京停留了几天，我们游览了天安门、故宫、北海、长城、颐和园，留下了我最早的旅游足迹。游历完京城后，我们踏上了去往军校的路。

军校说是在石家庄，其实是在位于石家庄附近的元氏县。入伍后发了军装，就是那套革命红旗挂两边、缝有红领章的军装。发了军装后，就和电影《芳华》中的女主角一样，马上在军校门前拍了照片寄回家去。我从军后，很多人对我入伍并从事军事工作感到奇怪，原因是在那个特殊时期，很多军校停办了，当时的部队干部都是战士提拔的，文化程度很低，为了适应现代化战争的要求，必须尽快改变部队的知识结构，因此邓小平同志做出了决策，在地方毕业大学生中招收军校学员，为部队培养干部，我们在大学毕业后还能有机会开启军旅生涯，当年叫干部，我们在军校中更是天之骄子，很受重视，号称“大学生队”。

入伍后第一个月是队列训练，那年恰逢新中国成立三十五周年，国家恢复国庆大阅兵，训练我们的教官是阅兵队下来的，很是严格，每天齐步走、正步走、立正、稍息，还要练军姿，忙得不亦乐乎。但也有人觉得军队生活很枯燥，甚至要打退堂鼓，我倒是初到军营，处处觉得很是兴奋，如听军号声统一起床、统一睡觉，当然军

号不再像战争年代，是由威风凛凛的小号兵吹出来的，而是由高音喇叭放出来的，回想起当年的军号声，就会想起南宋著名词人辛弃疾的一首词："醉里挑灯看剑，梦回吹角连营。八百里分麾下炙，五十弦翻塞外声，沙场秋点兵。"想起军校生活的一幕一幕：吃饭要排队，要唱着歌去，坐到饭桌后要统一开饭，军校名叫装甲兵学院，离开部队多年以后，还常常自嘲为"装假兵"，在部队尽"装蛋"了，因为打坦克炮时要装炮弹。

学习生活

队列训练结束后，就进入了军校学习生活，和大学散漫的学习生活不一样，军校生活紧张、严格而有秩序，军校的学习内容也很新鲜。首先有军事课、政治理论课，因为是技术兵种，还要学习机械原理，坦克的三大技术——驾驶、射击、通信，以及战术课，什么坦克连排进攻战术。我喜欢上的是战例课，二战时期的苏德坦克大战，美国的巴顿将军成了我新的偶像，我还买了巴顿将军的传记，并时刻牢记拿破仑的那句名言："不想当元帅的士兵不是好士兵。"总之，当年也是充满浪漫的情怀，骨子里浸满了浪漫的基因；军校学习还愿意上坦克驾驶课，记得坦克每开动一小时（摩托小时）就要三百元钱，我们刚毕业时的工资还是两位数，为了节省资金，首先我们要先在解放大卡车上练驾驶动作，那个年代除了司机，普通人是开不了车的，因此大家很是兴奋，一次次轮流驾驶，汽车驾驶结束后就进入坦克实车驾驶了。坦克自重近四十吨，算是庞然大物，发动机的轰鸣令人震撼，但在我的操纵下，它却很灵活，上坡下坡，风尘滚滚。如果几辆车排着队开，那就是铁流滚滚了，最威风的就是站在炮塔上，戴着坦克帽，风驰电掣的感觉，就像现在的国庆阅兵一样，我觉得阅兵式中最帅的除了方队的领队，就是炮塔上的坦克兵了，实在是威风凛凛。

学习中还有两件大事，分别是南口打靶和行唐演习。南口在北京的北边，我们去时坐着敞篷卡车，从北京城穿过，当然天安门前是不能让我们

过的，路过颐和园，坐在汽车上从北京的街头经过，也很是兴奋。当时的北京，没有今天这么多高楼大厦，建筑也是灰头土脸的，打靶是实弹，每人四发炮弹，合人民币一千多，后来重新回归医疗业务，没有继续从事军事工作，觉得挺对不起这几发炮弹的。当年训练不严，我们打靶前在行驶路线上都做了记号，这样就能保证打靶时会发发命中。在今天看来，如果这样上战场是要付出代价的，俗话说“平时多流汗，战时少流血”就是这个道理；行唐是河北的一个县，我们在此支起帐篷，安营扎寨，进行战术演习，几辆坦克一起互相配合进攻，像电影中看到的一样，总之很有趣。真正的战场是很残酷的，在部队的几年适逢和平时期，很是幸运，否则就有可能像电影《芳华》中一样，去流血，去牺牲，以命相搏。

军校趣事

在军校还留下很多趣事。有天晚上，学员队搞紧急集合，就像前几年热播的电视剧《士兵突击》里一样，笑话百出，学员睡梦中突然听到急促的哨音，马上反应过来紧急集合，不允许开灯，从床上跃起，黑暗中抓起衣服，打背包，行李绳要三横两竖，拿起行李急急忙忙冲下楼去，还好没有落后，集合后开始跑步，跑着跑着觉得腿上有什么东西一下一下在打腿，低头一看，原来裤子穿反了，是里边的裤兜翻了出来，惹来战友们一阵哄笑；还有，夜间要定期轮流去学院机关楼站岗，每班岗一小时，立正站在大厅。其实和平年代这种站岗也是象征性的，不过也有正规的换岗，互相要询问口令，这让我想起抗美援朝电影《打击侵略者》，里面美军换岗口令被我军侦察员得到的情节，记得口令是："格伦姆，欧巴"。我换岗时就想调皮：我要是跟战友对个美军口令会如何呐，会把我关禁闭不？我也是有觉悟的革命军人，没敢去做违反军纪的事。

一年短暂的军校生活很快过去了，就要分配到真正的野战部队去了，我在部队表现较好，组织培养我入了党。既然是在党的人，要服从党的分配，到最艰苦的地方去。离开部队的前一天，全体学员在楼下集合，队长宣布分配命令，我被分配到辽宁坦克五师。次日全体学员参加了学院组织的毕业学员阅兵，阅兵结束后就收拾好行装乘车前往石家庄火车站，如同歌中唱到的："行装已背好，部队要出发！"全队学员战友一场，在此一别，天各一方。

部队生活

我要去的部队在辽宁阜新，阜新位于辽西，是辽宁省比较落后的地方，阜新有号称亚洲最大的露天煤矿，当地有几句顺口溜说出了这个城市的特点："煤泥满街晒，火车跑城里，汽车跑城外，大姑娘叼烟袋"，可见这座城市是很闭塞落后的。报到后我被分到了20团，除了师机关，野

战部队的驻地不在城里，而是在距市区二十多公里的乡下，生活环境很差。辽西土地贫瘠，部队的营房条件也很差，是平房，取暖靠烧炉子，室内两个大通铺，连我一共住了十二个人，我任排长，和战士们同吃同住。部队的生活不同于军校，连队分散于山沟里，一个连队是一个独立单位，三十多人，每天出操、政治学习、搞勤务，娱乐项目就是打打篮球、排球、乒乓球，当时还没有电视，部队的生活简单规律，清心寡欲，满眼清一色的和尚兵。俗话说："用兵一时，养兵千日"，和平时期除了训练，部队真没有什么事，记得在部队时经历两件大事：一件是当年辽宁省发大水，我们也积极准备抗洪抢险，最后我们虽然没有冲上抗洪的第一线，但是洪水退后，我们参加了修筑大坝的任务，住在老百姓家里，每天早出晚归，经常是两头不见太阳，我虽然身体孱弱，但也坚决执行任务，和战友们一样，推着独轮车向坝上运土，当年在部队培养的吃苦耐劳精神，也成了我后来人生的一大财富。当时部队对军事训练不是很重视，同时国家军费有限，因此每年部队都要出劳务，补贴生活，野战部队士兵没有什么地方用得上技术，有的只是廉价的劳动力，因此，在支援地方修坝任务结束后不久，我们又去为地方引水工程挖沟，由于是坦克排长，手下除了三辆坦克，就只有十一个兵，我和战士们一起去挖沟，因身体缘故，比他们少挖几米，后来我戏说自己回家挖菜窖准是技术一流。

军医生涯

在野战部队工作了两年后，日复一日的枯燥生活渐渐磨灭了我的斗志，

当初的浪漫激情也随着平淡的日子渐渐消退。我是学生兵出身，也应了“慈不掌兵”的话，文质彬彬的我也不适合带兵。在得知一同参军的同学王辅林调回家乡的中国人民解放军第203医院（以下简称203医院）后，我也于次年如愿调回，加上晚我一年调回的杨志强，我们一同参军的三人又都回到了家乡。我们除了一身戎装以外，与地方医院的医生也区别不大了，过着每天朝九晚五的生活。203医院隶属于沈阳军区，成立于抗美援朝时期，上小学时家就住在医院附近，很多同学就是医院子弟。那时很是羡慕，因为部队生活条件好，医院的女兵也神气。那个年代没有今天明星、模特这些光鲜的职业，女孩子能当兵就是很好的职业。部队医院的护士穿上那身绿军装特别漂亮，真是像冯小刚拍的电影《芳华》中的女兵一样，即使后

来的毛料军装，好像也穿不出当年军装的那种感觉。我没有想到多年后，我会成为部队医院的一名医生，我被分配到了消化内科，成了一名军医。至今觉得，选择消化内科很正确，相比其他的内科只能靠药物治病，消化内科又多了一个武器，那就是胃肠镜，依靠这项特殊的检查手段，消化内科医生可以说是如虎添翼。从事消化内镜这种动手的工作是我多方面考虑后的选择，我很热爱这项工作，热爱是最好的老师，做了几十年的消化内镜工作，事业小有成就。在203医院工作了十年时间，在这期间，我结婚生子，度过了人生的青春岁月，留下了很多美好的回忆。十年后部队大裁军，转业回到地方医院工作。

我是1984年建国三十五周年国庆大阅兵时参军，1999年建国五十周年大阅兵时转业，恰好十五年。十五年终点又回到起点，生活就是这样，归来已不是少年，真正结束了我的军旅生涯。虽说十五年在人生的旅途中不算很长，但是从军实现了我儿时的梦想，给了我人生中一段宝贵的经历，使我的人生经历更加丰富多彩。即使多年后在卡拉OK里唱到《咱当兵的人》这首歌，还会热泪盈眶，见到多年未见的战友时不胜酒量的我也会微醺。一时为兵，一生难忘。很喜欢南宋爱国词人辛弃疾的那首《破阵子·为陈同甫赋壮词以寄之》，每每读到这首词，就会回忆起部队的生活，就会想起那名带着坦克帽、还有几分稚气的坦克兵，想起那名年轻的军医，从军的生活除了带给我浪漫的人生经历，也培养了我吃苦耐劳的品质，成为我人生的财富，十五年从军，一生无悔。

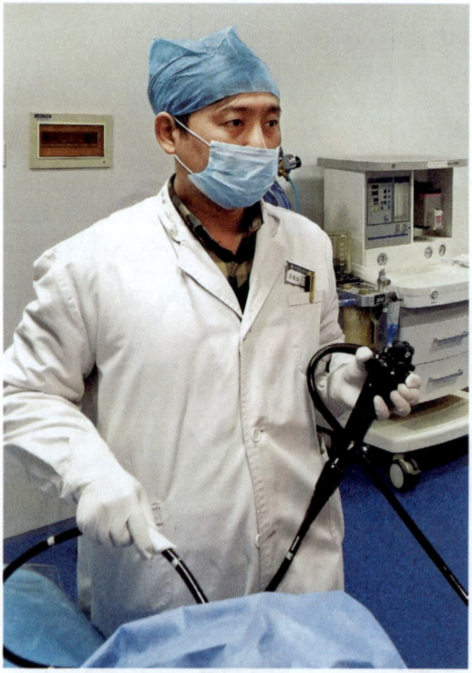

精彩留言

门吉次郎：你的从军路，我是受益者，友情加亲情，越久情越浓！

周庆芝：军队是一所革命化的大学校，讲规矩，学规矩，守规矩，是难得的历练场！一段军旅生涯一定会提升个人的意志力和执行力。文笔朴实，情感真挚，耐读耐品，向曾经的军人致敬！

吴艳彬：谢谢晓东分享的从军路有感，我从字里行间感受到了一名军人的无私和奉献，同时了解了军旅生活，以前我看到的是那身令人羡慕的军装和穿在身上的英姿飒爽、威风凛凛，却不知背后的艰辛和汗水。我也是个部队迷、军迷，可惜与中国人民解放军第263医院失之交臂，才有了后来的新疆缘。现在更加懂得“岁月静好，因为有人为你负重前行”。

马钢：晓东堪称人生阅历丰富，从医学院到军校，从大学生到普通兵再到一名军官，再从军医到地方名医，人生的轨迹坚实厚重，令人敬佩！

雒东江：细细读罢，仿佛回到当年！悠悠往事，历历在目！学校培养，军队大熔炉历练，造就出晓东严谨、认真和奉献的品质！大家经常说，有动手能力的内科医生一定比一般的大夫在诊断和治疗方面高出一筹，在晓东身上得以体现！单说消化科的ERCP，据我所知，我们的同学中就只有晓东同学会做，就是在北京的医院，那也是高难的技术！当年晓东为大家做的通讯录、现在倾心打造的《情怀》也让人佩服佩服！

吴志全：大雪节气，喜得外孙女一枚，又见晓东同学《我的从军路——圆儿时的梦》，心中很是温暖。这里不仅有自身又“升级”的岁月沧桑获得感，也有为我们这一届的众多同学一路走来的成就和情怀高兴。军营的岁月，是男人磨砺心志的最好经历。晓东同学的从军之旅，一定是一生中最宝贵的财富。阳刚，不仅是军营的特色，也是我们民族振兴的基石。也期望借晓东这篇文章，在我们这一届的《情怀》中，注入些阳刚之气，让我们更有力量继续余生的精彩！

李德福：写尽人生经历，富有别样情感。

笑：一天不学习赶不上刘少奇，你能有今天的成就我觉得是必然的，这段对于我而言更像是一场美妙的回忆，不自觉地去感受你那个时候的故事，我甚至都不想发朋友圈，怕打断这美好的青葱岁月，怕影响这片刻的安宁，怕耽误你同学们美好的记忆……祝越来越好，你是最棒的！

华泽英：行万里路，读万卷书，晓东大帅哥同学做到了。十五年军旅生涯令人敬佩，消化内镜专家令人敬慕，这么丰富多彩的人生阅历铸就了淡然处之的生活态度和对同学无私奉献的美好情怀！

叶莉：忘了哪个名人说过（或许不是名人），没当过军人的男人，他的人生是不完整的！不知道你现在的人生是否完整，但至少你不缺这一章节！你用朴素的文笔、真挚的言语诠释了你的军人情结和对军人生涯的眷恋。从新中国成立三十五年到五十年这十五年间，你“甘洒热血写春秋”，又甘愿从时代的弄潮儿转身到时代的退潮者，勇气可嘉，大气可赞！谁会想到，一个出身书香门第的书生会披甲从戎，一个本应是白衣天使却去沙场点兵！丰满的人生不是鲜花和掌声，而是锤炼和坚强，感谢赋予你这些的从军路。

冰山雪莲：叶莉的评价很走心，晓东同学的“芳华”是“战火中的青春”！但他的战火没有硝烟，还能谈恋爱，娶妻生子，能文能武能医，真是太幸运了——和平时代的军人是时代的宠儿！

青北红：校园散记，浪漫情怀；深受《读者》影响的一代人；那个年代的女生也同样有着从军梦，可惜机缘擦肩而过，毕业时伊春唯一的一个军医名额被临时取消。羡慕你们实现了梦想，我们这一代人都曾经做过的绿军装梦，同时，经历过军旅生涯的你们对生命也会有一种别样的感悟吧。

金陵剑客：人比山高！脚比路长！一切经历都是财富！

陶明：你的军旅生涯让人羡慕，你的军旅故事引人入胜，但是吸引我眼球的是那些照片——你穿军装真太帅了！在齐医的时候，你是帅得不明显，在军旅的时候，你明显更帅了。我想问问女生们：有没有点恨不相逢军旅时的感觉？

付霞： 文如人一样厚道！有代入感、年代感、艺术感！

黄英辉： 有滋有味，有温度有情怀，赞一个！陶明：温柔的窗前，有我们青春的情愫；流行的曲中，有我们青春的舞步；喜欢的书里，有我们青春的阅读。你带我们梦回青春，把碎落一地的芳华，拼出一张张美好的老照片，三十五年我们历过千帆，归来仍是少年！

顾曼玲： 好事多磨不怕晚，反正也是夕阳红！

张延荃： 喜欢晓东同学这样能勾起回忆的随笔散文，文笔流畅，往事随文章的叙述仿佛重现……跨年狂欢的激情音乐又在耳畔响起，非常好！

吴志全： 晓东的校园记事记载了对同学的青涩回忆，他在《读者文摘》中感悟到了人生中的大爱情怀，这些汇总起来叫心灵的感受。这种感受，虽五味杂陈，但却处处透露出晓东对生活的用心，对同学和社会的爱心。一个用心和爱心兼备的人，无论何时何地一定会收获开心。人生无非功名利禄，但离了开心，这一切都如过往云烟，不值一提。人生苦短，开心就好。晓东用他的尽心、爱心为我们的“情怀”默默耕耘着，相信他近些年是天天开心，幸福满满的！祝晓东和同学们都笑口常开！

周洁信： 人生除了精彩，还有生活。

赏《人生三弄》

朱晓东同学，
写了校园生活，
男生萌动的心，
钟情与怀春，
却只能内心自省。
让我如何猜你的未了情？
你向往金戈铁马军旅生涯，

十五年后，
做了消化内科主任。
校园文化，人文修养，
个人素质，专业强项！
谢谢你，把我带回了齐医校园，
青春岁月，沐浴阳光。

1965级校友宋永海于大连

胡凯如是说

情怀故事主人公

胡凯，男，1963年出生。1984年毕业于齐齐哈尔医学院。曾任齐齐哈尔医学院附属医院泌尿外科主任、副院长、党委书记；现任齐齐哈尔医学院党委办公室主任。

想对你说：人生真的要经历婴儿、骆驼、狮子阶段，从不思到寻思、从浅思到深思、从顺思到反思、从技术之思到哲理之思。

做过医者，再做行政，经历了单纯地思考人体，到综合地思考人文、思考人性、思考人生的心路历程。偶识心得，撰文写意，分享思辨，如是说说。

医学与人文

医学起源于同情心和恻隐之心，本质是人学，根本是为了人，目的是帮助与照护人，是让人们不得病、少得病、慢得病、晚得病。诺尔曼·白求恩在早年的文章中写道："让我们把建筑在同胞们苦难之上的致富之道，看作是一种耻辱。"但是，时至今日，为什么人们还在讨论：医学是"生命价值最大化"，还是"利益最大化"呢？人本主义哲学家艾瑞克·弗洛姆（美籍德裔犹太人，1900—1980年）曾说："19世纪的问题是上帝死了，20世纪的问题是人死了。"可以说，"以人为本"变成了"以物为本"，或者将"人"视为"物"或"数量"了，于是医学与人文"渐行渐远渐无书"，同样，科学与哲学、科学与人文、科学与美学亦愈来愈远。医学技术主体化、万能化造成：实现了科学化，却丢掉了人文关怀，实现了现代化，却丢掉了先进价值观，实现了智能化，却丢掉最真实的特性——医生离患者越来越远；用解剖系统、用显微镜把人变成了器官、细胞、分子，与人没关系了。医学资本主体化造成：资本（集团）引领医学发展，制造了更多的疾病和新技术，医疗费用愈来愈高、医疗技术水平愈来愈高，人民群众却不满意。如何解决上述的问题呢？方法之一有赖于人文精神的润滑、调节与化解，让医学回到初衷，让医学回归人文。人文是人类文化最先进的部分，是重视人的文化。没有人文，科学可能是"伤害"，艺术可能是"污染源"！建议将人文教育贯穿医学基础、临床、住院医师规培、继续医学等教育的始终，让人文教育成为医者一生的修行。

有情怀的医者，要有情感：同情一切生命，情感丰富而内心强大；要有医德：在尽力帮助患者、拯救生命的同时，让患者对"人生和世界"更有信心；要有医术：一双精妙的手、一颗有临床思维的脑；要有信仰：重视精神与灵魂，敬畏自然与生命，尊重患者和医学同道。

必须强调，医者最大的法宝是沟通！华佗是怎么死的？不会与曹操沟通。沟通包括倾听、语言、形体、眼神等，没有"走心"的沟通，一切都是"技巧"和"浮云"。沟通其实是人的能力，是人思维方式与世界观的展现。

现实社会有时很"物质"，很"资本"，有时太"商业"，太"理性"，但每一片雪花都应该为雪崩负责，医者应做好自己，记得患者信任，找到职业快乐！古今中外的“大医”证明：行医是实践理想和信仰最好的方式，也是诠释人性最好的践行！医学要有精度和速度，更要有人文和温度，行医的过程要有人性的光芒，医者要不忘医学使命：平安出生、健康生活、舒适离去，让“老者安之、朋友信之、少者怀之”，用健康中国托起全面小康，托起健康中国梦！

做一名有职业快乐的医者

当今现实社会，医患关系紧张，医者抱怨内心痛苦，患者及社会抱怨医生冷漠！但患者和社会离不开“医”，医学与医疗是民生、是社会的稳压器，是国家健康战略的重要组成部分。“医”与患者、社会需要沟通、交流，达成共识。怎么才能成为一名有职业快乐的好医生呢？

笔者心中的好医生是：修行一颗柔软的心，就是一颗善良的心，同情生命，医生的内心要坚强，人格要健全，但心灵不能麻木、心肠不能变硬、情感要丰富；修得一双精妙的手、一颗理性的头脑，就是通过临床学习与实践，具有正确的临床思维与熟练的医术。在可以展望的未来——互联网医疗时代，每个人将成为一个“数据人”，医者将成为“数据分析师”和“数据处理者”；治病救人，用心、手、脑治了“病”，在医者是尽力，但可遇不可求，同时还拯救“人”——用人文精神让患者重拾对世界、对人生、对社会的希望和信心。医者最重要的本领之一是语言，走心的沟通，能够拉近心与心的距离，医者最大的敌人是傲慢、冷漠和贪婪；医者有信仰，就是重视灵魂，医者的灵魂是站立着的，为生命确立高于肉体的价值，医者永远不会当富豪，但医者一定是贵族，一定要“技术 - 人生”双修！

选择了医学就是选择了一种生活方式，就是选择了一种人生态度，就是选择了一种修行方式！让“老者安之、朋友信之、少者怀之”，做好自己、赢得社会和广大群众的尊重，找到职业快乐！

老有所依，老有所医

人人都会变老，如何“优雅地”老去？

截至2015年底，我国60周岁及以上人口占总人数的16.1%，65周岁以上人口占总人口数的10.5%。当一个国家或地区60岁以上人口占总数的10%，或者65岁以上老年人占总数的7%，即意味这个国家或地区处于老龄化社会。“积极老龄化”指在人的一生中要预防疾病，促进健康，实现“尽可能多的人、尽可能长的时间、尽可能好的生活质量”的目标。国家和社会对老龄工作的目标和要求是“六个老有”：老有所养、老有所医、老有所为、老有所学、老有所教、老有所乐，是实现“健康老龄化”的基础。养老包括经济供养、健康维护、生活照护及心理慰藉等。近年，在国家一系列利好政策引领下，以居家养老为基础、社会为依托、机构为支撑的养老服务业得到快速发展，但需求与供给还不平衡。养老问题亟待解决。其实，人们不怕老，怕患病，更怕病后失能。失能是指在吃饭、穿衣、上下床、上厕所、室内走动和洗澡六个生活指标中至少一项不能完全自理，必须依赖他人照料。2015年《全国城乡失能老年人状况研究报告》中统计数据显示：全国失能老人达4000万人，占老年人口的19.5%，面临“医院不能养、居家及养老机构不能医”的困境。全国老龄工作委员会办公室近日发布测算数据：2020年，我国的失能老年人将达到4200万。

如何让夕阳生活有品位，化解“夕阳焦虑”，让晚年有尊严？衰莫大于老无所“医”，既是个人的悲哀，也是社会的悲哀，当人老了，疾病缠身，最大的需求就是获得良好的医疗照顾和安宁照护。对于失能老人的“依”与“医”，国家与政府有如下布局正在实施中：

1. 国家卫生和计划生育委员会提出新型养老服务“医养结合”的几种模式：

（1）原有医疗机构：鼓励原有医疗卫生机构开展养老服务。

（2）原有养老机构内部建立医疗服务机构：原有养老机构可增设医疗服务资质。

（3）医疗机构与养老机构协议合作。

（4）医养结合进社区、进家庭：家庭医生签约制，“互联网 +”将“医”之活水引入社区和家庭。

2. 国家相关部门在土地、房产、床位等方面给予支持、优惠和补贴。

3. 专业养老护理人员的培训与招聘工作。

4. 谁埋单：个人与“第六大保险”——长期医疗护理保险制度的建立，一些省市地区的民政部门与人寿保险公司正在积极进行尝试与实践。

养老与医疗是民生，是政治，也是健康产业的未来，医养结合是打通健康养老的“最后一公里”。

庄子言：“夫大块载我以形，劳我以生，佚我以老，息我以死”，大自然给我形体，用生使我操劳，用老使我清闲。李贺在《苦昼短》中说：“吾不识青天高，黄地厚，唯见月寒日暖，来煎人寿”，感慨日月无常，催逼人老。医者、医院要借助“医养结合”的平台为现在和未来的“银发”履行社会的责任和义务，在人口老龄化的趋势下，未来医疗资源将有近 50% 的比例用于老年人口，医疗资源和医学教育将提前调整与合理规划。2016 年 8 月 19—20 日，全国卫生与健康大会召开，2016 年 10 月《“健康中国 2030”规划发展纲要》发布，将健康中国建设上升为国家战略，把健康融入所有政策，政府牵头负责，社会积极参与，个人体现健康责任，将形成强大健康合力，全民共筑健康中国梦。

医者不可忘“敬佑生命，救死扶伤，甘于奉献，大爱无疆”的誓言和初心，为“老有所医”，为保障“全体人民”“全生命周期卫生健康”，奉献出我们的智慧、专业知识与能量，奉献我们相伴夕阳的人文精神与情怀。

生如夏花之绚烂，死如秋叶之静美

既然我们都要飘零，干嘛还要生长在这里呢？

是为了享受太阳和月亮，是为了大家一起的快乐时光，是为了把影子投给老人和孩子，是为了让秋天变得五彩缤纷，是为了四季。难道这些还不够吗？

这是美国作家利奥·巴斯卡利亚的《一片叶子落下来》中的一段对话，描写的是秋天来临，树上的叶子不断落下，叶子弗雷迪与叶子丹尼尔之间的交流。这是一本关于生命的童话，也是有关于生命意义、展现生命历程、阐述生命存在价值的童话书。《优生学》可以说是方兴未艾，但是大家听说过《优死学》或者《优逝学》吗？医者和医学生学了很多医学知识，却不包括死亡方面的。中国人常说“五福临门”，哪五福？一曰寿，二曰富，三曰康宁，四曰攸好德，五曰考终命——第五福就是善终。瓜熟蒂落，人们向往有尊严的生活，也向往优雅、恬静地离去，说这是百年难修的善果。但中国人忌讳谈死，岂不知，不知生、焉知死？采取一种鸵鸟式的回避态度，不敢面对，没有准备，这是消极的表现。据可靠数据显示，人一生有70%的医疗费用花在最后的治疗上，大量医疗资源消耗，部分属于无用功，对患者本人来说是痛苦，是不人道。著名作家巴金最后的时光承受了巨大的痛苦，不止一次地说：“我是为你们而活”“长寿是对我的折磨”。医师罗点点及朋友成立了“选择与尊严”网站，不希望人们赤条条地、插满管子、利用生命替代系统，像台吞币机器一样，最后工业化地离去，身边没有一个亲人陪伴；提倡有尊严、优雅地离去，传播和提倡生前预嘱，我的死亡我做主，避免身后出现道义、舆论、感情、利益、财产等方面的纠葛，避免出现逝者、生者两不安的局面。有一种爱叫放手，为爱结束天长地久，一个国家，一个民族及我们每一个人，需要回答这个哲学的问题，如何让生命最后的岁月有意义？如何让每一个人优雅地跨越生命终点？我们准备好了吗？

信而见

信仰是信而见。现实的人们却要见而信——只见物质，只见现实，只见眼前利益，只有眼睛看见、手摸到了才相信。这种思维行为与方式扼杀了灵魂深处的感知力，企图求证创造的全部奥秘，可能吗？被创造者否定创造者的存在就是“不信”，就是“原罪”，是一切罪恶的病因，导致被创造者说谎、骄傲、嫉妒、杀人、放火等。

信仰，可以有多种形式，但不能反人类，不能反社会。一切信仰的共同点是把灵魂看得比肉体重要，心在敬畏，行有底线，只有这样，人在活着时才有方向，在临死时才会安详。人的一生中所有的善，没有白白付出的，在我们看不见、想不到的时候，在我们看不见、想不到的空间，你是否知道，你种下的种子早已生根发芽了！

精彩留言

朱晓东：凯哥的文章，从医者的视角看医生，看医疗，看生死，看信仰。有深度，有哲理，有内涵。细细品味，受益匪浅。

Simon：拜读过你的文字后，深深的佩服，说出了医患关系紧张的症结和扭转这种状态的关键所在，人文关怀是改善医患关系的良药，可谓得益于医患，醒世于众生；让医者找寻职业快乐也是对医生最真诚的寄语；对于死亡的深度思考，是一种热爱人生、尊重生命的高度表白。对信仰的解读更带来了灵魂的触动。看得出你勤于思考，博学多才。做人撰文，厚积薄发，给力！

陶明：拜读胡凯的文字，引人深思。是啊，我作为医者，时常抱怨患者的刁难和不信任；作为医者，时常为手术技术高明而自赏，为诊断治疗精准而自喜，却从来没站在患者的立场上思考一下，我的患者需要什么样的人文关怀。你从医生到医院的管理者，高屋建瓴是学养深厚的基础，也是成功的秘籍。

忆往昔，岁月静好

情怀故事主人公

卓贞顺，女，1963 年出生，1984 年毕业于齐齐哈尔医学院妇幼专业。妇产科主任医师。毕业分配到黑龙江省佳木斯市桦南县技工学校护士班任教。1986年1月—1988年3月在桦南县人民医院妇产科工作。1988年3月—2004 年 5 月在佳木斯市妇幼保健院妇产科工作。1999—2001 年在佳木斯大学成教学院脱产学习两年，获得临床医学本科学历。2004 年 5 月至今就职于北京市顺义区妇幼保健院：2009 年任产科二病区主任；201 三年作为北京市第七批第一组医疗队成员援藏一年。现在北京顺义工作定居。

在 1981 级校友的“这一届”微信公众平台上，读到了很多同学为《情怀》写的文稿，几乎是每期都拜读过，被那些饱含真情的文字感染着，也想写写留在我心底的故事，可总是觉得自己的文笔不佳，不敢示人，缺少信心，所以迟迟没有落笔。嗨，要说没有时间写，那都是借口，说不会写倒是真话、实话，因为我上小学的时候，语文课老师教的是朝鲜语，汉语写作对我来说那就是外语，是第二语言，所以考上齐齐哈尔医学院以后，我最先交往的同学，就是我同班同是朝鲜族的女生康春子。

我一直相信，这世间有一种相遇，不是在路上，而是在心里；有一种感情，不是礼尚往来，而是默默相伴。说不清我和春子是从什么时候成为闺蜜的，在齐医读书的日子里，就是每天形影不离，两个人的饭票都放在一起：一起去吃饭，一起去上课，一起去考试，一起回宿舍，一起溜马路。康春子聪明伶俐，娇小可爱，话不多说，对同学热情大方，人缘很好，学习也好。有一次我俩无意间认识了一位朝鲜族老师，都不记得老师姓什么了，只记得老师身材矮胖，和蔼可亲，她对我俩很热情，邀请我俩周末去她家做客，到了周末我俩真找到了老师的家。依稀记得老师家在学校的东南方向，不是很远，是一处三四十平方米的平房，老师膝下有一对双胞胎女儿，有四五岁吧，长得挺漂亮，穿花连衣裙。在老师家吃饭，老师给我俩炒了一盘土豆丝，还有其他不记得名字的几盘菜，那个年代少见大鱼大肉，对家在外地的我俩来说，就是回家的感觉，就是妈妈的味道！一辈子也忘不了那几次去老师家改善伙食的情景。毕业三十年同学聚会前，我跟春子商量好去老师家探望老师，但遗憾的是没有能见到老师，未能如愿。

岁月蹉跎又静好，往事如烟也如歌。在齐医还有个让我留在心底，最真切最美好的故事。1982 年的国庆节，那年的国庆节恰逢中秋，双节同庆，家住本地和附近的同学都回家团圆去了。我们 8111 班只有九名同学没有回家，留在学校里，我们九个人也

安排了节日活动，白天去照相馆照了一张合影，纪念一下有点冷清却并不孤独的节日。吃完晚饭在校园里赏月，我们九个人吃一块月饼，有趣的是：月饼不大不能掰着吃，也不想切开吃，就嬉笑调皮的，你一口我一口传着咬着吃。然后九个人就在空旷的校园里放开了性情，喊啊，唱啊，跳啊，一直到夜深都没有睡意，那是节日快乐与淡淡乡愁交织的夜晚，也是理想挽起未来、终生难忘的夜晚。

时间过得飞快，一晃就要毕业了。学校附近有个照相馆，虽然手头零花钱不多，毕业之前好多同学都去那儿拍照留念，我没有像样的衣服，同学黄英辉主动借我衣服让我去拍照，不知道英辉是否还记得这事儿，我可是暖暖地放在心里。

毕业后我分到桦南县技工学校，给护士班任教。在学校偷偷办了一张家住萝北的学生证，第一学期放假没有回家，买了一张学生票直奔萝北县医院找春子，跟她同吃同住一周，第二学期放假再一次没有回家，还是先去闺蜜春子那儿——聊不够的天，起不完的腻……

后来我调至佳木斯市妇幼保健院妇产科工作，工作单位觉得我是个年轻的可塑之才，2003 年单位公派至北京妇产医院进修，正好赶上了北京“非典”，医务处突然召集所有进修医生，通知我们赶紧离开北京，说“过了今天就没有机会回去了”。当时我就想着，出来进修机会难得，医生就是跟病魔打交道的人，就坚持留在了被“非典”围困的北京，没有回去。那个时候的北京，几乎成了一座空城，商场只有营业员没有顾客，好多饭店都关门停业，劳动节放假，天安门广场几乎没有人，我好奇查了一下——

偌大的天安门广场上，只有三十几人。当时在北京的公共场所，人人都戴口罩，连王府井街道上的人物模型都被戴上了口罩。那时我住在北京妇产医院老院区附近，每天乘坐公交车到新院区去上班，那时公交车上只有几个人。

不知是因为在“非典”流行时坚守岗位，感动了上帝，还是上辈子行善积了德，2004 年按照北京市引进专家的相关政策，来到了现在的工作单位——北京市顺义区妇幼保健院。在新的单位工作，如鱼得水，也小有名气。

2013 年 7 月受北京市委组织部和顺义区计生局、顺义区妇幼保健院党委的选派，我作为第七批第一组援藏医疗队的一名成员，远赴雪域高原——西藏当雄县人民医院，开展为期一年的援藏医疗工作。当雄县海拔 4300 米，是拉萨地区海拔最高的县城，是三类地区，意味着缺氧、高寒、物资贫乏、环境艰苦。在当雄县，平时走路都会因为缺氧而感到心悸气短，每天都会失眠。我所住的房间里，没有电视，没有网络，冬天里没有暖气，环境恶劣，生活条件艰苦，援藏任务也要完成。初到拉萨时，我身体就出现了高原反应，休息几天后，适应了拉萨的环境，身体的不适感就少了，也很快就到达了援藏岗位——当雄县人民医院。到了当雄我才知道，啥叫正宗的高原反应！在拉萨的高原反应那都不算事儿了。在当雄地区那种头痛、那种胸闷、那种憋气、那种头重脚轻、那种孤独、想念亲人，还有那种每晚每晚的彻夜难眠……没有亲历过这种煎熬的人，是想象不出这种感受的。在医院爬楼梯，我都会感到吃力，走路、接电话都感觉在喘，不来西藏就永远不知道那种无奈和濒死的境况。

在忍受身体上的痛苦的时候，心灵上也被强烈地冲击着。在雪域高原，在当雄工作和生活的人们，真的是太不容易了，太艰苦了！产科医生是手里托着两条人命的人，在缺氧的环境下生产的孩子，更容易窒息乏氧，也更容易出现新生儿死亡的悲剧结局，我至今都特别敬佩在高原工作的妇产科医生们。初到当雄县人民医院，发现那里的医疗工作有许多无奈，医院接诊的高危孕妇，基本是在足月后才转到拉萨救治，只有病情比较平稳的孕妇才能在当地分娩。我在医院查房带教，规范病历书写，病历讨论，病历签审，开展业务学习，培训胎心监护仪的使用方法和查看胎心监护图的方法，特别培训怎样识别异常的胎心监护图，以尽早发现胎儿宫内缺氧，避免出现新生儿窒息，降低新生儿死亡率。培训医生们解决疑难杂症，并进行临床操作带教，规范临床操作技术，使当雄县人民医院妇产科医生们的整体业务水平有了很大的提高。我深知援藏工作是党和国家的政治任务，努力做到全心全意为藏民服务，想方设法为当地医院提高医疗和护理质量，完善了基本药物配备，降低了转诊率，有效避免了转诊途中的意外风险，减少了孕妇及其家属长途往返奔波的经济开销，降低了新生儿窒息的发生率和死亡率，为当雄地区产妇的平安分娩做了应尽的努力。

2014 年 9 月，援藏结束。我又回到了北京顺义区妇幼保健院。当年正值生育高峰年，产科工作量陡增，院长说要把我当作革命的“一块砖”，哪里需要哪里搬，安排我负责分娩室的工作。产科危急重症多，抢救多，所以产科医生更应该思路清晰，动手能力强，决策果断，妇科或许可以等，产科等不起，是死是活会立刻见分晓，故产科需要吃苦耐劳、有责任担当的人。分娩室的工作特点是：风险大，压力大，责任大；是非多，纠纷多，要求多。电视剧中经常出现的产妇分娩或手术中，让产妇家属选择是保大人还是保小孩的镜头和场景，多是因剧情需要而安排的，在现实工作中，作为产科医生根本别无选择，大人、小孩哪个都不能舍，必须都要保！要用医术、经验和业务功底说话！要用职业素养、医者仁心果断行事！有人说妇产科有吃有喝有“红包”，因为超时加班工作，吃过产妇家属送来的饭菜；手术前收到过产妇家属塞的红包，严格执行规定，术后替患者交了住院押金——我想用自己的方式缓解医患关系，建立医患之间的信任。我喜欢妇产科，医生是我一生都热爱的职业。

我本可以在 2017 年 12 月退休，回家享受天伦之乐了，上有耄耋之年的老妈妈和老婆婆可以尽孝陪伴，下有天真烂漫的两岁外孙和三岁外孙女可以承欢膝下。我考虑了很久，是走还是留，医院离开谁都照样运转，但是我舍不得离开工作了多年的岗位，舍不得离开朝夕相处的同事，所以我决定留下来，继续在医院工作几年。妇产科的工作让我苦中有乐，乐此不疲——每当我看到出生后哇哇啼哭的新生儿，听着产后、术后母婴平安的消息，看着因刚刚当上母亲而激动的初产妇，天性中的母爱油然而生，成就感和幸福感让我快乐，我觉得自己有点像“送子观音”了，产科医生的天职神圣而伟大。

一次援藏行，一生援藏情，有得就有失——援藏期间，失去了第二次参加同学聚会的机会，颇为遗憾。我对雪域高原的情谊不减，2016 年再次去西藏旅游，饱览高原美景的是眼睛，心心念念的是藏区姐妹，那里产妇的分娩条件改善了吗？药品配备齐全吗？如果时机和身体允许，我还想再去援藏，这次不会再想家，心在哪里，家就在哪里。

从齐医的校园走出来，一晃三十五年，历经岁月的风雨，让我们有了成熟后的简单和安定，泰然从容间，享受清静平淡的生活，那一段纯真岁月的同窗友情，音容笑貌尚历历在目，转眼间已是皱纹爬上眼角眉梢，往昔岁月静好，如今现世安稳，正是思念同学时。

精彩留言

陶明：于同学你是长情的闺蜜，于患者你是大爱的医生，于家人你是优秀的女儿，于藏民你是美丽的卓玛。可敬可爱的同学，有你，就有岁月静好！

马到成功：同学情款款纯美！师生情段段真挚！援藏情笔笔厚重！迎接新生命的产科医生都是心有大爱、心怀远大的人。

simon：忆往昔，岁月静好，贞顺细腻的笔触，对老师、同学的回忆，让人难以忘怀的“非典”，雪域高原的援藏艰难，产房辛苦工作的点滴，都如一幅幅充满正能量的画面，让我们看到了齐医人的风采和卓越，串起了医者仁心的大爱。岁月静好，是缘于我们内心的仁善和道义，而这，未必就不是生命的哲学。

为《忆往昔，岁月静好》点赞

卓贞顺师妹，
你是一位朝鲜族姑娘，
回忆校园生活，
洋溢春风。
坚守妇产科专业，
拼搏向上，
从基层教学，
到援藏无私奉献，
妇产科业务技术实用娴熟。
思路清晰，
动手更佳，
决策果断，
雷厉风行，
努力攀登，
风光一览。
你是齐医学子的骄傲，
奉献精神令人崇敬！

2018 年 8 月 24 日
1965 级校友宋永海写于大连

曼笔小记

情怀故事主人公

滕曼，女，1963 年出生，1984 年毕业于齐齐哈尔医学院妇幼专业。毕业后先后在齐齐哈尔医学院附属医院、一重集团医院、北戴河人民医院、秦皇岛市海港医院妇产科工作。2003—2004 年在北京大学人民医院进修学习，2007 年晋升主任医师。现任医院产科副主任，主要从事生殖领域，长于不孕不育的治疗。

人生像一首诗，当我们拥有它的时候，往往并没有读懂它。而当我们能够读懂它的时候，它却早已远去，这首诗的名字就叫“青春”。1981 级同学为《情怀》写了不少文稿，情切切，意悠悠。按捺不住心绪，也随意写了些我那懵懂、青葱的年少轻狂，纪念那逝去的青春。青春是那么美好，在这段不可复制的旅途当中，我们拥有独一无二的记忆，不管它是迷茫的、孤独的、不安的，还是欢腾的、炽热的、理想的，它都是最闪亮的日子。

为谁从医

岁月无痕，由近至远；人生有迹，点线相连。从童年到青年，从青年到暮年，人的一生，不如意事常八九，可与人言不足二三。说心里话，做医生，做妇产科医生并非我所愿，但是不论我怎么折腾，都没能改变命运的安排，我还是做了一名医生。

我的职业生涯跟我老爸有重大关联。我们小时候生病，因为父母要大干社会主义，通常不会请假带我们去医院看病，只给一两块钱，让我们自己去保健站找医生。我家附近的保健站有一位女医生，给我留下特别深刻的印象，她四十多岁的样子，大眼睛，总是戴个大口罩，每次去都拿个竹片压住舌头看嗓子，再拿听诊器听前胸和后背，完了就开药，打针、吃药，病也就全好了。那时候的我就觉得医生能治好看不见摸不着的疾病，真是神奇。记忆中保健站里还有消毒水儿、药水儿的味道，我有病没病地就爱去保健站看热闹、闻味道，从来也没想过医生这个职业跟我有什么关系。1981 年高考，我考了 397 分，轻工学院、师范学院等都是可选的院校，我老爸却偏偏给我选了医学院校。

老爸是 1957 年大连工学院毕业的，虽不是什么“麻绳理工学院”那样的名校，可他也不是“皮筋”那么白给呀，他能力非常强，是单位的技术骨干，口碑特别好。他心灵手巧，给家里设计制作的小物件相当的精致好用。在计划经济时代，商品凭票供应，排队是那个年代最靠谱的事儿，就是去饭店买食品也不例外。有一次天还没亮，我老爸就爬起来去群英饭店排队买油条。我同学邱季伟的老爸是个外科医生，人家不用起早也不用排队，到了群英饭店找了熟人，买了油条就走。我老爸辛辛苦苦排到了前面，油条还卖光了！就这么一件生活中的小事儿，让老爸萌生了让我学医当医生的念头。高中临近，我对选学校、专业都懵懂一片，全凭家长定。老爸为我选择了医学，这一定不要紧，未来的工作、生活，远及爱情，所有的一切就跟医学密切相关了。

此岸彼岸

读齐齐哈尔医学院那会儿，时间过得特别快，感觉既没学好，也没玩好，连个恋爱也没谈呢，就毕业了。1984年毕业的时候，我和十几个同学毕业分配留在齐齐哈尔医学院附属第一医院。按常理说，能留在附属医院应该是一件很开心的事儿，可我一点也不开心，还心生失落。我父母的工作单位是知识分子聚集的地方，文化氛围特别浓厚，每天上午10点做工间操；还有排球、篮球比赛；无论谁出差回来都给我们这些小孩子带好多小人书，我家的小人书能装满满一皮箱；过年的时候，单位会组织游园联欢活动，谜语用毛笔写在一条条彩色宣纸上，再把条幅一条一条地挂起来，如果你猜到了，就把这个条幅扯下来，去领奖品，我们特别盼望过年；"六一"儿童节，学校还组织大合唱，指导老师是学音乐专业的，我们那么小的年纪就会分部轮唱——"小兄弟们呀，小姐妹们呀，我们的理想多么远大，将来的主人，必定是我们！滴滴答，滴答，滴滴答……"好听极了！童年的回忆是那样的美好，不知道是拒绝长大，还是感受不到附属医院的文化氛围，还有就是，医院里许多都是我的老师，我常常幼稚地想：自己啥时候能干出头来呢？因而我心猿意马地去了附属医院。

那年代毕业包分配，要是放到现在，会幸福得不要不要的。服从分配，由不得自己选择，那专业我能选选吧，我学的是妇幼专业，想当儿科医生，却被分配在了妇产科。我生产实习是在附属医院，妇产科经常开会、讨论，医生出了差错、事故会受到严厉批评。患者做人流的时候会出现子宫穿孔，患者分娩的时候会发生很多大人、孩子的急诊急救，性命攸关……知道这些，我自然就想避开容易出现很多麻烦的妇产科。那年八月中旬，我去附属医院人事科报道。当知道我被分配到妇产科，第一反应就是去找儿科杨福轩主任。老爷子大概六十多岁，人特别好，当时我的两位同学——刘慧琳和王雪已经分到儿科了，他知道我也想来儿科，他二话没说就带着我去找院长。当时的院长是教我们口腔科学的邵大仲老师，个子很高，操着南方口音，课讲得精彩，人又特别温和，是最受学生喜欢的老师之一，没承想融洽的师生关系也没能改变邵院长的心意，碰了钉子我就回来了，如果换成今天的我，就会想各种办法说服他，至少会经常去找他，跟他诉苦，求他成全我的心愿。怪只怪我当时太青涩了，没有更多的办法坚持理想。

人在妇产科，心在小儿科，楼里思君不见君，降火要饮矿泉水。心里想不通，还要面对现实。妇产科是一个非常锻炼人的地方，不管你强不强，喜欢不喜欢，都能把你锻炼成一个雷厉风行、吃苦耐劳、不知疲倦、当机立断、坚韧不拔的人。尽管我不喜欢妇产科医生的工作，但是我也不甘落后。与我一起分到妇产科的还有 1981 级的同学——张延荃和孙迎春，人家都好好工作，积极进取的，到我这儿，那就有一点儿拧巴，涉及手术操作，如人流、上环、取环、诊刮等我都不做。我如此任性，科里医生还能豁达地包容我那么久。我心中的儿科就像是彼岸的梦，可望而不可即。

幸遇恩师

值得庆幸的是，我遇到了三位好老师，好前辈，好领路人！他们分别是王舒兰教授、姜润田老师、黄立华老师。

王舒兰老师是科主任，在医学院教妇幼专业，我们习惯叫她王教授。我来附属医院工作的时候，她已经有六十岁了，人长得小巧精致，不管啥时候，她都化淡妆，打腮红，涂唇膏，梳卷发，发式利落且时髦，与她的气质和风度特别搭。她要么穿呢子大衣，要么就穿藏蓝色的连衣裙，穿半高跟儿鞋，走起路来挺拔轻盈，那真是一个优雅高贵。这还只是她的外表，她真正厉害的是扎实的妇产科专业理论功底，妇产科本科教材第二版，王舒兰老师和姜润田老师都参与了编写，后来得知，他们都是中国医科大学毕业的高才生。

姜润田老师是附属医院妇产科的副主任，也是为数很少的妇产科男医生，他一心扑在工作上，尽职尽责，总是特别严肃，一切都照章办事，一点都不风趣。他每天都看专业方面的书，一看就到半夜。他只会埋头干工作，

从不表功，也不邀赏，和他在一起工作这么久，就没听他说过家里的生活，除了上班、带班、出诊、手术什么的，就没有其他的话题了。

黄立华老师是我的带教老师，手把手教会我许多操作，今年已经八十岁了，她可以一整天地跟年轻人在外面转着、逛着，中午连打个盹休息一下都不需要。去年在北戴河聚会时见到她，她仍然思维敏捷，精神矍铄，漂亮的大眼睛，还是那样传神，看上去比她实际年龄小很多，说她博闻强记，一点都不夸张。她的资讯都是最前沿的，妇产科专业知识一点都不落后，她一直都在工作，到去年才退下来。

三位恩师在我学习和成长的路上起到了指引作用，是我非常爱戴和敬仰的老师，我一直感恩于心，却从未对老师们表达过，写下这篇小记，算是对恩师的一个迟来的致敬吧！

爱是你我

20 世纪 80 年代，中国医科大学的妇产科和儿科专业都相当有实力，在国内处于领先地位，有这么三位名师教导，你想不好好学都不大可能。科里查房、病历讨论等，患者的病情并不都是书本上写的模样，你就得把这个病弄明白，病情相互之间的关联也要清楚，严谨尤为重要。妇产科有许多实际操作，再多的理论指导，与实际操作还是有相当的距离，没有老师悉心指导带教，想短时间内就掌握常规手术操作，独立值班，是绝对不可能的。没有老师们严谨的学风与态度，没有老师们坦荡的无私付出，没有老师们优异的带教方法，很难想象，一批一批齐齐哈尔医学院妇幼专业毕业的学生中，成长起来那么多优秀的妇产科医生。

关于转科的事也还是有机会的，那一年，我的课讲完了，就休假在家。有一天，儿科护士长骑着车到家里来找我，兴冲冲地问我，还愿不愿意去儿科，如果我愿意，就调我去儿科。“我愿意”，我不假思索地答道。没过几天，梁俊岩副院长把我叫到办公室，梁副院长曾是我实习儿外科时的带教老师，他语重心长地说，“儿科和妇科哪一个更适合你，我慎重地帮你选了，就好好做妇产科吧，将来你不会后悔的。”现在看来，梁老师的话神准啊！他相信我将来一定会是一名妇产科的医生。半年之后，内科要从妇产科调一名医生，王教授和姜老师来找我，说是给我最后一次机会，想去内科就放我走，不想去就安心工作，不可以再提换专业的事儿了。这时我在妇产科，已经能够独立完成许多的手术操作，患者管理得也挺好，对妇产科的人和事也是渐生情愫，如同先结婚后恋爱的“夫妻”，在妇产科温暖的大家庭里，心态早都转变了，工作也挺积极的了，已经“心有所属”。我对自己说：留下来吧，这辈子就是妇产科的人了！我的内心转变就是这样，从开始的不情愿，到折腾着换科，再到换科不成，被动地待在妇产科，再到自己心甘情愿地选择妇产科、爱上妇产科。冥冥之中，感觉做妇产科医生是上天给我安排好的路，无论如何曲折，只等着我的到来。

今年是我从事妇产科临床工作的第三十五年，决定走上这条路，就要砥砺前行了！

初次试水

我们新入职的三名小医生，每个人都成长进步得特别快，很快就能独立值班了。有一天，黄立华老师跟我说：你把学过的教材再看一遍，报考研究生吧，就考计划生育方面的。我觉得英语学得特别差，怕考试考不过就没能向前迈出这一步。但黄立华老师的话，我不敢忘记，在工作最初的三年时间里，把教材从头到尾看了好几遍，真是受益匪浅，在工作中得心应手，游刃有余，遇到的问题都能迎刃而解，接诊患者时就变得有勇气、有底气。附属医院是教学医院，可以参加学校的讲课和教学，科里也有学校以外的课，如成人教育等。那些年，我在工作中学习，在学习中工作，理论与实践都还不错，这正是所谓的教学相长吧。刚刚独立值班的时候姜老师带我，有难事就打电话向他汇报。有一天夜班接班，一名产妇孕35周、臀位、宫口开大5厘米，我立即翻开书把臀位牵引的步骤又看了一遍。就在这时，胎儿一只脚就露出阴道口外面了。当晚的助产士也是刚毕业的，我俩赶快准备产床，铺好无菌巾，开始臀位牵引。这个操作难度很大，即使是老助产士都如履薄冰，更何况是新毕业的医生和助产士。好一阵忙活，我们手忙脚乱地把孩子牵出来了，新生儿已经二度窒息。我们迅速给新生儿吸痰、人工呼吸，用呼吸兴奋剂尼可刹米、洛贝林，给碳酸氢钠，新生儿抢救成功了。第二天早晨交班，我小有成就感，这一次没有找姜老师是因为时间来不及了，我独立完成两种并不简单的产科操作。那时我毕业不过四五个月，绝对是速成。据说妇产科专家林巧稚第一次独立处理产程也是在这样的情况下，后来，她严谨治学，成为国内妇产专业领域里无人不知、令人敬仰的前辈。

就这样，我长大了，也懂事了，初涉医路，幸遇恩师，努力着老师们的努力，幸福着老师们的幸福，一切都是最好的安排。当年老爸为了不用排队买油条，让我做了医生。当我做了医生以后，买油条真是不用排队了，计划时代已经过去，商品时代让早餐有了更多样、更丰富的选择。做妇产科医生也比儿科医生更神气，我是女神中的女神！

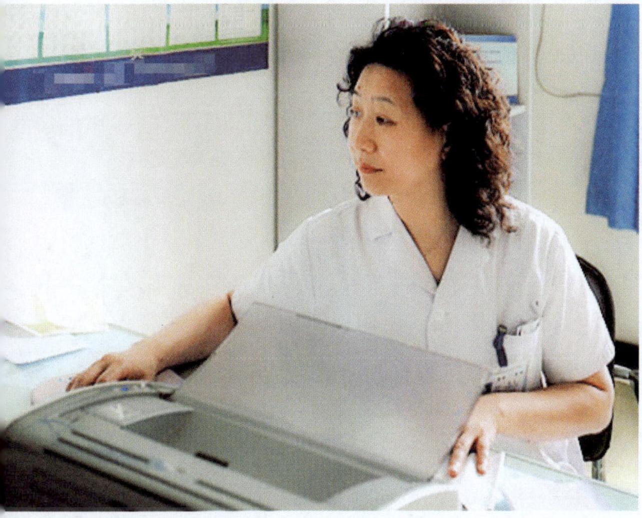

昔日，理想青葱，奋斗无

悔。而今，青春逝去，岁月静好，一往情深，心有所归。妇产科医生，我投入了一生情感的职业，那里有我的职业满足感，储存着我的喜怒哀乐，也成为我的幸福后花园。回首来时路，我有一句深情的心语要与大家说：年轻的时候，要听家长的话，要听老师的话。雨果曾经说：谁虚度了年华，青春就将褪色。是的，青春可以懵懂，但不能挥霍。这样，暮年时，我们和那个站在绚烂的骄阳下、青春洋溢的自己告别时，我们才可以说：谢谢你，再见。

每天早晨，我都简单地用过早餐，便清清爽爽地开车去单位，一路上听着我喜欢的雪枫音乐会，路虽不远，心在远方！

精彩留言

许淑云： 写出了一名妇产科医生的成长史，真挚感人。为你骄傲，8111 班的佼佼者！

李秀琴： 滕曼曾经是我的同桌，长得瘦瘦高高的，写得一手漂亮的钢笔字，令我羡慕不已。今读《曼笔小记》，感受到她的人生也同样的精彩！

崔光成： 滕曼同学写得真好！读到《曼笔小记》，王舒兰教授的形象就在眼前，她应该是我们所有临床老师中最有气质、最有风度的。是她开创了齐齐哈尔医学院的妇产科专业方向，并以严谨的教风和扎实的专业功底赢得了师生的尊敬。她手刻油印的《妇产科学教程》，现在珍藏在校史馆中，她是母校的功臣！

吴志全： 油条、群英饭店又把我带回了那个儿时年代，咱们一定是一个居委会的成员，好温暖。我眼里的你，是一个率真、美丽、大方的女同学，特别是滑冰场上那非常专业标准的动作和优美的身姿，引无数男生竞折腰。

付霞： 幸福着你的幸福，小记大情怀！感受着恩师的敬业，回想起他们的点滴，王教授的半高跟皮鞋总是一尘不染；姜教授的留言是“永不停步，永远向前！”

张强： 好一个“不如意事常八九，可与人言不足二三”。

上官云月： 不是很美吗？你是白衣天使呀！

周庆芝： 很佩服坚持在妇产科一线工作的同学！

张钲： 曼，今日细细读了你的《曼笔小记》，细细品尝你的专业成长历程，聪明的医生是用心成长起来的，点点滴滴的收获，老师的教诲，家长的哺育……当然啦，主人公吸收消化的提升能力更重要，为发小点个大大的赞！想起我们妇儿同学联手搭台了吗？你们手术抢救，我们儿科配合新生儿接力……

黄英辉： 时光匆匆，青春无悔，真好，羡慕并敬佩！

陶明： 一笔写青春，一记感师恩，一忆成长路，一抒真情怀！洒下床前明月光，三十五年医路长。

遇见回忆

情怀故事主人公

王雪，女，1964年出生。1981年入学齐齐哈尔医学院妇幼专业8111班，1984年齐医毕业入职齐齐哈尔医学院附属第一医院从事儿科工作。主任医师，教授。现任齐齐哈尔医学院附属第一医院儿科主任，教研室主任。

爱好：旅游、美食和摄影（准确说是被摄影）。

梦想：做永远漂亮的女人。

秋天，医学院的校园镀上一层金色，放眼望去，很美！偶尔看到几个嬉笑打闹的学生，他们朝气蓬勃、意气风发，让我情不自禁地弯起了嘴角，遇到他们，就遇见了回忆。弹指间大学毕业已经三十五年了，每当记忆浮现在眼前，就会串成一部部精彩的电影。那是属于我们这一代人的记忆……

1981年，奉父母之命，我报考了齐齐哈尔医学专科学校（现齐齐哈尔医学院）。那一年的九月，在父母的陪同下去齐医报到，学校大门朝西，进入大门就是教学楼，两侧是环形的林荫小路，绕到教学楼后面，中间一条不宽不窄的土路直通食堂，两侧是操场，操场左侧是一个排球场，校园里偶尔飘来一阵福尔马林的味道，让人很不舒服。我对医学没什么兴趣，就这样，我的大学生活开始了。

入学后我被分到1981级妇幼专业8111班，共三十九人，全是女生，我们住在一个寝室，上下铺，好不热闹，每天22点统一关灯、查寝，生活很规律。因为高考结束后放松下来了，我对医学又没有太大兴趣，所以每到课间，我都回到寝室吃点零食，三个月下来，竟长胖了四五斤，我不得不让自己动起来，于是参加了班级的排球队，在操场上挥洒青春的热情，后来，打排球倒成了我大学三年里的最爱，且小获成绩。

记得大一时参加的第一个元旦晚会，我们与同年级的8109班（神经精神专业）是联谊班级，男生的绅士、帅气，女生的优雅、娇羞，让懵懂、内向的我感觉又新奇又害羞，面对第一位男生发出的邀请，我只会心跳加速，脸红、不好意思地怯怯说：我不会跳舞。接二连三许多男生来邀请我跳舞，从开始的拒绝到接受，从生硬的扭动到舞若游龙，那天我们玩得很开心，舞会一直进行到第二天清晨。本来还在期待下一年的元旦晚会，却听到一些关于我的传闻，说我：爱跳舞，太招摇，不学习，成绩不会好。当时心里很是委屈：爱跳舞，就是太招摇吗？就会成绩不好吗？我要证明：我不仅爱跳舞，学习成绩还很好！

于是，我开始去图书馆学习，图书馆在教学楼的顶层，书不是很多，环境一般，但人很多，来学习要提前占座，而且要遵守纪律，这里的学习氛围很浓。我静下心来，认真学习，两个月的时间，收获很多。第一学期考解剖，得全班第十三名，渐渐的我开始主动学习了。第二学期以后，几乎每天我都泡图书馆，对医学越来越有兴趣，成绩也越来越好了。

每到放长假或寒暑假时，远道的同学就要赶火车回家，会有很多的男同学帮助送行李，我们从学校一直走到火车站，进站台把同学送上车，等火车开走，我们再步行回到寝室，风雨无阻，我们边走边聊，甚是开心。上学时我还有位好闺蜜李明月，我们一起学习、一起玩耍，有时周末我俩就一起回我家改善生活，周一再回学校，在寝室里我们一起做仰卧起坐，数到一百，一起停止，一起大笑……渐渐的，我开始融入大学的集体生活，感受着大家庭的温暖和快乐！

上学期间禁止谈恋爱，我们那个年代的青年人都很纯真，男生女生之间的情感朦朦胧胧，我们期待爱情，但表现出来的更多的是矜持和回避。还记得一件有趣的事：在泡图书馆时，曾有人在我的书里“夹小纸条”，但没有署名，至今我也不知道是谁，其实心里很想知道是谁。转眼间，就到了大三，我们寝室的同学被分到现在我工作的单位——齐齐哈尔医学院附属第一医院实习。每天我们都早早来到科室，帮老师擦桌子、擦地，打热水。认真学习、接待患者、学写病历，尤其是每次查房时，陈柏雄主任都会对我们进行提问，每每遇到我们不会的问题，他都会耐心讲解，回寝室后我们认真回查，对照记忆看书。一年的实习锻炼，为我以后的临床工作奠定了坚实的基础。

实习期间接待过一位患者，给我感触很深，让我重新审视了自己的人生。这是一位服毒自杀的患者，男性，十八岁，因在工作中发生失误，被领导批评之后发生了口角，以至于想不开而服毒。在洗胃、用药过程中，患者全程不配合，医生护士都拿他没办法，看到他的父母在床旁哭，同情心驱使我试着上前劝劝他，可能是同龄人的原因，也可能是我说到了他心里去了，在和他沟通后，他渐渐开始配合、接受治疗，住院期间我也经常去看他，和他聊天，谈谈理想，很快他就康复出院了，他对我说：“感谢王姐，挽救了我的生命，还有灵魂！”通过救治这位患者，我深刻地认识到，当初父母的选择没有错，医生是神圣的职业，救死扶伤，解除痛苦，引导人生！

毕业后，我留在了齐齐哈尔医学院附属第一医院工作，至今已经有三十五个年头了，一直在儿科工作，救治过的患儿已不知有多少了，听到过感谢的话语已数不胜数。时间过往、岁月沉淀，儿科医生已成为我今生的理想和信仰！威廉·奥斯勒说过：行医是一种艺术而非交易，是一种使命而非行业，在这个使命当中用心，要如同用脑。只愿每位医生都能秉承“大医精诚”之心，全心全意为患者服务。

过往昔，忆当年，琴声缭绕，情谊绵绵。最后，引用孙思邈的一句话：

凡大医治病，必当安神定志，无欲无求，先发大慈恻隐之心，誓愿普救含灵之苦。

精彩留言

张钲：王雪是我们1981级在齐医一附院临床工作最久的大医，而且远离家人，一个人在富区工作生活，那是怎样的专业情怀！奉献精神！！还那么年轻美丽。

吴志全：你如果把情窦初开这部分展开写，我就告诉你谁传递的那张“纸条”。

付霞：漂亮的儿科主任！我们儿科医生的骄傲！

周庆芝：我的第一志愿是北京林学院园艺系，当时很想当城市美容师，从没想过做医生，而人的命运就这样写实啦！

情怀

情怀故事主人公

齐红，女，1962年出生。主任医师。现任齐齐哈尔市第一医院妇二科主任，齐齐哈尔市妇科领军人才梯队带头人。

1984年毕业于齐齐哈尔医学院，毕业后于齐齐哈尔市第一医院妇产科工作至今。2003年，在首都医科大学附属北京安贞医院腔镜培训中心学习。2004年，在广东省佛山市人民医院妇科腔镜培训中心学习。2004年起，在齐齐哈尔市第一医院率先开展了妇科微创手术技术。擅长妇科腹腔镜、宫腔镜等微创手术及阴式手术，现已成功完成腹腔镜下妇科恶性肿瘤根治术、不孕症及盆腔子宫内膜异位症的手术治疗、子宫脱垂腹腔镜下悬吊术、巨大子宫肌瘤剜除术和子宫全切术。

从事妇产科临床工作三十余年。有丰富的临床经验及严谨的科学作风。曾获市级科技成果三等奖3项，发表著作3部，国家级论文12篇，省级论文5篇。

社会兼职：黑龙江省医师协会妇科腔镜专业委员会委员；黑龙江省妇幼保健协会理事；齐齐哈尔医学会妇产科分会副主任委员；齐齐哈尔医学会妇科腔镜委员会副主任委员；国家卫生部批准齐齐哈尔市第一医院妇科内镜培训基地主任；佳木斯大学硕士研究生导师。

说起情怀，可能每个人都有不同，然而我的情怀自1981年起就定格在了医疗事业上，这要从齐医说起。那年我们从四面八方来到了齐医，依天意的安排走进了8110班，这个集体给我留下了一生难忘的回忆。常言道："不是一家人不进一家门"，8110班就是一家人，我们有相似的性格、对事物相似的认识、相似的犟脾气、相似的开朗豁达的品性……

校园生活回忆

在学校，我们一起晨练、一起学习、一起准备考试，在校园的树荫下留下了我们无数美好的回忆！

记得我们曾有一次劳动是在秋天，把白菜运到菜窖旁等待下窖，一般是每人抱几棵放到窖口，而我班同学是每人相距两三米远，把白菜像传球一样传过去，伴随着一串串的笑声、歌声，劳动轻松地完成了，可是我们脚下也落下了许多白菜叶子，这就是真实的8110班，就是这样与众不同；还有一次劳动是平整操场，学校说在规定的天数内完成相应的劳动量，完成后放假，同学们就信以为真，起大早、贪大黑地干，好多同学的手都磨得起了水泡，腿也摔破了皮，在学校认为不可能的情况下，我们8110班硬是完成了劳动任务，在其他班级还在劳动时，我们班同学大部分已经回家了，没有人说苦说累。我们的班长李永红，个头不高，嗓门挺高，还挺尖，她总是能带领大家干出让人意想不到的事情，这就是我们8110班，心就是这样的实、这样的齐，胆就是这样的大。

在一次元旦联欢晚会上，我们尽情地玩、闹，唱着"我的心在等待"，跳着摇摆舞、十六步，不知不觉已到了深夜，可是不知为什么突然停电了，大家还没尽

兴，就不约而同地拿出蜡烛点燃，继续欢歌起舞，我们的晚会成了真正的烛光晚会，玩得更加高兴了，不记得什么时候结束的。第二天早上，我们发现教室的黑板上不知谁写的“十班大摇摆”的字样，这事到现在可能还是个谜，不知道是谁这么关注我们班，还在深夜里来我班留下笔迹。

我们寝室住了很多人，是用床从中隔开的，然后从两个门分别出入，住在我这侧寝室门口的赵瑞霞同学嗓门高，总是坐在上铺和整个房间的同学说话，可能她觉着坐得高、看得远吧，从另一个门出入的同学的一举一动往往也逃不过她的眼睛，她经常在床上主动和对面的同学说话，性格非常开朗，这情景现在想起来好像是在昨天一样；住在“老赵”下铺的是我班的体委马晓军，她的样貌不是一般“体委”那样的浓眉大眼，一张笑脸很耐看，两腿修长，也很美。她妈妈都给她买几套新衣服，每次寒假回来，穿着新衣服的她让我们很是羡慕，但最让我和松芝喜欢的是晓军的鼻子，一次无意中发现她的小鼻子非常软，松芝每次路过她床边时，如果晓军还没起床，都要用手按一下她的小鼻子，这还不够过瘾，我就再按一下，这时晓军会娇滴滴地说：“烦人，你俩都烦人。”我和松芝往往是高兴地扬长而去；我们寝室还有两位同学，顾曼玲和李秀芹，她俩是上下铺，曼玲性格有点像男孩，走起路来一路生风，关起门来声音也很大，而秀芹走路特别轻，说起话来也特别温柔，声音总是不高也不低，这样性格完全不同的两个人，在上下铺住得非常和睦。总之，我班同学的性格都非常能包容，这种类似大家庭的生活培养了我随和豁达的态度，也助长了我说话直来直去、不加思考的“不良作风”。

至今想起还有很多趣事不能忘怀。记得一次卫生部长检查寝室卫生，我们简单整理了一下，就都躺床上，还拉起蚊帐，当检查人员敲门时，没人答应，进屋时没人迎接，检查的人好没趣，挑点毛病摔门走了，摔门的声音还没落下，寝室的同学不约而同地爆发出一阵哄堂大笑，这就是8110班的高傲、任性、豪爽、自信！

校园里也经常听到同学中谈情说爱的故事，可是在我们寝室中似乎只有对异性的好奇和好感，当篮球场上有球赛时，会有好多同学趴在教室的窗户上看，对球员的球技加以赞赏，对男同学寝室窗里飘出的《红河谷》的口琴声也好奇，是谁吹得这么好听呢？可能在学校的时间太短了，还没来得及认真思考这是不是情窦初开，就分开了，只能在此留下美好的回忆。

美好的校园时代在紧张又愉快的学习生活中度过，终于到了临床实习阶段，好像就要成为一名真正的医生了，心里有对青春的不舍，但更多的是对“医生”这个职业的向往……

实习生活的回忆

临床实习开始了，兴奋的心情难以言表，穿上白大褂，戴上白帽子，脖子上跨上听诊器，那神气的样子，到学校附近的服务楼照张相留念。实习时，我是和松芝、艳彬在一组，为了能多学到一点临床经验，每每自愿参与值夜班，但学生在夜班时没有睡觉的地方，上半夜好忙，下半夜有时没事，为了度过冬天的漫漫长夜，我们曾经在下半夜玩捉迷藏游戏，在产科实习时曾经睡在光板的产床上，半夜被冻醒，直到二十多年后老师还记得我们当年的事情。

说到实习生活，还有一件事让我一生难忘：每到中午吃饭时，松芝经常会说："走吧，今天中午吃苞米碴子粥，你不是爱吃吗？"她说这话的意思是让我去她家吃饭，我多是不客气的就像回自己家一样，高高兴兴地跟她一起回家吃饭，当我们走进院门，松芝的老妈在屋里透过窗户看到我来了，总是满脸笑容，慈祥地迎到门口："齐红来了！"老妈妈的山东口音让我感到无比亲切，说起来，我姥姥也是山东人，每当这时老妈妈转身就会默默地加个菜，如炒花生米、咸鸭蛋、炒鸡蛋等，当时我只是高兴，觉得老妈妈非常热情，非常慈祥可亲，也知道是因为我的到来才加菜，但那时的我不知道，如果我不来，这位老妈妈可能整整一年都不舍得炒这点从山东老家寄来的花生米和自家鸡下的几个鸡蛋，只有家里来客人时才能加菜，这是毕业三十多年时，我提起老妈妈的手艺，松芝说的。这份情我一生都不会忘记，这位老妈妈的善良让我每每想起都感动到掉泪，淳朴的老妈妈对一个孩子的热情，让我铭记至今。在毕业后的日子里每当我和同事、朋友相处时，总是问自己"我是不是不够热情"，和老妈妈相比，我自愧不如。在老妈妈的言传身教下，松芝非常热情诚恳，乐于助人，遇事总是替别人想，从不计较小事，这些也让我学习到了许多。这样的时光让我时时回忆起来总是激动不已，从相识到如今的三十五年里，我和松芝聚少离多，但我们之间的牵挂却从没少过，我为有这样的知己、这样的亲情而骄傲，这样的情，今生难忘！

快乐的时光总是短暂，转眼间就毕业了，校园的小路、老师的笑容、同学的友爱，太多的留恋不舍，太多的美好回忆，太多的情不能释怀！随之迎来的是让我情定终身的医疗事业，占据了我的生命……

工作经历回忆

毕业后就在齐齐哈尔市第一医院妇产科工作至今，经过实习阶段，对医院临床科室有了一定的了解，因为我是妇幼专业，更是因为妇产科是手术科室，术前、术后可以使疾病一目了然，随时都可以有成就感。不像有的科室，患者一住院就是个把月，而妇产科的患者病程相对较短，治愈率高，一切都是我喜欢的模式，贴合我的急性子，更是让我的心灵手巧有了用武之地，一下子就喜欢上妇产科这个专业，并投入了我的全部热情。这种对妇产医疗事业无比热爱的情怀至今已持续三十多年。这三十多年，我通过

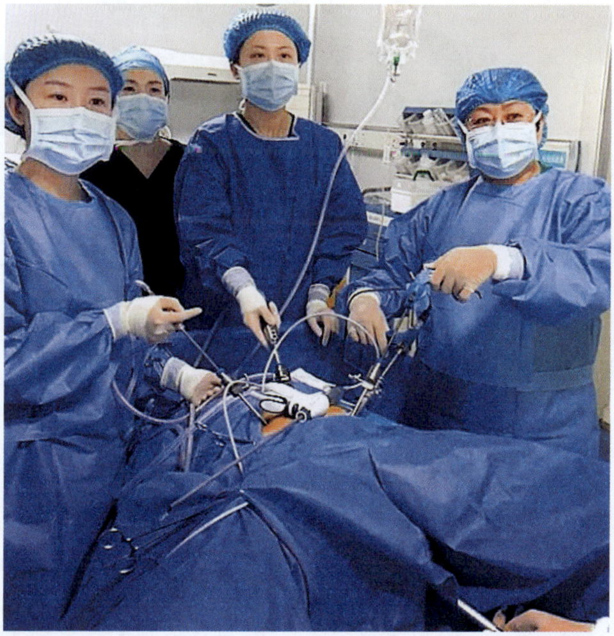

自己的不懈努力，于 1992 年通过了党组织严格的考察，成为一名光荣的共产党员，并连续几年被评为“先进工作者”“优秀共产党员”。但这些都不是我最在意的，最让我痴迷的是妇科的临床医疗工作。

刚刚毕业时我看主任手术做得那样漂亮，就梦想有一天也能漂亮地完成妇科最大的宫颈癌根治手术，为此在工作中不断努力学习，2000 年时已经能够熟练地独立完成这类手术了，这个时候，我在科室中也成了技术骨干，可也是在这时，妇科微创手术映入了我的眼帘，这场外科领域的革命深深地触动了我的心，吸引了我，让我一下子就喜欢迷恋上了这项新技术，让我在毕业的第十九个年头，重新制定了努力的方向，那就是带领科室开展妇科微创技术，并努力早日在腹腔镜下完成我刚刚毕业时的目标和梦想。为此，在 2003 年和 2004 年，我分别去首都医科大学附属北京安贞医院妇科腔镜培训中心、广东省佛山市人民医院妇科腔镜培训中心学习。因为我们医院当时还没有腹腔镜，我是医院里第一个学习微创手术的医生。2004 年底，我们科室购进了一套奥林巴斯宫腔镜、腹腔镜，从此开始了我在妇科微创手术中的艰辛探索生涯。刚开始时，在全科医生、护士中只有我一人学习了这项技术，要开展手术的困难可想而知，当时东北地区的患者根本就不懂什么是微创手术，可我必须坚持。为了手术技术得以提高，下班后别人在看电视的时候，我在看手术录像，看国内妇科同仁的，也看自己的，不断地学习，观摩别人的优点、技巧，还在家里对着镜子练习缝合。随着时间的推移，科

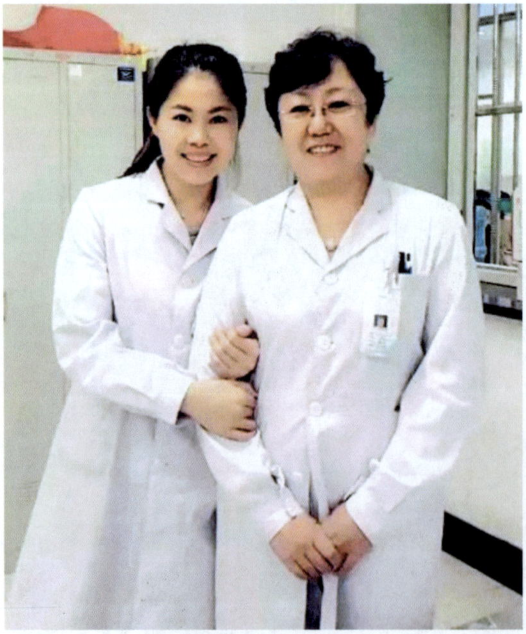

室中外出学习的人也多了，经过这些年的努力，我们早已完成了我预期的目标，并且带领我的团队开展了妇科几乎所有种类的微创手术，现在我可以自豪地说，我们的妇科手术不比三级医院的水平差。

在临床工作至今，我知道要想做一名好医生，光手术做得好还远远不够，患者的事没小事，每一件事，都要认真、认真、再认真，谨慎、谨慎、再谨慎。在工作中，我要做的不仅是经常走到患者床前，详细了解患者的病史、症状、体征及各项辅助检查结果，分析错综复杂的病情，做到诊断明确、治疗及时，还得要求下级医生也要做到我所做的，正因为如此的众志成城，这三十五年来，科室里没有发生过一起医疗事故。

这些年来，在自己努力的同时，一直尽心尽力地搞好“传帮带”，把自己的手术技巧、临床经验毫不保留地传给下级医生，在严格、细心、科学把关的同时，热心鼓励、培养、锻炼下级医生，作为市重点学科梯队带头人，大幅度提高我们团队整体的医疗水平是我的责任，帮助下级医院解决疑难、复杂的医疗问题也是应该的。为了能不断地学习新的医疗技术、新的经验、新的观点，每年都争取出去开一次高水平的学术会议，这种会议我是要认真筛选的，主要是会议的内容，如果在会议的地点有亲爱的同学得以相聚，那当然更好，每次总是认认真真地开会学习，急急忙忙地返回医院工作。其实也有很多机会到美丽的旅游区开会，但如果会议内容一般，这种会也多被我拒绝，原因很简单——我的情怀离不开我热爱的医疗事业，即使到了那美丽的地点，往往也没有心思去欣赏。我想，如果有一天我告别了无影灯，告别了我热爱的工作，我会计划和我爱的人自驾游，游遍伟大祖国的大好河山。那时带上《情怀》，一路走，一路读书，一路回忆，那些有趣的过去，肯定能让我笑出声儿来……

虽然每天工作很紧张、很疲惫，但看到经自己诊断、治疗痊愈的患者出院了，她们能在我的科室接受到可以与三级医院相媲美的治疗，总是让我感到无尽的快乐，同时让我随时有一种可以说是自豪的成就感，这种每时每刻对医疗事业的爱是我这三十多年来一直不变的情怀！也将是我这一生中不变的情怀！

精彩留言

陶明：朴素无华的情怀，德技双馨的医者！三十五年初心不改，成就鹤城一届名家。

崔光成：齐红的“回忆”也唤起了我们对大学时光的回忆，那时生活虽苦，但也充满了欢乐。她的勤奋和执着使她成为齐市妇产科学界的领军人物，作为她的同学，我感到骄傲和自豪！

吴志全：看完齐红的《情怀》，我感慨良多，不仅是齐红质朴的文笔又一次勾起我对同学对在齐医求学的美好回忆，而且，更重要的是齐红从医、为医的赤子情怀，闪耀着人性的光辉。从医是要带“大爱”上路的，唯有爱，才会让医者闪耀着圣洁的光芒；唯有普度众生的情怀，才能让天下患者从医者、医院中感知生命的温馨和对生活的积极乐观！齐红三十多年来一直不变的情怀，就是医者身上要具备的高尚人格！为老同学点赞，向老同学学习！

张钲：齐红好样的，1981 级妇幼专业的杰出好医生，白衣天使，very good！

付霞：不忘初心，方得始终，这是真正的践行者！坚持的好榜样！为我的同学点赞！

吴艳彬：你是我们的骄傲，感动你对业务的执着追求，感动你对生活的严谨态度，感动你对朋友的热情无私，因为有你，家才非常温暖！

李秀琴：一直很期待看齐红的《情怀》文稿，现终于得偿所愿。齐红性格乐观、豁达，为人热情、善良，学习、工作积极向上，浑身充满了正能量！读她的文章，能时时感受到她的人格魅力！

马钢：文如其人，有风格的班级，有鲜明个性的同学都被你写活了，最佩服的还是你对事业的执着和奋发向上，勇于拼搏的智慧和胆量！1981 级同学的骄傲！

顾曼玲：那次平操场，我的右手无名指指甲被砍断，至今甲床下依稀可见那道深深的疤痕。2011 年回富拉尔基，我就是要去看一下那个流满血汗的操场，却连那个可以吃到夜宵（水饺）的食堂都不在了。

仁杰：唯有品质高尚的人才会有大爱，唯有大爱的人才会努力钻研技术来减少患者的痛苦，带给人欢乐。齐红好样的，齐齐哈尔市的人民感谢您，支持您。

情　怀

情怀
是心中的向往，
国家情怀，
人文情怀，
从心底出发，

走向未来；

怀着砥砺前行的初衷，
翻山跨海。

有一位师妹叫齐红，
分享同学友谊，
承载母校厚爱，
演绎齐医人的情怀。

急性子干净利索，
细心人更多母爱；

心灵手巧，
娴熟操作腹腔镜；
带领团队攻关闯隘，
追求一流水平，
为妇女健康赶超先进，
满腔人文情怀。

春风拂面，
送给姐妹们微笑
守卫健康，
祝大家安好！
我与你同在！

2018年8月24日

1965级校友宋永海写于大连

情懷

醉里挑灯看剑，梦回吹角连营。

安神定志，无欲无求。

路虽不远，心在远方！

一转眼，谁把少女盖头掀；一回头，谁与少年手牵手？

行医是一种艺术而非交易，是一种使命而非行业

花开

HUAKAI

读一本好书、一本好的杂志就能让你受益一生。

幸福也好，痛苦也罢，一切都是最好的安排。

一时为兵，再难相忘，人生从军，一生无悔！

回首向来萧瑟处，归去，也无风雨也无晴。

风雨历程三十余载难舍难分难忘，同甘共苦几多春秋如梦如幻如歌。

再提当年的争辩，

我用善意的谎言安慰，却没有主可慰人。

回首往事，只言温暖不言殇

情怀故事主人公

李桂梅，女，1963年出生，1984年毕业于齐齐哈尔医学院妇幼专业。主任医师。1984—1998年，十四年间在黑龙江省双鸭山市妇幼保健院做妇产科医生，担任妇产科副主任。2003年9月，在长江大学临床医学院读专升本。1998年3月，到广东省惠州市第六人民医院妇产科工作，现任广东省惠州市第六人民医院妇产科主任。担任南方医科大学兼职教授，广东省惠州市医学会生殖分会常务委员、妇幼保健分会委员、肿瘤分会委员。

从事妇产科临床工作三十五年。开展的“卡孕栓在妇产科的应用”荣获黑龙江省科学技术进步奖三等奖；在惠州市第六人民医院工作期间，开展的近10项手术填补了医院空白，其中经脐单孔腹腔镜技术填补了惠州市空白。两种手术视频分别在国家级和国际级学术会议的手术视频大赛中荣获优秀奖。承担了惠州市科研课题4项，发表省级以上期刊论文24篇。

连续两年被评为惠阳区及惠州市三八红旗手，连续三年被评为“优秀党员”。2017年被评为“先进科技工作者”和“优秀科主任”。所带领的妇产科被评为“表彰科室”，连续两年被评为院先进科室，于2017年被评为广东省“五一”巾帼集体。

人生之旅，一路走来，你会发现——生活于我们，温暖，一直是一种牵引；感动，一直都在心动处荡起波澜。踏浪于岁月之海洋，云帆尽头，轻轻回眸，处处别有洞天，风光旖旎。

改革开放之初，我对广东的了解，是从新闻联播中听到的概念：有投资办厂创业的豪迈，有个体商户赚钱致富的火热。总之，广东是和东北家乡不一样的地方，有点像国外的社会，觉得新奇、觉得遥远。从没想过，有一天我的生活会和广东结缘，更没想过，有一天会举家南迁，成为广东居民。

少年如溪，青年如河，时光回转到1995年，我和丈夫都年轻，我三十岁时就在家乡医院的妇产科，担任主治医师。丈夫是家乡体工队的副队长，我们都是行业中年轻的业务骨干。我们五岁的女儿，天真烂漫。在别人眼中，我们是令人羡慕的“小康之家”，工作安顺，收入稳定，家庭幸福，生活安乐，我们对自己未来的生活自信满满。当我们惬意地打理着自己的小日子，生活却在我们身边不断变换镜头，吸引着我们的视线，影响了我们对生活的思考。

其实在1990年初，不时有同事、邻居、亲朋好友下海经商的消息，更有甚者，辞去公职远赴广东创业。1992年10月的一天，丈夫的同学从

广东回乡“省亲”，请大家吃饭。昔日同学创业成功的喜悦，衣锦还乡的骄傲，新鲜前卫的思想，让所有人都行注目礼。同时，故友、邻居、亲朋也不断回馈下海创业的好消息。从此，安分的生活里有了不安分的震荡，平静的心海里掀起不平静的波澜，理智的头脑里发出不理智的冲动。机缘巧合，命运之手，一个机会悄然而至——有一天下班回家，丈夫满脸喜悦地要跟我说件事，从他兴奋的叙述中得知，丈夫很要好的同学正在广东惠阳承建投资工程，工程竣工利润不菲，目前正需要人手帮忙。那时我和丈夫的工资每月不过一百元左右，一年到头省吃俭用也就能攒上个千元，听到利润不菲，丈夫被这个巨大的诱惑打动了，几乎没怎么多想，就决定停薪留职，去广东惠阳淘金，他有破釜沉舟的气概，我也没有阻拦。

因为年轻，所以简单，我们怀揣梦想，放弃安逸，不谙世事，不知深浅地闯入商海。来到惠阳，走进那个承建中的大型市场，跃跃欲试地加入其中。丈夫来惠阳创业，激情未及燃烧，便天有不测风云：仿佛是在一夜之间，国家实施的宏观调控政策就波及到了惠阳的房地产业，银行收缩银根，贷不到款，房地产业快速消沉，丈夫工作的公司面临囧境。眼前的惠阳，黑云压城城欲摧，丈夫淘金的梦想破灭了，我也六神无主、倍感压抑。刚涉足商海，不熟悉水性，面对残酷的现实，何去何从？我们的心在挣扎！我想放弃回乡，但丈夫认为既然出来了，不走回头路，再努力试试看，别这么快就放弃，也不一定是坏结果。丈夫的坚定，让我鼓起勇气面对困境，耐心寻找机遇。迷惘无助地走在淡水大街上，茫茫人海，举目无亲。就在我们心境凄凉之际，街道两旁林立的店铺和各类摊贩们招揽生意的情景，让我们驻足思考，在市场萧条的大背景下，这些店铺和摊位的小生意人，仍然心态淡定地坚持和忍耐，就算生意冷清，也看不出他们的悲观和苦恼。从这些生活在底层风雨苦度的个体小商小贩身上，我们感受到了一种精神和力量，和他们相比，我们有自己的专业特长，我们的起点要比他们高，我们没有理由消沉和烦恼。从那一刻起，我们又一次找回了创业打拼的信心和勇气，不再幻想一夜暴富，也不再奢望“天上掉馅饼”的好事，而是脚踏实地依靠自己的专业特长，事业从头再来！

那时，惠阳三和医院是一所刚创建不久、社会知名度不高的医院，各科室的医护人员缺岗，我通过应聘，被该院的妇产科录用，我在惠阳有了一份稳定的工作。医院初建，经济效益不好，医生工资待遇不高。尽管如此，我仍然全身心地投入到工作中，不怕吃苦受累，一天看诊患者数量达80多名，连饭都顾不上吃。1996年的冬天是广东四十年不遇的最冷冬季，丈夫忙着事业，没时间给我做饭，为了做好手头的工作，两人都时常忍饥挨饿，忙碌奔波。在工作中，我把自己负责的每一项工作做到最好，尤其注重与接诊患者的沟通，为医院赢得了良好的社会信誉。凭着专业技术过硬，工作成效突出，在短短两年时间里，我成为三和医院妇产科主任，科室的领头人。

人生聚散无常，生活充满变数，走过了，便从容；经历了，就无畏。1998年，是我事业上迎来重大转机的重要年份。那一年，随着南海石化项目落户大亚湾，带动起周边区域的经济大发展，全国各省份有许多人涌进了小小的淡水城。根据形势发展的需要，惠阳区人民医院规模扩大，要招聘一批业务能力强的医生。在三和医院两年的艰辛历练，我对自己的专业能力有信心，底气十足地参加了招聘的面试和现场操作，众评委高度认可，我以绝对优势从众多竞争者中脱颖而出，加入惠阳区人民医院妇产科团队。当时的惠阳区人民医院，医生大多是本地人，说客家话，对外地人冷眼旁观，心有芥蒂。为了尽快走出冷漠与尴尬的氛围，我在工作中少说多做，热心助人，不计得失，面对敌意和嘲讽，我以德报怨，豁达包容。半年的时间里，以医术和人品赢得了新同事们的尊重，建立起信任和友情，事业也在新的平台里悄然生根开花。因为专业能力出众，我很早就担任了惠阳区人民医院妇产科副主任，2008年晋升为主任医师，2013年担任妇产科主任，管理着206人、7层楼、190张病床的妇产科。产科医疗风险高，加之二孩放开，真是压力山大！我带领全科同仁，弘扬医德，精进医术，不懈努力，史无前例地连续两年被评为院级“先进科室”，2017年被评为广东省“五一”巾帼集体。在妇科医疗中开创了腹式及腹腔镜恶性肿瘤手术、非脱垂大子宫阴式全子宫切除术等新技术，在惠州地区率先开展了经脐单孔腹腔镜手术，填补了医院妇产科多项技术空白。我的手术视频分别在国家级与省级妇产科学术会议上获得优秀奖。在广东打拼，

在惠阳出彩，我心中的愿景是：我是齐齐哈尔医学院的学子，在母校星光灿烂的天空下，也有我的一束星辉！

春有百花秋有月，夏有凉风冬有雪，不把忧怨挂心头，便是人间好时节。来惠阳的5年间，在我事业有成的同时，丈夫的事业也风生水起，他凭借精湛的篮球技能，以义务指导青少年篮球训练为平台，广交朋友，很快成为惠阳家喻户晓的篮球教练。在他悉心培养惠阳青少年篮球人才时，一个机遇让丈夫担任了工商局篮球队的教练，带领男女篮球队员赢得了比赛的冠军，此后，丈夫以“特殊人才”入职惠阳区工商局。夫妻二人各自凭着自己的专业能力，在生活和事业的海洋中完成了一次次重要的泅渡！在波澜跌宕中，丈夫的温暖和鼓励一直在侧：挺住！你是优秀的，因为你能把委屈放在心中，你能把眼泪化成动力，你不服输，你不逃避，认认真真干，踏踏实实走。

人间冷暖，世态炎凉，官场风云，商海沉浮，甜酸苦辣，悲欢离合，让人感觉踏实的、难以割舍的，还是温暖的同学情。初来广东，意外丢失了通讯录和身份证，从此与同学们失联了，孤独地飘荡在惠阳，直到2006年，马钢同学把在广东工作的同学们聚在一起，分别了二十二年，见面后的激动与幸福无法言表，只能用紧紧地拥抱来倾泻彼此的思念！那次相聚

成立了1981级齐医广东同学会，会长周庆芝同学、秘书长齐立国同学，从此多了一项服务同学们的责任和忙碌，每当同学们来广东，都有回家的感觉，都有贵宾的礼遇。我来广东之前，大学同学金英杰一家已经在深圳扎根，英杰如亲姐姐般关照初来广东的我，英杰的丈夫是一名警官，工作十分繁忙，但是假日里，时常用心地做上一桌丰盛的饭菜，招待我和丈夫，给我们改善伙食，教我们在外乡的生活经验，在广东艰辛的日子里，金英杰一家的亲情暖意，是铭记在心的雪中送炭！2014年，胡国丽同学的儿子在美国遭遇车祸，肇事者逃逸，巨额的回国路费与医疗费，真是家庭之殇，马钢、滕曼、韩慧萍、温冬梅与广东同学会等1981级同学们都主动捐款，发出倡议，伸出援手，解囊相助，同学情谊，温暖如春！

聚散依依，相逢是歌。三十余年后在广东与同学、闺蜜温冬梅重逢，她也来惠阳工作了，我们的情缘是如此深厚，如当年齐医校园里的纯真，依然是惺惺相惜！三十余年过去，闺蜜温冬梅在我心中还是青春模样，多了睿智、幽默、善言。人在异乡，朋友珍贵，可惜闺蜜在惠阳暂居也只两年的时间，挥手道别，情留心间，温馨常在！

中年如湖，老年如海。有了阅历，心量愈大，心胸渐阔，心境恬淡，渐渐悟出，真正想要的，莫过于一份真真切切的安稳与踏实，心安才身安。这些年历经风雨坎坷打拼所得到的，是稳定的工作、舒适的住房、体面的生活，如果在东北故乡平平稳稳渐行，最后也一样能够得到，但回首往事，放眼前路，仍然无悔当初的选择，仍然为自己的这段人生经历感到自豪！因为，这样的历练让我们的人生充实生动，让我们的生活丰富传奇，让我们的爱情真诚恒久。走过风雨，闯过阴郁，人到中年，只言温暖不言殇！

精彩留言

吴志全：桂梅班长的文字朴实，没有文采斐然的修饰，但每一段、每一句都透出一股火热的正能量，在当下这个浮躁的社会，给人一种力量。没有人的生活能够一帆风顺，无论逆境还是坦途，都离不开向善、向上。桂梅班长一路打拼的劲头，令人钦敬也值得学习。如果说情怀，这种情怀温暖并激励着我们。

周庆芝：只言温暖不言殇，桂梅班长道出了远离故土人们的创业历程，应情应景，幸福都是奋斗出来的！因为奋斗过，所以更珍惜！

许淑云：班长好棒！我心目中永远的老大！

马钢：班长从医、做人、文采、情感、智慧和胆量都是一流的，令人敬佩！

吴艳彬：幸福都是奋斗出来的！

付霞：温暖着前行！幸福着收获！

华泽英：满满的正能量！佩服！

陶明：你总是这样厚积薄发，巾帼不让须眉！很励志的广东创业故事，很温暖的同学情回顾，很羡煞人的美满爱情。心里总有你的温情暖语，何叹世态炎凉！

李桂梅：往事如烟，相聚温暖！

走进新疆，爱上新疆

情怀故事主人公

吴艳彬，女，1964 年出生。1984 年毕业于齐齐哈尔医学院妇幼专业。医学影像诊断主任医师。现任新疆维吾尔自治区富蕴县人民医院副院长，放射科主任，富蕴县政协常务委员，马丁别克爱心协会副会长。

1984 年，我毕业后分配到齐齐哈尔市第二医院儿科，从事儿科临床工作 9 年。1993 年，调入 CT 室从事 CT 诊断工作。新的专业，意味着我必须付出更多的努力才能适应工作，我刻苦学习医学影像基础知识，并先后在北京医院、首都医科大学附属北京儿童医院放射科进修学习。临床的功底和一丝不苟的工作态度让我很快就适应了影像诊断工作，在医院里小有名气。1998 年，我晋升为 CT 诊断副主任医师。2003 年，我晋升为医学影像诊断主任医师，担任齐齐哈尔市第二医院影像科主任。2005 年调入齐齐哈尔市中医院。2012 年，我加入了医疗援疆队伍，调入新疆维吾尔自治区富蕴县人民医院工作。现居住于富蕴县。

大漠孤烟里迎晨光，
长河落日中沐夕阳。
戈壁荒凉绿茵在心，
冷月残阳辉煌在眼。
担当富蕴影像医者，
学不屈之沙漠胡杨！

2010年，中央发出对口支援新疆维吾尔自治区的号召，受刚刚过去不到一年的“七五”事件影响，人们还处于“谈疆色变”的时期，援疆不仅意味着要与艰苦的生活环境、恶劣的气候条件相伴，更重要的是，不知道援疆医生自身的安全能否有保障。我并不是例外，带着忐忑、带着遐想、带着对新疆的好奇，肩负着医生的使命和责任，主动报名，经过组织部严格审核后，我作为黑龙江省第一批援疆人才来到新疆维吾尔自治区富蕴县人民医院，开始为期一年半的援疆工作和生活。

初到富蕴县，看到有新鲜的蔬菜供应，医院又给我们租了楼房，我已经很知足，毕竟没有我想象中的缺水少电、不遮风雨的房屋，也没有想象中翻山越岭、跋山涉水地骑马去上班，更出乎我意料的是——这里其实是最有安全感的地方，有的家庭甚至夜不闭户，到处可以看到没有上锁的自行车、电瓶车，心情渐渐转向明朗。那一年，我冒着–40℃的严寒，奔波在宿舍与医院之间，10分钟的短短路程，中间却还要到超市暖和一下再走。由于气候的寒冷、干燥及水土不服，我全身长了皮疹，奇痒难耐，整夜失眠，直到同事、同学给我寄来治疗皮肤病的药物，内服外擦，病情才有所好转，时至今日，我的皮肤病也是时好时坏，没有痊愈。当地食物以牛肉、羊肉为主，一开始饭菜吃不习惯，一顿饭只有一块腐乳也能下饭。情绪之中并不是没有失落，是那些远在家乡，关心我、支持我和帮助我的同学、同事和朋友，他们时常打电话安慰我、鼓励我，让我在最困难的时候能够坚持下来，并且一直走到了今天。

工作中最让我感到困惑的是语言不通。富蕴县的哈萨克族居民占73%，汉族居民占23%，绝大多数牧民不懂汉语，想要沟通交流，只能找翻译，即使掌握双语的年轻人对汉语的理解也不算很到位，所以有时候病史采集不清，只能依靠经验做诊断。援疆后半个月左右，有一天，一位哈萨克族老人努尔孜亚·塔斯汗，因腹痛就诊，彩超及CT初步诊断均未见异常，外科医生找到我，我看了CT后确认是乙状结肠占位，经过下消化道造影，确诊为乙状结肠癌，之后，在外科与妇科援疆医生的配合下，成功完成了

乙状结肠癌根治术，得到患者及家属的高度赞扬，让患者不出县城，就能获得三甲医院质量的手术医疗，减轻了患者的经济负担。当时还在医院里引起了不小的震动，与此同时，我的工作也顺利展开了。

有一次，一位哈萨克族中年男子赛力克·哈那提，因剧烈头痛就诊，年轻医生根据CT改变，诊断为脑梗死，临床怀疑其为脑肿瘤。于是神经科医生找到我会诊，我考虑为脑挫伤，但是患者否认外伤史，故转入新疆医科大学某医院，给予试验治疗，一周后患者明显好转，最终诊断为外伤性脑挫伤。类似这样的情况不计其数，我都顺利解决，也因此深受临床医生及当地百姓的好评。

影像诊断是一项富有挑战性的工作，属于医学前沿学科，“同病异影和异病同影”要分清，所以，一名好的影像诊断医生，必须具备良好的解剖、病理和临床基础，才能更好地为临床医生提供更精确的诊断，达到指导临床治疗的目的。我从事过临床医疗工作，为现在从事的影像诊断工作打下了牢固的基础。我在齐齐哈尔市第二医院工作的时候，经常有患者慕名来找我看片子，有的患者已经找了好几家医院，最后又找到我这里，患者或是再到北京的大医院就诊，最后得到被证实了的诊断结果，甚至有患者在外院做CT，外科医生在手术前必须让我看一下片子心里才有底，我当时也是齐齐哈尔市第二医院里唯一可以不受限制进入手术室的“无关人员”。富蕴县人民医院，在放射科人员少、设备简陋、业务底子薄的情况下，我改进了工作流程，建立了CT增强扫描计划（单排CT）、早读制度及疑难病例讨论制度，规范了影像报告的书写，使科室的诊断水平取得了不小的进步，医生的诊断技能得以提高。

一年半的时间很快就要过去，在我要结束援疆任务的前不久，放射科主任退休，科室里连一个把关签报告的医生都没有，面对党恩强院长、管克平书记的挽留，面对科室人员的不舍，面对临床科室的无助，特别是当放射科护士库拉孜娅流着泪对我说："吴老师留下来吧，再帮帮他们，现在连新毕业的小孩加那提的业务水平都有提高，再帮他们一段时间吧！"外科副主任刘洪斌说："姐，留下来吧，你走了我们怎么办？手术怎么做？帮帮我们，留下来吧！事业没有大小，让我们一起来干一番事业……"至此，我不能无动于衷！心里生出了巨大的波澜，是哈萨克族人民的淳朴、善良感动了我，是医生的使命唤醒了我，我无法拒绝这份真诚，无法推脱这份责任与担当。

我决定留在新疆，留在富蕴县，为这里的医疗尽我的绵薄之力。之所以有勇气、有底气去新疆，要特别感谢我的爸爸，在我征求他的意见时，他说："你喜欢，就去吧！如果将来工作忙了，我去给你做饭。"看着爸爸，我眼睛是湿润的。齐齐哈尔医学院1981级的大哥周洁信说："去吧，这个经历很宝贵，我感觉挺好。"但更多是家人、朋友、同学的不舍。已不需要再多的语言，我知道该怎么做了，于是在援疆工作结束后，我毅然决然地办理了调动手续，愧别亲人，告别朋友、同学，离开生我养我的黑土地，到新疆去扎根，到富蕴去工作！离开家乡的那一天，心情复杂，我拒绝了所有人的送行，最怕送别，最怕离别，以至于现在，各地区的援疆朋友们都

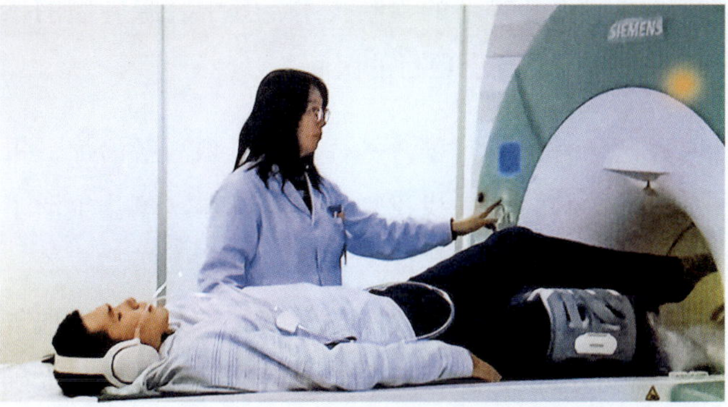

完成任务返乡，我都不愿送！不敢送！不能送！我多想他们也能留下来！2011 年 10 月 17 日的早上，同学朱晓东不期出现在机场，强忍着内心的难过挥泪告别，到新疆的路不是第一次走，但是这次却犹如生离死别！一路上周洁信大哥、吴志全、于恩庆、齐红和付霞等同学的电话、微信不断相随相伴，在北京机场，付霞和她的先生出现在我的面前，同学的送别还在接力，感动的心情再说不出口，在我到达乌鲁木齐的时候，付霞夫妇还没有返回北京的住处。新疆，其实也不太遥远。

2012 年末富蕴县人民医院二甲复审，党院长带领我院一行 21 名各科室的质控人员，来到新疆维吾尔自治区阜康市人民医院学习，党院长向大家介绍我，当时阜康市人民医院的杨院长就说："到我们这里来吧，我们给你年薪 50 万，这是阜康市引进人才的政策。"我感谢杨院长的青睐，一笑了之，同去的同事都惊讶地看着我，这样的邀请没让我心动和感动，我想要的事业，不是年薪 50 万就能一改初心的。2013 年，经过组织部的严格考核，我被任命为富蕴县人民医院副院长，从此身上的担子更重、责任更大了。同年，在富蕴县政府的大力支持下，为了解决百姓"看病难、看病贵"的问题，医院购进了 1.5T 西门子核磁共振设备。如果没有相应资格的人员，自治区卫生管理部门是不会批准的，所以同事们都笑谈，说 1.5T 核磁设备是我的"嫁妆"！有了好设备，我开展了弥散加权成像（DWI）在早期脑梗死及早期肝癌诊断中的应用、新生儿缺氧缺血脑病（HIE）的磁共振成像（MRI）诊断、磁共振胰胆管造影（MRCP）在胆道梗阻性疾病中的应用、乳腺肿瘤的核磁共振诊断等新的诊断技术，其中乳腺肿瘤的核磁诊断，我院是阿勒泰地区唯一一家开展项目的医院。

富蕴县当地有一名患者，患有微小肝癌，一直采取射频消融治疗，每季度都去乌鲁木齐复查，听说了我，就来找我复查。患者在富蕴县生活了半辈子，从来不在县医院看病，有不适症状就去乌鲁木齐的大医院看诊。后来病情复发，当患者把片子拿到北京的解放军总医院后，专家诧异地告诉患者："没想到一名县医院的医生，能把片子处理得这么好，诊断准确

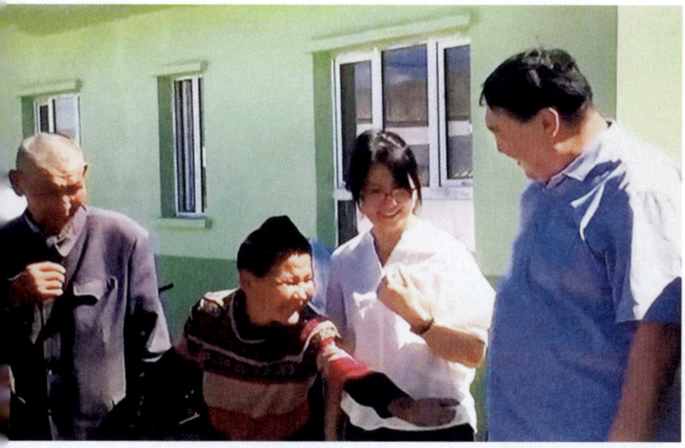

无误，真是难得。”患者当时很自豪地说：“是有东北援疆专家留到我们这县医院了，这是我们富蕴人的福气！”还有一次，一名患者头疼，做核磁共振检查，在我审核报告时发现，虽然他头部没有问题，但是发现患了鼻咽癌，于是交代病情。后来患者去了乌鲁木齐进行治疗，预后很好。8年来，我带领科室人员努力钻研业务，做好传帮带，树立“为人民服务”的平常心，哪怕是千分之一、万分之一的误诊或者漏诊对于患者而言就是百分之百的痛苦，就意味着一个家庭，甚至三个家庭的灾难，所以我工作中始终保持着谨小慎微的习惯。在我的带领下，放射科的诊断及服务能力有了大幅度的提高，并得到社会和人民的认可。同时，我还利用业余时间参加富蕴县当地的爱心援助，走访、帮助贫困家庭，于2014年荣获“富蕴县民族团结进步模范”称号，2015年荣获“阿勒泰地区民族团结进步模范”和伊犁州“先进工作者”称号，2016年获得“地方名医”称号。

三十余年的工作历程，让我有了更广博的阅历。在这个嘈杂的、对医疗行业有一定偏见的社会，人人浮躁，医生承受着“治病必须能救人”的压力，我钟爱着自己的事业，不忘初心，用自己的行动诠释这份职业的神圣与独特。天地间，人为贵，人世间还有什么样的信任能重于托付生命！尊重生命，医者务须笃学精业以成仁术，医者务须修德厚生以成仁心，医者务须终身维护医学的圣洁与神圣，在患者最需要医生的时候，我们要能舍弃一切，全身心地、义无反顾地出现在第一时间、第一现场，只要患者身体能够康复，生命能够延续，再苦再累都是值得的。

说起《情怀》，让我感到既兴奋又纠结：兴奋的是，《情怀》把我带回到了青春时代，带回到了校园生活；纠结的是想不起完整的校园生活记忆，那些片段似乎是不可成文的“感知”，所以觉得还是写一下现在的新疆吧，如我所言，爱上新疆吧！

我其实很想和大家分享我们平时很难感受到的民族团结一家亲——结对认亲活动。习近平总书记提出：各民族要相互了解、相互尊重、相互包容、相互欣赏、相互学习、相互帮助，像石榴籽那样紧紧抱在一起；事成于和睦，力生于团结。为深入贯彻落实社会稳定和长治久安总目标、扎实推进“民族团结一家亲”活动，2017 年末，为了把党的十九大精神宣传到千家万户，新疆维吾尔自治区提出“结亲周”，以“与结亲户同吃、同住、同劳动、同学习”的形式，把民族团结一家亲活动进一步引向深入。

按地区要求，由我和院长助理徐斌、医共体办公室主任王霏组成第三批院领导班子下乡结亲队，于 2017 年 12 月 25 日清晨，驱车来到我们结亲的可可托海镇团结路社区。首先积极参加每周一例行的升国旗仪式，之后在社区开展宣传十九大精神的宣讲，随后我们入村入户，以组团形式开始了为期一周，和“亲戚”一起同吃、同住、同劳动、同学习的活动。

我的“亲戚”是一个回族家庭，一家五口人：户主名叫马进良，51 岁；妻子马艾米乃，49 岁；大女儿，28 岁，已经结婚；二女儿，24 岁，在江苏科技大学上学；小儿子，5 岁，还在上幼儿园。大儿子患有严重脑瘫，在今年年初离世，现在他们家的生活还不错。马进良在乡里有个公益岗的工作，多年收羊皮。马进良在 18 岁时患有腿痛，现在走路不方便，但是不影响生活和工作，冬天的活也不是很多，我们就帮助收拾一下卫生，然后做饭。早就听说回族子弟做的粉汤很有名，好奇心驱使我想和“亲戚”学习一下正宗粉汤的做法，在我们一边做饭一边聊天的过程中，了解到马进良腿痛多年却从来没有进医院看过。进他家的第三天，我看见马进良用小锤子敲打疼痛的腿，我便问起他的情况，分析病情之后，我猜测针刀可以对他起到一定的作用，于是引荐中医科主任赵庆普为他治疗，他的疼痛明显好转，同时我嘱咐他：有空一定去医院彻底检查一下，看看什么情况，目前骨质改变到什么程度了，现在必须治疗，不然随着年龄增大，病情会更加严重。看见夫妻俩脸上挂满了笑容，我很欣慰，我们的距离在真心相处中自然拉近了。

这里有一个特殊的家庭，就是我们三人组的另一家“亲戚”——阿合买提·哈帕提、热依汗·肉孜阿红的家，这是个维吾尔族家庭，家里有四口人：丈夫阿合买提，患有严重的小儿麻痹症（医学上称为脊髓灰质炎），生活可以自理，但丧失了基本的劳动能力；大儿子，32 岁，患脑瘫，智力只有 4 ~ 5 岁的样子，四肢严重残疾，勉强可以自己吃饭；小儿子，25 岁，健康，目前在乌鲁木齐打工，维持父母的医药费；妻子热依汗放在最后说，57 岁，患有股骨头坏死已有两年余，股骨头已经吸收了 1/3，现在行动越来越不便，只等着用平房动迁后的钱去做股骨头置换术。因为这家的情况特殊，我来帮忙的时间自然就多了。这家没有高档的电器和豪华的家具，但是满地铺的地毯和墙上的挂毯依然让人感受到家的温暖，挂毯上挂着各

种乐器——维吾尔族的都塔尔、弹布尔和手鼓，看到这些乐器，就知道他的家庭还是个艺人之家。我的情绪也顿时活跃起来，建议阿合买提大哥给我们献上一曲，他摇了摇头说："现在老了，不爱玩了，我的小儿子都会呢。"听了这话，我有些心酸。这个家庭虽然不幸，但是男女主人都非常好客，家里来来往往的人不断，也有亲戚朋友经常来帮忙，热情的热依汗嫂子主动为我们下厨，我带着好奇心去帮忙，也想学习一下正宗维吾尔族小吃的做法。于是我们上街买肉、买菜，在热依汗嫂子的指导下，我掌厨，她帮忙，我学会了维吾尔族正宗肉包子、糖包子、抓饭的做法。

来到阿合买提家的第二天，热依汗嫂子患了感冒，血压也高，我们立即去可可托海镇医院买了感冒药和降压药。第三天，她觉得行动更加不便，腿痛难忍，在我询问了病情之后，我觉得可以用针刀治疗，于是找中医科赵庆普主任联系，他很爽快地答应了，下午处理完科室的患者后，驱车近2小时来到"亲戚"家，在检查了热依汗嫂子的病情后，直接给予治疗，效果立竿见影，嫂子的脸上露出了笑容，阿合买提大哥及大儿子也是笑容满面，并且连连向我竖起了大拇指："东北的专家就是好呀，人好，技术

高，以后我们就是实实在在的一家人了，只要你想吃什么，以后就过来。”大哥也高兴地弹起了他的都塔尔、敲起了心爱的手鼓，还教我怎么敲、怎么用指法，快乐和幸福的气氛又重新回到了这个家。看见他们的幸福，我更幸福，配合着弹唱起来。在这里我最想说的是热依汗嫂子，她是福海人，家里有八个兄弟姊妹，她排行老三，父亲在20世纪70年代担任过福海县县长，阿合买提大哥是可可托海人，年轻的时候是远近闻名的艺人，拉弹唱样样都行，谁家有喜事一定会去帮忙，嫂子是被大哥的艺术才华所吸引，被大哥的豪放、大度、好客的性格所感动，于是毅然决然地嫁了。我说："阿合买提大哥你好有福呀，娶了个'公主'老婆！"他很自豪地开怀大笑。婚后的生活里，热依汗嫂子成为家里家外一把手，她毫无怨言，用瘦弱的身躯承担起了这个家，牛羊鸡鸭成群，朋友络绎不绝来品尝她制作的奶食，品尝香甜的牛奶和奶茶。

五年前，热依汗嫂子不幸患上了类风湿性关节炎，口服各种抗风湿药并应用激素导致股骨头坏死，身体情况每况愈下。顶梁柱倒下了，亲戚朋友来帮忙，这也是维吾尔族人坚强、友爱的体现——有困难大家帮忙扛。阿合买提大哥幸福地跟我说，他们夫妻结婚三十多年，从来没有吵过架！我很羡慕维吾尔族大家庭的温暖，佩服维吾尔族女性的无私奉献精神，这是一种大爱！热依汗嫂子的纯粹、奉献、贤德，让我心生敬爱。在结亲周结束的那一天，热依汗嫂子恋恋不舍，送了珍贵的丝巾和玛瑙项链做礼物，又为我包了维吾尔族金元宝馄饨，给这次的结对认亲行动画上了圆满的句号。

一周的结对认亲活动虽然已经结束了，但是，未曾结束的是我们与各族人民的情，与各族人民的爱，我们会进一步关注新疆人民的疾病，我们会进一步解决新疆人民的困难，感谢新疆维吾尔自治区的“结亲周”活动，给了我这样的机会，让我了解富蕴县基层百姓的生活状况，感受到了少数民族豪爽好客的性格和勤劳友善的生活态度，让我强烈地爱上这片美丽富饶、充满爱心的热土。结亲周、结真亲、真结亲，愿民族团结的友谊之花

开遍祖国各地，愿中华大地上五十六个民族儿女相亲相爱！愿新疆的明天更加美好！这就是我对巍巍中华，大美新疆，对新疆各族人民由衷的祝福和愿景！这就是我植根新疆，情系富蕴人民的真切感悟和情怀。

走进新疆，爱上新疆，做新疆的女儿，做富蕴人的医者，无悔亦无憾！

精彩留言

崔光成：艳彬同学上了母校校史馆优秀毕业生的墙，她留在新疆工作的壮举值得我们敬佩。《健康报》刊登过她的事迹，十分感人。她用实际行动实践了母校“下得去，用得上，留得住”的人才培养目标，成为学弟学妹们学习的榜样，更是我们同学的骄傲！

周洁信：我们的榜样！

付霞：俺也爱你！

吴志全：“姐，留下来吧，你走了我们怎么办？手术怎么做？帮帮我们，留下来吧！事业没有大小，让我们一起来干一番事业。”看到同学艳彬经历中的这句话，我已是泪盈眼眶。艳彬用自己精湛的医术、赤诚的情怀赢得了新疆人民的心！不仅是一种大医至仁，也是高尚人格的挥发。艳彬的选择是时代烙在她身上最光辉的印迹！祝愿善良的艳彬同学在遥远的祖国边陲，永怀一颗赤子之心，将齐医人的情怀和精神挥洒在边疆，犹如圣洁雪莲花，动人绽放！

黄英辉： 爱你！

王丽浮： 在新的地方工作，将人文关怀做到极致，说明你心中有大爱，值得敬佩，给你大大的赞！

张强： 真正认识吴艳彬同学是从她援疆开始，看完这篇文章觉得还得重新认识。

华泽英： 佩服你的能力！更佩服你的勇气！心有情怀的人总是自带光芒！

陶明： 一次援疆行，六载援疆情。如你般大爱、大勇、大美的女子，世间能有几人？艳彬，敬你！爱你！艳彬，祝你和你的新疆“亲戚”们安好！

吴艳彬： 感谢同学们的关怀、爱护和鼓励，感谢一直以来同学情的陪伴，是大家的赞扬让我感动！我会继续努力！绝不辜负齐医人的美名！

使　命

——评吴艳彬师妹《走进新疆，爱上新疆》

大爱情怀感人，
扎根新疆实在。

善与美，
民族情，
赞颂奉献，
学习成功——

援疆本领技术精，
影像诊断领先行。
辅导新人传帮带，
富蕴医院正上升。
人民需要责任重，
挽手前进共攀登。
生命相托遵使命，
团队提高敢担承。
晋级达标高薪聘，
红心坚定赶路程。
名医扎根人心中，
播撒大爱送春风。
结亲走进百姓家，
同吃同住同劳动。
人民疾苦心中藏，
帮扶解困要先争。
民族团结兄弟情，
姐妹同心享太平。
水土不服曾生病，
鱼水情深献毕生。
石榴百子团结紧，
边疆大爱旭日升。
使命旗帜你先行，
行医济世为民生。
师妹展示善与美，
心心相印享共荣。

2018 年 8 月 26 日

1965 级校友宋永海写于大连

也说成长

情怀故事主人公

雒东江，男，1963年出生。神经内科学硕士，主任医师，博士研究生导师。现任北京大学神经内科学系委员，北京神经内科学会党支部书记、常务理事、神经介入专业委员会副主任委员、脑血管病专业委员会常务委员，中国中药协会脑病药物研究专业委员会常务委员，中国心胸血管麻醉学会脑与血管分会委员，中美国际脑卒中学院金牌讲师，中国航天科技集团北京航天总医院高级专家。担任北京市残疾鉴定专家，承德医学院教授，齐齐哈尔医学院附属第一医院兼职教授。

斯里兰卡见行记

2011年金秋九月，我受中国医师协会神经内科医师分会之邀，代表北京专家参加于斯里兰卡首都科伦坡举行的亚太卒中大会。我们中国代表团一行，在时任中国医师协会神经内科医师分会会长、首都医科大学宣武医院神经内科主任贾建平教授的带领下，经过3次转机，共计9个多小时的长途飞行，于当地时间2011年9月29日凌晨抵达科伦坡，下榻于希尔顿酒店。酒店的门前已拉起用中文书写的条幅“欢迎中国代表团光临”。当地人淳朴、善良的笑脸，无时不闪现在我的面前，让人在异国他乡顿感亲切和温暖。

斯里兰卡是印度洋上的美丽岛国，全国有2000多万人口，曾经遭受荷兰、葡萄牙、英国的殖民统治，1948年宣布独立，1952年与我国建交，与我国关系非常友好，明代郑和下西洋也来过这里，奠定了中－斯友谊的最早基础。斯里兰卡是具有多民族、多宗教信仰的国家，经过近三十多年的内战，斯里兰卡政府于2009年5月剿灭了反政府的泰米尔猛虎组织，实现了和平发展的愿望，近两年来，斯里兰卡国内祥和平静，无论是城市还是乡村，到处是热带特有的树林和鲜花，除了首都科伦坡，其他的中小城市没有密集的高楼大厦，路边的住宅和商铺朴素典雅，没有喧嚣，没有拥堵，这让我们这些久居闹市，天天目睹长队堵车、各处施工、尘土飞扬等场面的人们耳目一新。在斯里兰卡有3种官方语言，分别是僧伽罗语、泰米尔语和英语，无论你走到哪里讲英语，大部分人都听得懂，也可以和你交流，因为没有语言障碍，我们没有感觉到是在异国他乡，而且在海关、宾馆、大街和商店里，当地人一旦知道我们来自中国，都会非常友好。

到达的第二天，我们参加了亚太卒中大会的开幕式和学术交流，与国外同道的交流和沟通，使我们在学业上受益匪浅，同时也意识到在脑卒中领域，国内和国外相比，在基础研究、诊断、治疗、康复等方面基本同步，唯一不同的是，由于社会制度和政府对医疗投入不同，导致国内外出现许多差异，例如：斯里兰卡实行全民自出生之日起的免费医疗，不管是大病、小病，公立医院没有收费处，看完病随时走人，住院患者可获得政府伙食补贴。患者看病有时需要等，但等待看诊并不是难事儿，绝不存在“看病贵”问题，因为有政府给医疗埋单，百姓生病、看病、医疗费用的压力几乎不存在。这让首都医科大学宣武医院、北京大学第三医院、首都医科大学附属北京天坛医院的同道们感触颇深，他们接触到形形色色的患者和家属，排长队挂号、焦急烦躁、无力付费最终放弃治疗的并不少见，如果想得到更优质、快捷的医疗服务，就要到非公立医院就诊，相应的，患者家庭就要付出较高的费用，也有各种难处。

下午，我们中国代表团全体成员应邀参观了斯里兰卡首都科伦坡最大的一家非公立医院——斯里兰卡医院，和北京的普通二级医院差不多，这也引起了我极大的兴趣。我跑遍了这家医院几乎所有科室的各个角落，和医生、护士、接待员、保险公司代表、部分患者都有了广泛的接触和交流，感触很深，在这里我把它写下来，和同学们一起分享。

医院坐落在科伦坡近郊，环境非常优美，院落很大，到处是热带植被和树木。医院的主楼是一座“回”字形的建筑，高 10 层，四周是医疗用房，巨大的中空玻璃棚顶将“回”字楼的顶端封闭起来，构成一个可透望蓝天的巨大空间，站在其中顿感敞亮无比。在大厅的一侧，供奉着一座金光闪闪的巨大佛像，颇具特色。在每层楼的入口处都有漂亮和气的导引小姐，她们可以用 3 种语言回答问题，给患者提供帮助。各科室的名称也很温馨，如心内科在那里被称为心脏中心，儿科被称为儿童关爱中心，还配有优美的图片。斯里兰卡医院共有 800 张床位，各科室门类齐全，共有 50 名主诊医师，其余的是有执业医师资格的助理医师，他们都是各科室为满足患者需求临时雇佣来的，等医疗任务结束，可以随时流动。在临床的各个科室，医生和护士基本上都能流利地回答我们提出的各种问题，平和、亲切。在神经内科，我向一名医生问到该科室的床位、人员构成、住院患者的病种、每天的花费等问题，对方都做了详细解答。然后，我问到神经内科的护士长，该科室是否有医疗纠纷和投诉、抱怨？她开始没有听懂我的意思，我只好用英语再次和她解释了一遍，她告诉我说，斯里兰卡是一个信教的国家，以佛教、印度教为主，百姓认为医务人员是佛主派来的使者，为百姓解除疾病的痛苦，会满怀善意来帮助患者，患者和家属对医务人员有着极大的信任，所以没有患者和医务人员闹纠纷，更没有打骂医生的现象。如果在医院打闹和纠缠，就是对佛主不敬，会遭报应的，所以医院里也没有保安。

医院的各科室在最醒目的地方挂着用3种语言书写的各种承诺的标牌，我读了之后都感到很温馨。在影像中心，正在操作核磁共振的一名医生听说我来自中国北京，高兴地拉着我的手说，他去过北京，喜欢中国，他的哥哥目前还在北京。我也倍感欣喜。我告诉他，中国和斯里兰卡非常友好，我们的胡锦涛主席不久前在广州会见前来参加亚运会开幕式的斯里兰卡总统拉贾帕克萨，拉贾帕克萨总统被北京外国语大学授予名誉博士学位。这位医生听了，和周围的医生一起热烈鼓掌，之后就是愉快的留影了。

在斯里兰卡，医生是受人尊重和羡慕、收入较高的职业。中学毕业要考取医学院校，难度相当于在中国考取清华大学和北京大学，可不容易。毕业考取执业医师资格并成为主治医师后，收入大增，是当地普通民众平均收入水平的10倍以上。

在斯里兰卡短短的几天，我感触最深的是当地人民生活的平和与宁静。百姓从小学到大学实行全民免费义务教育，没有高额学费困扰；长大结婚，向政府申请一块地，盖几间房子，没有高额房价之忧；生病实行免费医疗，没有天价医药费之困。感慨我国的人口基数还是很大，感慨我国在太多的领域还有太多的事情要去做，目前，各种矛盾和问题层出不穷，哪个问题拿出来解决都要面对巨大的困难。

还有另外一件让我非常感动的事：到斯里兰卡的第三天，正逢我国62周年国庆，那天早上，当地的导游维普拉先生在我们的大巴车上，突然拿出一张当地发行量最大的报纸，头版的整版是一面彩色五星红旗和天安门城楼，标题写着“热烈庆祝中华人民共和国成立62周年”，第二版发布了一支广告——中建总公司斯里兰卡项目经理部庆祝中国国庆，这让我们远在斯里兰卡和祖国人民共享国庆的喜悦，也展现了斯里兰卡人民对中国人民的深厚感情。2011年10月3日，我们怀着依依惜别的心情踏上归途，斯里兰卡人民淳朴、善良的笑容，热情好客、宁静平和的心态给我们留下的美好印象，直到现在不时回荡在我的脑海中。

有一种情怀，叫爱国、奉献和责任

中国运载火箭技术研究院（又名中国航天科技集团有限公司第一研究院，以下简称研究院）成立于1957年11月16日，隶属于中国航天科技集团有限公司，是中国航天事业的发祥地，是我国历史最久、规模最大的导弹武器和运载火箭研制、试验和生产基地。

作为中国航天第一个研制基地，研究院诞生了我国第一枚导弹——1059，完成了我国首次“两弹”结合任务，发射了我国首颗人造地球卫星，为我国“两弹一星”事业做出了突出贡献。研究院成功研制了12种长征系列运载火箭，具备发射近地轨道、太阳同步轨道、地球静止轨道等多种轨道载荷的能力。研究院成功实施了以载人航天工程、探月工程、北斗工程等为代表的国家重大工程的运载火箭发射任务，为实现中国航天三大里程碑跨越做出了突出贡献。我作为北京航天总医院的一名医生有幸参加了试验保障任务，特把自己的真实感受与同学们分享。

有一天，北京航天总医院神经内科的蒋初明主任打电话给我，“小雒，有个保障任务要去基地出差，你是否可以参加呀？”我不假思索地回答说，“可以啊！”航天系统的人都知道，任务是最重要的事。放下电话，仔细一想，我还有一大堆的事情，一年一度的年会、数个已经答应下来的外地授课任务、答应夫人一起回沈阳看望87岁高龄的岳父、陪夫人去办理退休手续，等等。但这些和执行任务相比，我还是分得清轻重的。蒋主任和我说，“你到航天总医院工作以来，还没有参加过相关任务，没有实地、亲眼见过试验，加上这几年你在医院的工作非常繁忙，手术特别多，身体也非常需要换个环境，适当放松一下，这也是个难得的机会！”我心想，领导还是想得周到啊！

在医院办理过各种手续，准备好各种药品、器械后，医务处的领导和同志向我嘱咐道：“雒大夫，本次任务责任重，时间紧，队伍多，暂时只有你一名医生，是医院执行任务以来，首次派出像你这样高级别的医生去，你一定要做好心理准备，保证圆满完成任务，并与先期在那里的郭大夫协作好，创出北京航天总

医院在基地服务的品牌。”我当时已经晋升至主任医师，对此次任务十分重视，听了领导这样的嘱咐，更加慎重，说，“请领导放心，我也是一名党员、老同志，在国家任务面前，是有鲜明态度的人。”

来到基地，看到整齐划一的厂房、军营，习近平主席像、训令、口号、标语非常醒目，官兵们军容整齐，步伐有力，中国军人完美的气质和风范在他们身上充分体现出来，穿着深蓝色的印有“中国航天科技集团”服装的试验队员们特别精神，一种荣誉感、使命感、责任感在我的心中油然而生。

我放下行装，整理好各种药品、器械后，便拜访两位老总和调度，沟通事务，了解队员的基本情况，做到心中有数，晚饭后逐一探望了所有参事的航天科技人员。之后便去拜访先期来到这里执行任务的郭大夫，我代表医院和医务处的领导对郭大夫表示了亲切慰问。郭大夫今年已经66岁，退休已经十年，放弃了在北京悠闲的生活，来到基地执行保障任务已经半年多，她负责的专家多、年纪大的队员多、各种突发危重病症患者多，压力特别大。我说，“郭老师，我向您，曾经的革命军人敬礼！”

后来我才知道，郭老师的父亲是一名将军，参加过抗美援朝战争，郭老师一出生，父母便把她托付给他人寄养，随后出国参战。郭老师长大后在北京军区总医院工作12年，后一直在北京航天总医院工作，直至退休。期间曾在多地执行过保障任务，今年再次为保障任务服务，这在我看来也是爱国情怀和奉献精神的具体体现，就是我们心目中可爱的航天人！

由于我负责的都是终日忙于科研任务的项目专家，大多数人忽略了自身的健康，多位专家身患高血压、糖尿病、失眠等疾患，由于专家们的时间紧、任务重，有的专家甚至连高血压药都带不全，我全力配齐送到房间，随时解决他们的健康问题。

在那里，我亲历了专家们白天的紧张忙碌，现场处置各种相关问题，晚上召开紧张的调度协调会、分析动员会，心灵被洗礼，使命感、责任心被大大调动起来。以前自己在医院每天出门诊、做手术，自认为是奉献的榜样，挺辛苦的，但和这些多年默默奉献的人们比起来，真的挺渺小。

甘于奉献、淡泊名利、追求完美的航天精神始终体现在这些专家的身上，他们平凡而伟大，与他们相处，就像和邻家的大哥、大姐般自在，像在公交车上随便碰到的同行人，对方不说出来，你永远看不出平凡背后的他们是多么伟大！专家们的工作业绩、科研成果无法进行公开发表、评奖、表彰，他们将自己的成果无私奉献给了祖国的国防事业！

这让我想起了20世纪60年代，毛泽东主席领导全国人民勒紧腰带，全力支持以钱学森、邓稼先为首的导弹专家，克服了难以想象的困难，在无法想象的环境下研制出各种型号的战略武器，以“两弹一星”为标志，震慑着敌对势力，护佑着世界和平，中国人民从此真正站起来了！当年某些国家对新生的共和国进行核威胁和讹诈，现在我们有了系列的镇国重器，国家安全、世界和平才有了保障！

闲暇之时，我两次来到基地的烈士陵园，拜谒了这里的创建人。在陵园安葬着数位将军和近百位为国防事业献身的先烈们。墓碑向我一一讲述了将军们身经百战、浴血抗美援朝的经历，让我感动不已。这里埋葬的一位将军，曾在彭德怀、左权等国家领导身边工作，在晋西北八路军总部，率领、指挥部队与日寇作战。新中国成立后，这些前辈在创建试验基地的工作中历尽千辛万苦，默默奉献，最后长眠在基地，与他们钟爱和奉献的这片热土融为一体，守望着发射场，注视着一枚枚型号武器、一颗颗卫星在烈焰的升腾中拔地而起……我献上一束花，撒上一杯酒，缅怀先烈，告慰先烈：我们这一代航天人仍然继续着你们未竟的事业，先烈们请放心吧！

我们还去了野外的军营，送上慰问品。首长热情地接待了我们，我们走进野战帐篷，慰问战士们，当时野外的夜间温度已经很低，军人们威武整齐、口号响亮、标语醒目，我非常激动和兴奋，自己好像也融入军营中，似乎成了军中一员。我在帐篷里坐一坐战士们的行军床，看一看他们的取暖炉，关切地告诉他们千万小心煤烟中毒，夜间站岗执勤要多穿衣服。首长拍着我的肩头，高兴地说：“这个医生还挺细心，是我的好朋友了！”我又参观了野战的炊事车、野战淋浴房，从临床医生的角度做了细致的关心和嘱咐，看到我军野外保障的现代化设施，自己内心感到安全的同时，也意识到了责任的重大。

当全国人民过着安静、祥和的幸福日子时，大山深处的人们依旧忙碌着，一切工作有条不紊，紧张开展。各种车辆穿梭，人们行色匆匆、各个任务全部入场，队员们压力大，感冒、发热、关节痛外伤、高血压等病接踵而来。我熟练地处理着随时发生的各种与医疗相关的事件，做到现场保障、24 小时开机、随叫随到，深深感到这就是责任、担当和使命，也为代表北京航天总医院执行特殊使命感到无上光荣。

最难忘的一件事是：那一天，我们早上 4 点多起床，去相关区域工作。那天气温很低，黎明时分冷风袭来，寒冷彻骨。工程师们正冒着严寒在现场工作，操作过程一旦出问题，对人体有极大的伤害。尽管我提前进行过宣教、保障，但总是不放心。领导当初告诉我说可以不上去，我当时就表态：“我们的队员都上去了，我没有任何理由不去！”我提着应急保障箱，一直陪在队员们的身边。我们在现场的工程师，在没有任何防护措施的前提下，冷静地在现场进行观察指挥，我问其中一位工程师：“您不紧张吗？”他平静地告诉我说：“我已经干了二十多年这个工作了，一方面是对我们的航天产品质量有百分之百的把握；另一方面我在这里是对战士们心理的极大安慰，也是我们航天人的奉献精神，一旦出问题，我第一时间可以发现，处置。”短短的几句话，多么朴实、多么可爱的航天人！

随着红色信号弹升起，倒计时数至三，二，一，发射！分别于地面泛起红色的火焰、震耳欲聋的声音在天空中炸响，“大宝贝”腾空而起，拖着火舌垂直向上飞去，直刺苍穹，在天边划出美丽的弧线，飞向既定的远方！瞬时欢呼声一片。这是幸福的时刻！这是国家强大的象征！这是航天人凝心聚力、努力拼搏的结果！这是保卫国家安全的利剑！几位老总对我说：“雒医生，我们有的航天人干了一辈子的航天发射，也没有你今天的眼福啊！”

回到驻地，庆祝发射成功的大蛋糕已经摆好，上面写着“圆满成功”，副总指挥宣布“发射圆满成功！”大家举杯欢庆，气氛热烈。总设计师亲手切下一块有完整花朵的蛋糕，第一个送给我，说：“雒大夫，你辛苦了！”周围一片欢呼声，我接过蛋糕，连连感谢总设计师，激动得流下热泪，多么幸福的时刻！因为有保密纪律，不能与家人和远方的同事分享快乐，没关系，这份幸福，我会一直珍藏、铭记！

这些年来，北京航天总医院秉承航天精神，护佑着十几万航天员工和家属的健康，每一发型号武器，每一颗卫星，每一发火箭成功的背后，都有医护人员的身影。我们和成千上万的航天科技人一样，默默奉献，当无名英雄，得到了各级领导的认可、理解和尊敬，这是工作在航天医疗战线上广大医务工作者的骄傲和自豪之处。

型号武器发射成功后，原航天工业总公司总经理刘纪原老人家还率队来到基地探望，对任务的完成表示衷心的祝贺，同时勉励航天人继续努力工作。随队医生郭大夫还探望了刘部长，为他进行了健康体检，老人家非常满意，值得高兴。

其实我还有一件特别想分享的事，有关随队医生郭大夫：我们的郭大夫常年跟随航天运载试验队出征，护送、救治过多名大出血、昏迷、高血压危象的患者，在试验基地为北京航天总医院创下了良好的口碑和品牌。去年夏天某厂的试验队员在基地工作期间反复晕倒，最重的一次从几米高的工作台上晕倒摔下来，郭大夫给予了及时救治，并立即报告副总指挥，连夜将患者送回北京。患者家属当初还想将患者送至北京某知名医院救治，郭大夫对家属说：“北京航天总医院是我们自己的医院，有最好的设备、最好的医生，一定会很好地救治患者。”同时立即与我电话联系，我接诊患者后，判断病情是颈动脉重度狭窄所致，将患者收入神经内科二病区，

经详细检查，患者一侧颈动脉狭窄率高达 85% ~ 90%。在进行了精心准备后，我与影像中心的李主任为患者行颈内动脉支架置入术，术后患者血压降至正常，身体恢复良好。厂领导、基地领导，甚至于运载火箭研究院的院长知道后都非常高兴，给予我们高度赞许，患者和家属给医院送来感谢信，对医院和科室表示谢意。目前该同志早已重返工作岗位，战斗在大连“巨浪”一线。这件事在基地传为佳话，我来到基地后，有不少同志还和我提起。这充分体现了北京航天总医院前方、后方通力协作，全力保障航天发射任务圆满完成和人员健康的敬业精神。

边关外，大漠处，树叶早已落尽，深冬已经来临，夕阳下的山峰一座连着一座，在这大山的深处，有我们熟悉的军营、厂房，活跃着一批为了祖国的安宁、人民的幸福，默默奉献的军人和航天科技专家，他们常年在这里，传承航天精神，无怨无悔，报效祖国，震慑敌对势力，衷心地为他们喝彩！国家在发展，社会在进步，生活一天天变得更美好，试验任务也在持续进行中……愿航天人为祖国的安全和发展做出的贡献越来越大，愿航天各系统凝结智慧和心血的每一颗卫星、每一枚运载火箭都获得成功！

祝福祖国，祝福所有的航天人！

在吉林大学白求恩第一医院的学习随想

时光荏苒，28 年弹指一挥间！

多少年来，一直想要回忆一下自己在白求恩医科大学神经内科学习、生活的经历，也是对曾经教诲过自己，现已故去的神经内科博士生导师刘多三教授、邬英全教授、江新梅教授的怀念。

1991年秋，我在我的大学同学叶桂兰的全力帮助下，获得了去吉林大学白求恩第一医院国家神经内科医师培训中心学习的机会，当时她在白求恩医科大学读林世和教授的研究生，我自己在大学期间读的就是神经精神专业，当时国内出版的神经病学书籍基本都读过，对刘多三教授、饶明俐教授、林世和教授等“高人”简直崇拜得五体投地，去吉林大学白求恩第一医院学习之前又把“高人”编写的书细细进行了研读，见到他们时，他们是那么的和蔼可亲，严谨认真。

吉林大学白求恩第一医院神经内科是国内第一批博士点，当时神经内科研究室就有电子显微镜，这即使在今天，对一些科室而言也十分罕见。科室里有中国最大的脑病理解剖标本库，主办着国内当时少有的几种神经内科专业杂志之一的《中风与神经疾病杂志》，每届学习班在全国只招收很少的有神经内科临床经验的医生，我有幸能到这里学习。

当然，首先要进行严格的专业考试，之后才能进入科室学习，我非常珍惜这难得的机会，抓住一切机会汲取知识。现在吉林大学白求恩第一医院神经内科主任吴江教授、冯加纯教授当时还是主治医师，带我的老师是江新梅

教授（去年年初在新西兰病故）当时也是主治医师，她热情、开朗、大方、知识面广，我们的上级医生是邬英全教授（数年前病故），当时邬教授刚从日本学成归来，干练、整洁，终日西装革履，掌握着许多新知识、新概念，特别让我佩服，至今他的言谈举止都深深影响着我。

我们每天参加日常的医疗工作，每天晚上在神经内科的教室上专业课，授课的老师阵容强大，全部是神经内科的教授、副教授和毕业留在医院工作的博士。记得第一堂课是由饶明俐教授主讲的神经病学概论，当时她已经是白求恩医科大学的副校长，学术认真严谨；刘多三教授、林世和教授、孙淑琴教授、张昱教授也是国内知名专家。大家都渴望听每一节课，轮到出夜班急诊时，就要找别人帮助替班，生怕落下一节课，我就曾经帮后来的首都医科大学北京宣武医院神经内科主任贾建平教授值过急诊班，当时他在神经内科读研二，2005 年我来北京巧遇贾主任，谈起那段经历，他说："老雒啊，我们曾经是同学啊！"我连连摆手说："不敢当，不敢当！"

刘多三教授给我留下的印象最深，至今难忘，前年在广州遇到刘多三教授的儿子刘群教授，回忆起当时的情景，我的眼里泛着泪光。刘多三教授 1935 年毕业于日本东京帝国大学医学部，发现烟雾病的铃木二郎教授就是他的同学，老人家在 20 世纪 50 年代在白求恩医科大学成立神经内科，饶明俐教授就是他培养的研究生，他诊治患者思维独特，询问病史详细，查体就更不用说了，总能发现别人发现不了的问题和体征，对待患者特别体贴。

当时整个吉林省长春市只有一台核磁共振机，单次检查费用昂贵，刘多三教授在科室做出规定，不经全科讨论，不经他的允许，不准随便让患者去做核磁共振，他说："做一次核磁，农民就要卖一头牛，再做一次，患者家属就要卖房子，良心何忍！"于是我跟着李桂龄教授给患者做气脑造影、脊髓碘油造影、肌肉活检等，也练就了较为扎实的神经内科基本功。

刘多三教授给我们演示摘取脑组织和做脑大体标本切片时从来不带手

套，我好奇地问他，他告诉我说：“小雒，隔着手套摸脑组织和用手直接触摸的感觉是不一样的，各种疾病的脑组织表面的分泌物也不一样。”我忍不住再次拉过他的手摸一摸、看一看，长期接触福尔马林的手很粗糙。这就是我们的刘多三教授啊！

刘多三教授也有非常可爱的一面，他以前抽烟，后来果断戒烟。每次去查房，他先在办公室的地下找烟头，后来所有医生都不敢在办公室抽烟了。有一次，他在医生休息室看到我仅花十几元钱买的一个可以对折的小皮包，类似于过去医生出诊时用的小包，便问这是谁的，我承认后双手递给他，老人家看了看说挺好，看他喜欢，我坚持要送给他，他才接受。回头没过几天，他来查房，带来了两本书给我：一本是他主编的《神经系统疾病临床病理讨论集》，一本是他的同学铃木二郎编写的新书，并给我签了字留念。两本书我至今珍藏着，这就是我和刘教授的友谊……

1993 年 7 月，刘多三教授给学生上完课，突感胸痛难忍，确诊为急性大面积心肌梗死。弥留之际，老人家忍着剧痛，留下遗嘱，要将他的脑子摘取下来，作为神经科学研究之用。敬爱的刘多三教授仅仅几个小时后便辞世了。当时吉林大学白求恩第一医院神经内科的老师们都能熟练地摘取脑组织，但这个对象换成朝夕相处恩师，大家就都不忍心了，后来还是由基础病理的老师取出了刘教授的脑组织，至今保留在神经内科病理研究室，后来，无数的学子，一届一届拜谒着刘教授，学习着刘教授的精神，传承着吉林大学白求恩第一医院的灵魂，将“大医精诚”四个字深深印在心底。

另一位给我留下深刻印象的是现在的国内神经内科泰斗饶明俐教授，有一年网上疯传饶明俐教授在会场席地而坐、聆听讲演的照片，她的身后有不少与会者或昏昏欲睡，或玩着手机，与她形成了多么鲜明的对照！我在吉林大学白求恩第一医院学习时，饶教授是白求恩医科大学的副校长，她每周四雷打不动地来神经内科与刘多三教授会诊查房，她非常尊重自己的老师刘多三教授。有一次讨论全科医生和进修医生一起会诊的一名下段脊髓病变的患者，饶校长问谁能把马尾、圆锥及神经根画出来，大家一时面露难色，我便自告奋勇说：我来试一试！我是初生牛犊不怕虎啊，竟然全画对了！饶教授从此便记住了我，对我关心备至，以后每次来查房都要和我聊一聊，非常和蔼可亲。1998年，饶教授与她的同学，北京大学第一医院神经内科主任陈清棠教授去连云港开会，我去看她，她还把我介绍给陈清棠主任认识。2005年，在北京天坛会议上见到她老人家，她竟仍能叫我“小雒”，帮我推荐工作，关心我的生活。目前她以82岁的高龄活跃于中国神经内科的舞台上，会诊、查房、出门诊、主持全国性学术会议，每次在全国会议上见到她，我都感到欣喜和骄傲，因为她的健康和活力，因为她是我的恩师。

在吉林大学白求恩第一医院学习一年多，时间很快过去，别的同学都打道回府了，我想再多学一些影像学知识，在我的同学叶桂兰的引荐下，我拜见了影像中心的汪一教授，他是小叶的联合导师，我被获准每天一个人进入影像中心存片室，对着报告，阅读数万张神经影像的片子，极大地提高了自己阅读神经影像的能力。

有一天在路上遇到了刘多三教授，他问我：“别的进修医生都走了，你为什么不回去啊？”我说：“刘教授，学习机会难得，我在影像中心再学习学习。”他告诉我9月份要在长春召开国际神经病理学术交流会暨第四届全国神经病理会议，目前《中风与神经疾病杂志》正在组稿，想要找

人帮忙，我答应下来，于是来到《中风与神经疾病杂志》编室，参与校对全国各地、各大医院医生的投稿。在杂志社，我们要把所投的稿件用当时最高级的四通打字机打出来，逐字核对，那时见到了许多现在已经成为国内外大咖的神经内科专家，如袁云教授、纪小龙主任等作者的稿件。后来刘多三教授也邀请我参加了那次神经病理会议，刘多三教授与黄克维教授、陈清棠教授等学者的风采让与会国内外同行折服。也是通过那次会议，国内著名神经肌肉病专家、来自北京大学第一医院的袁云教授结识了德国著名的神经病学专家巴隆教授，也就促成了袁云教授留学德国 5 年的经历。上个月我和袁云教授在徐州参加会议，谈起那段往事，他也感触颇深……

从吉林大学白求恩第一医院归来后，我又去了在徐州医科大学、首都医科大学附属北京天坛医院学习，遇到了那么多的好老师、好朋友，至今联系不断，感恩之心不时萦绕在心！

悠悠往事，不堪回首，时代变了，技术日新月异，我自己从事神经介入工作，但在吉林大学白求恩第一医院学习的经历，说起克雅氏病、异染质脑病、烟雾病、肌肉活检，仍兴奋不已！现在的医患关系、医疗纠纷，什么药占比、次均费用，我不想说什么，只想说听党的话，做一名善良、正直，让领导放心、患者知心的好医生。

精彩留言

周庆芝： 如身临其境，为东江每次带着使命的友谊之旅点赞！更为你精湛的医术点赞！

付霞： 开启休假之旅，同学情怀伴行，细品椰汁原味，感受东江幸福！

李秀琴： 感谢你的文章，让我们了解了斯里兰卡。为同学在医疗事业做出的成就感到骄傲和自豪。

朱晓东： 每个人都有自己的精彩人生！

黄英辉： 开眼界！谢谢雒头！

崔光成： 情真意切！带着同学们走了一趟以往不曾关注的温暖美丽的斯里兰卡。

吴志全： 雒头在自己从事的专业和学术领域是走在世界前列的，是我们班的骄傲。

悠悠岁月，依依深情

——致我们走过的青春

情怀故事主人公

宁传贤，男，1963年出生，1984年毕业于齐齐哈尔医学院神经精神专业。2005—2007年在澳大利亚拉筹伯大学学习MHA专业，获得硕士学位。2002—2007年担任中国一重集团职工医院院长。2007—2016年担任中国一重集团中实运业有限公司总裁。2016—2017年12月担任中国一重新能源发展集团有限公司总经理。2017年12月至今担任中国一重集团社会服务中心及中国一重集团离退休服务中心党工委书记。曾担任全国大型企业运输联合会理事长。

想对你说： 青春无悔，岁月如歌。职场风流，初心不改。

岁月不居，时节如流，五十之年，忽焉已至。我大学毕业已经三十五年了，除了海外留学那几年，如果说前二十三年从事医疗工作，从外科住院医师到医院院长，是成竹在胸，波澜不惊；那么后九年负责央企物流管理工作却是励精图治，惊涛骇浪。三十五年的时空转换，生命旅程的 串串足印，一个个细节，数不清，道不尽！我谨奉两个亲身经历、刻在记忆深处的故事与我挚爱的同窗好友分享，那段难忘的经历，那激情燃烧的一幕幕——

首先介绍一下我工作的单位，中国一重，是由中央直接管理的涉及国家安全和国民经济命脉的国有重要骨干企业，是全世界最大的铸锻钢生产基地。六十余年来，共为全世界提供机器产品300余万吨，填补我国工业产品技术空白400余项，创造了许多“中国第一”“世界第一”，曾被周恩来总理誉为“国宝”，这就是我工作的地方，也是故事的源头。

第一个故事发生在2011年，我公司出口印度一台大型仪器，该反应器重达数百吨，仪器的最高点7米高。然而，仪器要到达印度工厂的路程中必须经过一座跨海大桥，该桥在最低潮位时净高9米，运输这件仪器的船舶从甲板到水面的高度是 3 米，所以运输船要想通过这座大桥就必须将仪器的尾部旋转 35 度，使总高度降到 9 米以下。仪器在我国顺利装船启运，经过一个月的航行，总算到达印度港口，换装到印度的舶船上，这时一测量高度麻烦了：总高度达到了 9.5 米！经检查发现，仪器的尾部常规情况下，只能旋转 20 度，真是晴天霹雳！

我集团公司立即成立应急事件处理小组，任命我为组长负责处理事务，马上请求老合作伙伴——由中国远洋运输集团公司和中国外运集团公司各派出一名陆地船长和一名起重专家，我集团公司派出两名起重专家前往支援。因为印度是一个技术较为落后的国家，其港口最大起重能力达不到吊起并旋转这件大型仪器的要求。

最简单的解决办法是使用运送这件仪器的丹麦重吊船（该船上有两台自备的起重机，总起重重量达千吨以上）。这种重吊船全世界只有两艘，但该船已经装上其他货物离开，如果要等船返回来旋转这件仪器需要两个月，估价高达 3000 万人民币，这个方法排除。

接着开会研究对策，中国远洋运输集团公司的陆地船长提出能否往船舱中注入一定量的水，使船身高度降低60厘米。方案报到印度方面后，对方也认为可行，我们根据印度方面提供的船舶资料计算出应该加注的水量和注意的事项，终于可以松一口气，想到来北京的半个月，还没有出过宾馆呢！晚上请小组的所有人员吃饭、喝酒，真是乐极生悲，当天夜里，印度方面反馈又说该方案不可行，因为注水后高度是降下来了，但船的吃水已经快达到最高点了，印度船长不敢开船。别睡觉了，继续开会。经过研究和测算，该船的吃水高度是可以正常航行的，当天把所有的计算资料提供给印度方面，印度船运公司坚决不肯冒险；后来我们又提出，中国方面派出船长和船员去印度驾驶船舶，印度方面最终同意了我方的意见，中国外运集团的专家立即请示领导组建船长和船员队伍，办理签证手续，总算看到了解决问题的曙光。紧接着坏消息又来了，因为该船注水后接近吃水线的最高点，印度保险公司不同意继续保险，要求我方提供保险业务，找中保、中国太平洋保险公司等国内的保险公司，这些公司都没有在印度开展保险的资质；接着找国外的保险公司，没有一家公司敢承接这项保险，一个美好的希望又化为泡影。

天无绝人之路，我集团公司的一位资深起重专家提出，是否可以在仪器筒体和支撑仪器的鞍座之间注入润滑油，这样这个大家伙仅仅需要1/3的力量就可以旋转了（仪器和鞍座的接触面都是圆形的）。我们马上告知印度方面上述方案，问题又来了，如果在海上旋转反应器，就非常容易导致舶船的倾覆，最好的办法是找到一家造船厂的船坞，船进到船坞后将水抽干，船搁浅在船坞底部，这样旋转起来就绝对安全了。我们把方案继续报给印度方面，说来也巧，距离运输仪器的船舶不远的地方就是印度的高级造船厂，不仅有船坞，船坞上还有合用的龙门吊，经过两天紧张的吊装旋转作业，胜利完成任务。二十多个昼夜的工作经历，我的心路真实地经历了度日如年、夜不能寐、惊心动魄、柳暗花明！

接下来是第二个故事。

2012 年秋，我公司为一座大型国企石化厂生产的 6 台大吨位仪器装船启运了，二十天后到达中转站换装运输船，穿过预定航线，再次换装特种船继续沿航道上行，一切顺利，马上就要如期抵达目的地了。但天有不测风云，距离目的地大件码头还有 29 公里的时候，航道水位急剧下降，低于行船的最低水位，致使船舶搁浅。又等待两天，水位越来越低，情况极其紧急，如果这六台仪器不能按时到达目的地大件码头，只能等到第二年的丰水期才能上岸，将导致工厂晚投产十个月，减少产值多达 1000 亿元、利润损失达 60 亿元！因为航道已经提前进入枯水期了，解决这个问题的唯一办法是请上游的水电站放水。航道上游有三条支流，这三条支流上共有七座水电站，分别隶属于三个水电管理集团。即刻挨家拜访上述七座水电站的领导，请求他们援助，能同时加大发电的泄水量以提高航道水位，终于打动了各位领导，同意第二天早晨 7 点同时行动。我们在第二天凌晨 3 点就开始准备，水头预计在 9 点到达我们停船的位置，盼星星、盼月亮，水头在 9 点 30 分终于来到了，但水位的高度不够，直到 12 点水位下降，都没有达到船舶的吃水深度，之前的一切努力都白费了。该怎么办？开会研究吧！开了大半天的会，最后得出的结论是：只能通过发电站开闸放水才能解决这个问题，这里所说的放水是水电站打开闸门排水，因为发电时下泻的水量达不到航行要求的水位。马上行文上送当地省政府，到达省政府接待室后，工作人员认为我们的想法不可能实现，所以极力反对。没有更好的办法了，我只能上阵，和工作人员说事实、讲道理，再三强调这个项目的重要性，终于说服了工作人员，把相关处长请出来接待我们，难关又来了，不管我们怎么说，处长都不同意我们向省长汇报，就这样一天的时间又过去了。我们又研究了大半夜，没有别的办法，暗自握拳，明天必须见到省长大人！第三天的 8 点 30 分，我们准时来到省政府接待处，一直等到下午 4 点还没有结果，眼看着又一天过去了，内心的焦急和忧虑让我一怒冲，突然用力地拍了一下桌子站起来，指着那位处长的鼻子高声

吼道：你知道你的工资是谁给的吗？你拿着我们纳税人的钱不替纳税人做事（此处省略500字，我自认为是个儒者，不该如此失态，实在是情急之下）……最后我对处长说："请你在我的材料上签个字，这个任务完不成我也不干了，我们集团会向国资委汇报拖期的原因，而原因就是你的不作为！"

当时所有在场的人都惊呆了，包括两名站在我旁边的武警战士，足足有几分钟，那位处长才缓过神来，小心翼翼地跟我说："你千万别激动，我一直也在为你们想办法，这些材料交给我吧，我给省长送去看看能不能办。"我也马上改变了态度，对处长表示衷心感谢。当天晚上10点多，突然接到电话，让我立即去省政府，说是主管省长要问我一些情况，我心里那个高兴呀！到了省政府，主管省长的秘书告诉我，领导非常忙，只能给我10分钟的时间，我说我只需要5分钟的时间就可以。见到主管省长后，我从政治和经济两个方面说明为什么必须按时完成运输任务，主管省长又问我放水的方法是否可行，我就把四川省水利设计院的演算报告做了简要说明。走出办公室，秘书笑着提醒我超时了20分钟，我又向秘书说明了这个项目的重要性，互相留下通讯方式，并告知，一旦有了消息，不管什么时间，请马上告诉我。人与人之间真的有缘分，我和秘书都给对方留下了很好的印象，在以后的工作中，也得到了这位朋友的几次帮助。回去的路上，我们的车还没有到宾馆，秘书的电话就打过来了，通知我，主管省长已经批准了我们的方案，将于第二天上午8点30分在省工信委开会，研究放水问题。

兴奋得几乎一夜没睡，组织小组成员准备相关材料。会议准时召开，我介绍了目前的船舶情况及完成此次运输任务的重大意义，然后当地省航运局和水力设计院介绍了应该放水的量和注意事项（需要放水约 4 亿立方米），听完介绍后，七座水电站的领导马上提出补偿问题，他们认为："放这么多的水将损失 1 亿多人民币的发电量，这些钱谁来补偿？"开了一天的会也没有结果，又浪费了一天宝贵的时间。会后我约了主持会议的工信委领导商讨，我说："放水的方案是经过主管省长批准的。我们必须完成任务，否则我们无法向我们的领导交差；为了完成这个任务，要快刀斩乱麻，如果再研究几天，航道的水位就会越来越低，到那时就是我们放水了，水位也达不到要求。现在不是谈补偿的时候，涉及这么大的数额，今天开会的所有人都不可能做主，都要向上级请示，上级领导还要开班子会研究，等到各个单位都同意的时候，黄花菜都凉了。另外，我们中国一重是央企，运输方中国外运长航集团是央企，用户单位中国石油及七家水电站的上级单位都是央企，我们都有责任维护国家利益。"工信委的领导觉得我说的话很有道理，当时就决定明天接着开会。会议如期召开，七家水电站的领导开始继续谈补偿的问题，如果补偿问题不解决，他们就不同意放水。主持会议的领导生气了，告诉大家："放水是政治任务，更何况就是因为你们水电站下闸蓄水，才使枯水期提前到来，你们蓄的水是居住地人民的水；关于补偿的问题，省政府担保将给予合理的解决方案。"与会各方终于统一意见。接着研究如何放水，本以为会后第二天就可以放水，但却决定再过两天才放水，因为此次放水的水头大约 1.5 米高，是人造的洪峰，所以要通过广播、报纸及电视，提前两天广而告之，停止一切水利工程的建设和维修工作，关闭所有取水口。这两天我们也没有闲着，

又把航道上的十二艘大马力拖轮全都雇来，包括两艘战备拖轮。万事俱备，只待东风。

终于等到放水的时间，六艘驳船在共十八艘拖轮的牵引下逆流而上，距离目的地大件码头5公里水位下降，不能行驶，只得再过一天继续放水，驳船终于到达码头。接下来的几天一直开会研究放水补偿问题，高达上亿的补偿费用到底应该谁来承担？会议的第三天，我提出了补偿的两个原则：一是受益原则，就是谁受益谁补偿。我认为该项目的最大受益方是石化厂，该项目的按期投产，将获得60亿元左右的利润；其次是投资方和省政府，将分别得到利润或税收。而我们公司没有得到任何好处，还因为多雇用了十二艘拖轮而超过预算200多万元；二是过错原则，就是谁有过错谁补偿。我公司严格按照合同的节点完成了制造和运输工作，但是航道的枯水期提前到来，这是我们不能预料的。大家认为我说的比较合理，省工信委同意了我提出的补偿原则并制定了具体的补偿方案。这次重要的运输任务，经历一波三折，绝地逢生，运筹帷幄，大功告成！

忆往昔，峥嵘岁月，家国情怀浓！回想当年风华正茂，怀揣“为天地立心，为生民立命，为往圣继绝学，为万世开太平”的雄心壮志，走出校门，投身职场，风雨磨砺，不改初心！而今人到中年，回看来路，正如宋词所叹：回首向来萧瑟处，归去，也无风雨也无晴。

精彩留言

吴志全：传贤兄这些年，的确是峥嵘岁月、家国情怀浓。可敬传贤“为天地立心、为生民立命”的情怀，人到中年，雄心壮志，不忘初心，肩负央企使命，一路走来，波澜壮阔，道不尽励精图治的时光与岁月。

周洁信：小宁写得真好，令人感动，他做的事，可以用惊天动地来形容。我为有这样的同学感到由衷的高兴，满满的骄傲。

黄英辉： 好一个波澜不惊到惊涛骇浪！大手笔，大智慧，大情怀，精彩！

崔光成： 传贤同学干什么像什么，当医生德艺双馨，当院长开拓创新，当总裁懂经营会管理，是同学们的榜样，是齐医的骄傲！愿老同学在新的岗位顺心快乐！

张强： 与共和国长子相匹配的胸怀、智慧和担当。一重的强盛就是一个个传贤这样的顶梁柱支撑起来的。

张钲： 全科人才，骄傲了我的老同学！高中到大学，低调做人，高调做事，大赞！

David Xu： 2000年我离开一重医院，很少回富拉尔基区，回去也是来去匆匆，已经有十八年没和宁老师单独喝酒聊天了。时光荏苒，我们都年过半百，远隔重洋，要约起来！

李春生： 家国情怀，不辱使命。跨界人才，同学精英。不忘初心，有过华彩！

滴水藏海： 没想到二哥有这么多故事！

态度： 宁院长写得真好，从医、做管理都是顶尖人才！

麦太： 哇，看了宁总的经历，真有惊天地、泣鬼神的感觉，呼风唤雨，“了不起，了不得”焉能概括！对一重，宁总您尽力了，尽心了！

付霞： 青春无悔，岁月如歌。

陶明： 精品的男人，精彩的故事，惊天的魄力，惊世的才干，惊艳的业绩。致敬宁总，1981级同学的骄傲！

四九城二三事

情怀故事主人公

华泽英，女，1964年出生。1984年齐齐哈尔医学院毕业。做过医生、教师和销售员。临床医学学士，MBA硕士研究生。现任北京天普康惠生物医学技术有限公司副总经理。

想对你说：经商无悔于医者，依然服务于医患。行走于商海，钟情于儒道，闲趣郊游问茶赏花，常嗜舌尖美味，虽有中年富态，亦乐在其中。

坐在办公室的椅子上，无心处理公务，占满思绪的是那篇呼之欲出，却又柔肠百转的《情怀》文稿。没有胡子里长满故事的阅历，却有二十四载京华烟云的历历往事。因为在乎，所以慎重，心慌慌眼茫茫，难产的《情怀》稿件在肚子里面已经转悠了好久，就是觉得怎样写都无法诠释前尘往事，可再不交上文稿，真觉得对不起同学们，尤其是志全同学苦口婆心的劝慰了。气定神闲之后，稳了稳涌动的心绪；翻了翻记忆的内存；想了想落笔的端口——思绪搜索了我在帝都北京这些年来，留在记忆里抹也抹不去，纵然没有波澜壮阔，却让我受益匪浅，润物无声的人和事。

第一次来北京

说起北京，便一往情深。第一次来北京，那是1993年的十月国庆，放假加上请假，多凑了几天假期，望穿秋水般期待着去北京，能与先生小别胜新婚，一解相思。同学加同事彭厚诚和刘忠利送我到了齐齐哈尔火车站，帮我放好行李，站台上握手道别，透过车窗看着两个帅气的男同学远去的背影，美好的情景还清晰地留存在记忆里，始终温暖着我的心灵。带着同学的温暖和对北京的美好向往，乘着绿皮火车，一路来到了首都北京。

当时先生在东单三条五号读研，离天安门广场有半个多小时的路程，来到天安门广场正是下班高峰时段，望着十里长安车水马龙，印象深刻的却是马路两边，自行车道上川流不息，各色骑在自行车上的北京人，想想要是有一天，自己也能成为其中的一员会多么荣幸啊！升旗、降旗是天安门广场最威仪而隆重的国礼，下班高峰过后，就是降旗时间，那时候天安门没有安检，看降旗的人也像现在这么多。北京的落日似乎来得特别迟，等了很久都没见仪式开始，眼看暮色降临，本来车水马龙的长安大街突然安静起来，在警车的指挥下，过往的车辆都停了下来，给国旗班的战士让行，当仪仗队的军人，帅气庄严地从天安门城楼金水桥走过来的时候，我的内心一下就被震撼了，仪式感特别强！真正感受到了首都怀抱的“母仪天下”！

天气好的时候，天安门广场会有很多人放风筝，一根细细的丝线握在手中，蓝天白云之下，看着脸谱、蜈蚣、燕子、老鹰，都在天空中飞翔着，心也是高高飞翔着的，放飞的不仅是风筝，还有爽朗的心情。那时北京的空气清丽透明，在漫天通透里，远远近近五彩斑斓的风筝就像王菲的声线，轮廓分明，没有一丝毛边。目光随风筝在蓝天深处悠然，灵魂也仿佛随它而去，翱翔在茫茫天海间，是很美好、很享受、很著名的北京的金秋！

第一次住胡同

文稿的题目有点拽，称北京为四九城，就是想说说老北京、老城墙和老胡同。再一次来北京的时候，正式住进了安定门烟袋斜街银锭桥附近的北官房胡同，一个古老又现代的大杂院，在挨着院大门的平房里，开始了将近四年的北京胡同生活。在这里亲身感受到了老北京胡同里的京腔京味、风土人情，学会了烧蜂窝煤炉子取暖做饭。小时候在东北烧炉子用的是木头，也叫劈柴，点火用的是明子，松树根带油的那种，在这里烧煤球没有经验啊，每天鼻子眼里黑黑的，煤球炉子先用废纸点着小个儿的劈柴，再把蜂窝煤放到上面，每一块蜂窝煤之间，要眼对眼码齐，一般不做饭的时候就封起来，换煤球的时候要把下面的倒出来，把新的放上面。有一天晚上煤炉子没有封好，第二天早起头疼得厉害，抬眼看见睡觉时头顶着的木门上面那个大缝隙，不由得感叹老天保佑，感叹手懒没有关好门，懒惰有时也能救命，不然因为煤烟中毒，也就挂了。吓得房东大哥第二年把煤炉子挪到了房间外面，12 平方米的房间有一个洗澡间和一个小厨房，还是落下了病根，有一点煤烟就能闻到，就会头疼。最怕的就是夏天旅游大巴密不透风，用不了多一会儿，就会头疼难耐。

北京的胡同生活是快乐又温暖的，院里的大爷大妈会及时指导一些生活常识，也会热心帮我照顾孩子，女儿就是在胡同里散养着成长的，放学回来书包一放，转身就去胡同里和小伙伴们躲猫猫玩游戏了，做好饭要喊几嗓子才能回来。老北京人的接纳、包容和热情无处不在，大杂院里没有秘密，每家屋里说话外面能听得一清二楚。

有一次，单位下班后要去饭店吃饭，因为先要回家把孩子交给邻居大妈照看一下，只能自己后赶去，刚来北京不久路不熟，那时候没有手机，没有导航，只有鼻子下面的嘴，就问路人“巴山夜雨”饭店往哪边走，东北话“山”和“三”发音是不分的，路人都一直摇头说不知道附近有叫“巴三夜雨”的饭店，难道记错名字了么，不会啊！怎么会没有呢？正在琢磨的时候抬头一看，饭店不就在眼前么，进去见到同事，单位里基本都是老北京人，就说路不熟来晚了，问路人都不知道有这个饭店，同事说巴山夜雨饭店，我还解释说“巴三夜雨”没错儿啊！不是没错，是自己没意识到错哪了。从那以后“山”和“三”彻底分清楚了。敢问路在何方？路就在“山”和“三”之间嘛……

第一次做销售

感觉命运总是和我开玩笑，越不愿意干的事，还越得干。做老师，做医生都是有可能的，就是没想到自己会去做销售，而且一做就是二十年，不得不干的职业后来成了吃饭的饭碗。医疗行业销售产品一是药，二就是卖医疗器械和诊断试剂，我的第一笔销售单却是集中检测，就是把一所医院做不了的检测标本，送到另外一个能做的医院实验室完成，这也是国内商业实验室的雏形。我们开拓了北京将近100家联合实验室接收标本平台，将800余项临床医学检测项目编目成册，从临检、生化、免疫、分子生物学到病理标本都能传递，上午去客户那里收取标本，分拣好标本和化验单，写好送检单，下午再分送到相关实验室去做检测，每个项目的收费、标本采集要求、检测时间都不一样，有的流式检测项目需要2个小时送到实验室。我们的物流队伍是首钢退休的几位师傅，中专毕业，做事认真负责，对北京交通再熟悉不过，到现在还在公司的师傅已经七十多岁了，身体硬朗，有活儿还能去各个医院取送标本呢。

说起第一次做销售，我的内心还是备受折磨，因为不情愿做的事情，心里纠结得厉害。想当初第一次去敲检验科主任办公室门的时候，心里那种五味杂陈还是无法用语言来描述的，那一次也是在扣响我的未来之门。20 世纪 90 年代末，医院药剂科主任门口明显位置上，会标示医药代表只能在某个时间段拜访，其他时间不得打扰。不过好在我们集中检测项目的市场推广工作属于当时的蓝海，没有药品和试剂销售那么大的竞争，我的优势是：销售的不是产品，而是知识和服务，提供的是北京医疗行业最优化医学检验实验室的检测报告，患者需要，临床医生更需要。

从这个行业的风生水起，到现在分占了这个市场的迪安和金域，他们成了国内商业医学实验室的翘楚领军企业，但我还是可以自信和骄傲地说一句：我们的团队是这个行业的先驱。我的搭档是第四军医大学毕业的，小资这个词，我就是从他身上解读的，还有慢脾气，如今称其为淡定，也是深有感悟，还有他的修养、内涵、眼光和对行业的敏锐观察力。一路走来还能在一起做事，他身上的学问修养，有很多是我要学习和借鉴的，事业中能遇见这样一位良师益友，真是件值得庆幸的事。

再一次见到同学们

风月无古今，情怀自浅深。这段时间每每看到同学们细腻精致的校园情怀文章，非常遗憾自己当时的粗心大意，细细体味之后还是觉得，因为自己当时的稚嫩，把那么美好的过往弄成了一地碎

片似的记忆，无法形成美好的文字。非常感谢同学们的积极热情和无私奉献才能有今天的《情怀》。

参加婚礼、出差，等我再一次见到我的同学们时，我已经被重逢的同学情谊深深感动，感慨了无数次，这也是我的成长和情怀吧！当我看见在各自儿女婚礼上的同学们，既有人到中年的优雅练达，也不失曾经年少的纯真，那是走出半生、归来仍是少年的感觉！那是弥足珍贵的美好时光的剪辑。金英杰是像姐姐一样的同学，有幸在上海一起住了两天，那些来自于姐姐般温柔的话语，那份来自于心底里的关心照顾，让我无比幸福和温暖，谢谢英杰！我们的班长李桂梅，短短的相聚，她的先人后己、不辞辛劳和细致周到都让我历历在目，人格魅力光芒无限。为同学生日点蜡烛切蛋糕，桌子上地方小，把盒子放在地上，蹲在地上为同学切蛋糕，都已经做到局长级的周庆芝同学，和同学们在一起的时候，会那么细致入微、善解人意，挪开桌子上的东西，把垫子铺在蛋糕下面，这种悄无声息的爱意，让生日烛光愈加明亮璀璨，生日歌声清澈悠扬。看到从前有些青涩腼腆的陶明同学，变得如此小资又才情并茂，对生活和美食充满趣味，在旅行中精力充沛，让我忍不住问道：怎么这样的轻松？她调侃自己说：我是个晚熟品种，生命的足球场想踢后半场。谈笑间，愉悦心情无法复制。

这就是我的同学们，每一位都个性鲜明，举止优雅，魅力无比。能爱人、能修己是为有情，能容人、能克己是为有怀，情怀交织，荡垢除尘。如果以后的生活能与有情怀的你们常伴，就是苍天有情，大地有爱，人间有梦，步步风景！

精彩留言

马钢：一直期待泽英的文稿，总觉得一定会带给同学们不一样的惊喜，今天庐山露出了真面目，冰山浮出了水面，领教了！厉害啊，我的妹妹！不愧是商场精英，有头脑，有胆略，有魄力，有道义，有情怀！

张钲：泽英不愧为商海中的医者，你的大气决定了你的事业有成，患者需要你！医生更需要你！“才＋财”聚于我的女同学一身！真是能干的女性！

吴志全：泽英虽没有直接从医，但依然服务于医患。行走于商海，两口子同心协力，有滋有味。内心还装着老北京的记忆和同学之间的点点滴滴。这些记忆纵然没有波澜壮阔，却让我读到了日子和岁月的寻常和匆忙。正是在这样的寻常和匆忙中，我们都已人到中年，进一步悟到了生活的味道。这个味道，悠长而久远，还浸透着如泽英笔下对老北京和老同学的情怀。

付霞：期盼的文稿，期待的情怀。

陶明：佩服你的勇气、睿智和干练，可以挑战一个陌生的领域，且做得风生水起！一切从零开始，不是谁都可以，争强于商海，又不失女人味，可爱的你，让我折服！

韩慧萍：泽英是聪明果敢、率真大气之人，与她密切交往是在卫校共事那几年，一路听着她的解剖课现买现卖的讲完第一轮，收益太多，也算是我的半个恩师啊！她的板书同她的性格一样大气磅礴，才女啊！

王丽浮：上天是公平的，把你的销售潜质挖出来，让你在销售领域做得风生水起，也是同学们的骄傲！

北漂日志

情怀故事主人公

付霞，女，1964年出生。

自诩百年一遇的龙女，经历过1976年唐山大地震时北京晃动，也体验过举国皆知的2012年北京大雨，惊讶听到震撼的蛙鸣大合唱。2012年，正式入职北京王府中西医结合医院，试用期未满被聘任为病案室主任，肩负晋级三甲重任，住进龙脉立汤路旁的“专家待遇房”，接近零装修，但备有家具和淋浴器，年末医院晋级成功。2012年农历八月十五，医院总值班，眺望北面燕山山脉的军都山和西面太行山脉的西山，清晰可见山连着山，17点10分开车汇入车流，一路顺畅来到奥林匹克网球场和先生一起看中网第一轮比赛，李娜迎战法网冠军意大利名将，李娜赢了！

2013年元旦，一家三口在人民大会堂看演出，董文华的歌声依然悠扬；16日儿子伟腾开始在京一家香港上市的软件公司实习，穿着整齐体验地铁早高峰，欣喜实习还有两千元收入；20日在国家大剧院看话剧《大宅门》，斯琴高娃的声音和电视剧里一样有气场，郭宝昌说："今天是斯琴高娃女士的生日"，话音未落，全场起立掌声致敬。4月末至5月下旬，喜迎家人来京小住，11人游京城、品烤鸭、尝护国寺小吃；为老爸老妈体检，请单位专家为老爸针灸、按摩治疗，惊喜老爸右腿能抬高1寸、1尺；9人同去工人体育场看凤凰传奇演唱会，和曾毅、玲花一起高歌《月亮之上》；完成了一个心愿，让北京工作过十年的老爸看到了女儿在京的一席之地。之后漂离北京、深游青海。

北京有山有水有文化，不一定留在北京，但一定要在北京生活过！即使航班延误，一个人深夜走在大街上都有安全感，因为这里是北京！

生活篇

【2011年10月9日】

北京三面环山，有多条河，北部森林密布，其中有多少秘密不得而知，去过北京延庆和怀柔的百里山水画廊，才知道金秋的北京真是一幅天然山水画，没去环北京自行车赛的现场观看，但从直播看到那竟是我们前几天旅游的路线，太美了！各种新鲜的水果和干果很好吃，新核桃、新栗子、新枣等，先生的弟弟征平数着京郊的特产：延庆的苹果、平谷的桃、密云的板栗、大兴的瓜、昌平的草莓、门头沟的梨、怀柔的核桃、房山的磨盘柿子，还有顺义的二锅头，他能清楚记得这些水果的上市时间，很佩服！弟弟说：“旅游可以有很多感受，你会体会到山是骨骼、水是筋、道路是血管，文化是有脉络的。”

【2011年10月16日】

北京的河多，公园多，大到大运河，小到护城河。前天看到了元大都城垣遗址公园的护城河，昨天去看了京杭大运河的源头，在通州运河公园野餐，馒头夹榨菜、馋嘴猴豆腐干、果汁、热茶、黄瓜、士力架，凑成了很香的一顿饭。一路上还看到潮白河、温榆河、减河、清河、亮马河，河水并不都是清澈的，有的还有怪味，听弟弟讲着与河有关的一些故事，大概清楚了河与河的关系；曾在石景山上俯瞰过永定河，水不是很多了，更喜欢看的是首钢原址，那是北京城中少有的老工业基地的场景。太阳快落山时来到了常营公园观赏银杏树，秋天的树叶金灿灿的，几个人在剥着捡来的银杏，味道太刺鼻了！

【2011年10月18日】

早在1976年就随父母去过北京十三陵，印象不深，有点恐怖感，现在感觉却大不一样，那山、那水、那路、那桥非同一般，昨天弟弟带我们去看了没开放的庆陵、德陵（免门票），庆陵被火烧过，保留着痕迹，弟弟讲了很多正史、野史及建筑的特点，每一座陵旁的村落都以陵命名，那是守墓人与亲属发展壮大建立起来的家园。在十三陵水库看太阳落山，天空有军用飞机翱翔，蟒山上看见风筝样的物品，原来是滑翔爱好者在飞，水库旁的垂钓者陶醉着，先生的相机没有弟弟的专业，也上坡下水地认真拍摄。自七孔桥上驶过，见路旁的柿子树上挂满了果实，只是还没成熟，弟弟讲着他曾看到过夫妇俩收柿子的过程，很独特感人，那是一种默契，还告诉我们路旁的果实不要去摘，没有护栏也是老乡的，如果老乡在可以去要一个。

【2011年10月26日】

北京的路多、桥更多，但有一种路鲜为人知，就是沿河的大堤路，车辆不多，开车行驶于上，心情极好。沿途的风光别具一格，那一排排树整齐划一，一片片高尔夫球场绿地不断，不时出现的采摘园令你神往但无暇顾及，一座座桥迎面而来尽情在其下驶过，一架架大飞机在空中慢行，航空公司的标识清晰可见，虽然还有没修好的路，需绕道前行，但到天津的武清区还是很方便的，到了才知道这区很美，京杭大运河从城中穿过，城铁武清站对面的佛罗伦萨小镇，是中国首座纯‘意大利血统’的奥特莱斯，拥有150家店铺，可惜只有一点时间观光，城铁武清站到北京只需20分钟左右，到天津站才13分钟。

【2011年10月27日】

在北京，不经意间就能看到很特别的地方，中国航空博物馆就在大汤山，小汤山因为“非典”而让国人熟悉，其实是先有大汤山后有小汤山，因为小汤山临近公路，所以很快发展成镇，大汤山的中国航空博物馆很壮观，多种飞机都在其中展示，很高兴和毛泽东主席乘坐过23次的飞机合了影，展区有几大部分，看后仍记不住有哪些飞机、导弹，只记得有客机、战斗机、水上空中两用飞机、教练机……有毛主席的座机，起义缴获来的飞机，有20世纪30年代和近些年制造的飞机，很惊奇的是，一座山被修建成一个大大的展区，没有进去细看，只是觉得那山中一定藏有很多宝贝，不时有飞机在空中飞过，原来是附近有一个军用机场——沙河机场，可以看到飞机的起落架都没收起，据说是学员经常在这里培训，在空中飞了一圈就回机场了。

【2011年12月2日】

地铁雍和宫站很有特色，建筑风格有皇家的韵味，这站路过很多次，直到踏上站台才发现它的魅力所在，好气派！雍和宫对面是国子监街，形成于元朝初年，是北京仅存的有牌楼的街道，街上有四座牌楼，国子监附近左右各一座，巍然耸立的牌楼，夹道的古槐和两旁的大小宅院、庙宇，使这条京城现存不多的古老街道尽显古色古香，清幽恬静。孔庙和国子监在同一个院落里，国子监是元、明、清时进行科举考试的场所，孔庙的规模仅次于孔子故乡曲阜，还有各处散落的刻有当年在科举考试中中举的名人石碑等。和先生走在当年进京赶考的人走过的路，感觉很坚定，看到路旁的民房中多有老人家坐在那里，长长的胡须尽显着老道，像是和他桌上的电脑一起谈古论今说人生，没看到有人在里边求教，老人家悠闲地拿着鼠标，路口处一位脸和手有烧伤痕迹的人手里托着一个盘子，我找了现代“散银”放了进去，走过这条街感受是，这世上的路有多条，比起当年赶考的人，我们走在路上很轻松！

【2011年12月11日】

三里屯位于朝阳区东部，因距内城“三里”而得名，20世纪60年代到20世纪70年代，在此建立北使馆区和外交公寓群。据说三里屯酒吧街是老外和名流经常光顾的地方，也是北京原创服装设计师的聚集地，许多个性服装店藏在这里的胡同深处。团结湖站下车，即到达三里屯了，这里的建筑很特别，高层建筑林立，彰显着繁华，而使馆是带有院落的低层小楼，使馆门前的街道显得静静的，我们漫步前行，欣赏着使馆区，因为院外还有栅栏，院内的楼又不是很高，几乎没看到太多的景色。在院墙的里面，一棵柿子树上挂满了柿子，墙外是武警战士的岗位。使馆门前都有武警战士站岗，当我们走近使馆时，看到战士走动着，没太在意，看着国旗只认出其中之一是韩国的国旗，其他国家的国旗就不熟悉了，看到中文写着马里等，经过两个使馆后就明白了，战士是因我们而动，当我们靠近时就会走过来几步站住，当我们走过去时，他就会走回去站住，其中一位还看着走在我前面的先生，用目光从后脑一直看到前脸，武警战士的工作就是每天站在岗位上，用目光扫射着走过的每个人。

【2011年12月20日】

北京站，从秦皇岛来的付白小侄女小跑着出了站，我们约好接站时要从最右侧的出口出站，这也是从好朋友王鑫那里学来的，简单实用，我们高兴地说着话，马不停蹄地赶往国家大剧院。国家大剧院的演出都是19点半开始，买到了青年作曲家计划终评暨颁奖音乐会的票，因为其他厅有施光南作品音乐会，我们音乐厅的上座率就有六七成，二楼看台位置很好，虽在侧面，但可以清楚地看到指挥和首席大提琴的目光，这六名青年作曲家都很令人钦佩，有的还参加了奥运会主题曲《我和你》的制作，最

年轻的金秋月才22岁，就获得了第三名的殊荣，这些作品虽然没有名曲听来震撼，但娓娓道来让人如临其境，小到胡同里的蛐蛐声、鸽子哨音，大到鼓鸣隆隆，小侄女听得入神，听懂了更多，还请金秋月合影留念，见到了著名的作曲家陈其钢（音乐作品有《我和你》《山楂树之恋》《金陵十三钗》等）、国家大剧院院长陈平、著名指挥张艺（指挥奥运会歌曲的录制）等，也深感作曲家的辛苦和不易。北大百年纪念讲堂，俄罗斯明星芭蕾舞团的《天鹅湖》如期上演，付白小时候学过芭蕾舞，很期待看到《天鹅湖》，我们买到了转卖的票，这百年前就已诞生的《天鹅湖》，这样美的音乐和舞姿，到了这般年纪才看到，真羡慕前排的小女孩，十岁左右，生活在北京，有太多的机会欣赏这一切！

【2012年1月1日】

走向复兴——2012新年大型文艺晚会今晚在人民大会堂上演，第一次在万人大礼堂观看演出，很兴奋！人们参观着这里的巨幅画卷，漫步大厅欣赏着这里的一切。演出于19点30分开始，开场舞后耿莲凤演唱了很好听的两首歌曲，其中一首是她的保留曲目，观众很喜欢，接下来是有西部歌王之称的高保利演唱原生态歌曲《山丹丹开花红艳艳》，他请观众朋友互动，还练习了两遍，观众开心地唱着，我们也跟着千家万户哎嗨哎嗨哟地唱了起来，先生的声音比我的大，看他投入地唱着我偷偷地乐着！这场演出的票，最便宜的是180元一张，性价比很高，看到了优美的顶尖级别舞蹈，还第一次观看了杨洪基、才旦卓玛、殷秀梅等的现场演出，那些熟悉的旋律让我们感到很舒畅！

这就是2012年元旦的北京，在万人大礼堂，我们唱起了熟悉的歌。

友爱篇

2011年，我和先生开始了一场说走就走的“旅行”，东北出发去过兴凯湖、二战终结地虎头要塞、珍宝岛、黑瞎子岛、祖国最东端抚远；也到过黄河岸边、碛口古镇、平遥古城、杀虎口村、红旗渠等；登过恒山、太行山，游览过北京的京郊百里山水画廊，行程约“二万五千里”，写了旅行日志《在路上》以备忘，其中第二十七篇《在路上——永远与你同行的同学》被吴志全同学看到，发到同学QQ群的论坛上。后在同学们的鼓励下，又平铺了一些往事，直叙了一些感受，有了后续的七篇文字，《情怀》出版，择其二三投之。在路上，同学们永远同行着！难忘同学情，如李德福同学说过的：“同学情如酒，年代越久远越醇啊！”

相聚在大兴【2011年11月23日】

北京天通苑到大兴直线距离不到50公里，我们的车因进京证过期就只能绕过五环，经海淀、门头沟、房山地界到大兴区，次日又经通州、朝阳回到昌平的天通苑，全程200多公里。黄村镇是大兴区政府所在地，有地铁4号线将大兴和北京城中心相连。在同学会纪念册上看到有三位同学住在这里，到大兴没看山水，进城就找医院、看同学，度过了开心难忘的美好夜晚。先生第一次和我的三位医学院同学共进晚餐，被同学们的盛情感动着，不时开心地笑着，很快融入其中。我很踏实地品尝着

美味，聆听着同学们的畅所欲言，感受着同学们的生活经历，喝着同学带来的白酒剑南春、没记住名字的名茶，另一位同学认真地说是部长级喝的，回味着酒的绵和辣、茶的清香，同学情谊、校园点滴在脑海中不断回放，快乐洋溢在脸上，幸福徜徉在心中。

同学安排我和先生住进了大兴最好的宾馆，睡到自然醒，同学们早已上班了，同班的李庆霞是人才引进来京的，现任大兴区妇幼保健院医务科负责人，昨天忙着迎检，今天还要出专家门诊；北京航天总医院神经内科主任雒东江同学是我的同乡，积极进取的他昨天投入地刚忙完手术，今天又迎检；使母校在首都黄金地段都有一席之地的学院期刊社负责人沈黎，难得和家人吃上一顿饭，还要经常因公出差去各地，昨晚为了及时赶到，他只好乘坐平时不喜欢乘的地铁，车号限行日，今天一早又要乘地铁去北京城中心上班。和先生行在路上，高兴地聊着：这就是难忘的同学，在路上永远用着各种不同的方式与你同行，关爱着你、祝福着你、温暖着你、感动着你！就是这次同学相聚，让我们对北漂生活更有信心，也坚定了一个愿望。

相逢同学会【2011 年 12 月 2 日】

北京下了第一场雪，早起看到窗外所有的车都变成了白色，而房顶和马路居然是原色的，空中飘着零星的雪花。午间，看到志全同学的留言，建议我写点东西发到同学群的论坛里，真是不敢写些什么，看到同学们的文章都很深刻别致，更不敢……

午后，和先生在清河边健步走，没有了往日的高速度，想起了很多往事，想着和同学们一起走过的路，决定听志全的话写点记忆中的往事。离开齐齐哈尔的家和先生一路自驾行至今日，走了万里路，随身带的书只有三本：一本地图册、一本职场路线图，还有一本就是爱不释手的同学会纪念册，每每翻看纪念册，总是要向先生讲述一些同学之间的往事，开心地回味着。

相识三十年同学会报到时，先生开车送我到齐齐哈尔的金之缘商务酒店，看到大厅内忙碌着的同学们，很欢快地告诉先生：“和于恩庆一起做接待工作的那位男同学就是大哥，大哥是全年级最受尊重的同学，但他多大我不清楚。”和大哥打了招呼，声音很小，不知他是否听清我第一次称他为“大哥”，后来在纪念册上看到周洁信同学居然大我八岁，更加敬佩这位大哥，因为不在一个班，不知道他是如何在那个高考异常艰难的年代，和这些小他很多的人同场竞技的，其刻苦可想而知。同学会负责接待的同学很多，他完全可以不这么辛苦地接待着一拨又一拨的同学们，而他就是大哥，亲自来到大厅里，我明白了他在当年是如何当好大哥的，如何受到同学们的肯定和尊重的。

三十年前，入学报到的那天并不开心，傻傻地看着同学们忙碌着，不知

道自己该干什么，三十九名同学住在一间大教室改成的宿舍里，一位同学过来问我是来报到的吗？答，是。她惊讶道："你多大了？我以为你是同学的妹妹，送人来的。"她就是我班的大姐，大我五岁的朴明玉同学，始终把我看成妹妹。相识三十年，毕业后没再见过，同学会见到她，就泡在她的房间里，没大没小地开着玩笑，拿出毕业时的留言册给大家念着。大姐没老，她乐观并富有童心，一边高兴地和我们聊着，一边拿出精心准备的礼物，我们开心地试穿着这不同寻常的班服，她拿出为这次同学会赶制的民族服装，我们请她穿上舞了起来，也学着大姐样子舞动着，有了这难忘的T恤"班服"，我们的合影很别致，大家都在尽情笑着！

盘点着三十年，盘点着同学会，点点滴滴的回忆就像一股股温泉涌了出来，汇聚成千言万语温暖着自己。感谢所有为同学会付出的同学们！感谢崔光成为相识三十年同学会所做的一切！感谢张嘉伟代表同学们的发言，感动着自己，更感动着大家！

相见在机场【2012年10月21日】

对许多北京人来说，秋天就是香山的红叶和大觉寺的银杏，如果放眼四周，秋天的色彩会更加饱满：四川的山毛榉是透明的柠檬黄；大兴安岭和小兴安岭的白桦林如同身着白色西服的绅士；新疆沙漠公路旁的胡杨透着让人屏住呼吸的美。2012 年 10 月 17 日，在北京南苑机场，目送吴艳彬通过安检，她在北京转机飞往乌鲁木齐，不知下次我们见面会在何方。和先生乘机场大巴回到前门，步行途经报亭买了当天的《新京报》，发现除了开篇的两行文字，还有三幅摄影作品都在描绘新疆的美景：阿尔泰山的欧洲山杨变成了金色；喀纳斯湖畔生长着五彩的灌木；新疆布尔津县的五彩滩，驼队正跨过额尔齐斯河。

漫步在北京的大街小巷，途经前门大街最早的一座北京火车站（中国铁道博物馆）、西哈努克在京住处——东交民巷 15 号、长安街地下通道，进入王府井大街，喜见大美阿勒泰亮相王府井：中国绿道——千里旅游画廊影展，九十二幅高清摄影图片“惊艳”王府井大街——金山银水阿勒泰、人间净土喀纳斯。我看着高兴，心想艳彬去的阿勒泰一定是不错的地方。

来过北京的人都知道王府井，多数人都在王府井步行街走过，但很少有外地人知道走出王府井大街，前面还能看到什么，中国美术馆、北京人民艺术剧院、商务印书馆、三联书店、天主教堂等一一映入眼帘。大家都知晓新疆的乌鲁木齐，但阿勒泰地区的面积约有三个齐齐哈尔那么大，倒是没有多少人注意到，艳彬被选派援疆一年半，又选择落户新疆工作、生活，一定是魅力新疆感动了她！

步行了 10 公里，选择在快 3 公交站附近吃晚饭，抬眼望去竟有一家清真酒店在不远处，吃到了很好吃的一顿新疆风味美食。天色已晚，乘车回家，刚到小区门口，艳彬来信：“我已到达乌鲁木齐。”回曰：“新

疆也不远啊，我还没到家呢！”艳彬一路走来，带着8110班同学的关心、韩慧萍等他班同学的祝福，肯定还有大哥周洁信同学的鼓励和主席张强同学的褒扬。在机场，我看到了晓东同学和艳彬在齐齐哈尔起飞前的合影，志全等同学午间的问候，有同学们同行在路上，她不会寂寞。在乌鲁木齐机场，有院长、书记亲自来接她！她在美丽的新疆等待着同学们，同学们与她同行在魅力新疆。

我收藏着这份《新京报》，虽然我不能像沈黎同学那样每天都坚持看《新京报》，也将漂离北京，但我珍惜在京的每一天，如同艳彬热爱美丽的新疆，热爱每个我生活过的地方！

精彩留言

吴志全：付霞的北漂日志，漂的不是北方或北京，漂的是一路的心旅和情怀。读万卷书不如行万里路，付霞一路走来，眼里看到的是风景人文，心里装下的却是滋润的人生。能在纷繁的世象下，带一颗纯粹的心，去感受北漂的点点滴滴，这不仅是生活的质量，更是生命的情怀。

周洁信：凡是同学写的文章都是好文，付霞同学更有写作天赋，像阅读小说一样吸引人，咱们的同学无论到哪里都能表现出优秀品质。

王丽浮：说话总是轻声细语的，面带笑容的小妹妹，看着羸弱的身板，可是做起事来很果断。心中有爱，关爱着可以关爱到的同学，线上线下与同学的互动，就像是快乐的天使，走到哪里都是一路笑声，读了你的文字，写得真好，令人感动，我笨嘴拙舌，不知说什么话赞美你，只有祝你越来越快乐，身体健康。有机会，一定去你那里瞧瞧。

吴志全：永远同行的同学，你深情款款写的是同学，我却品读着文字里对你深情款款的先生。有人说幸福：一是健康的身体；二是和谐的家庭；三是事业的成就。而和另外一半的和谐，不仅有助健康，也有利于事业发展。所以上苍垂青付霞，赐予一位好先生，是付霞的善良和厚道积下的福报。有先生呵护的女人最美丽，羡慕着你，也祝福着你，一路和先生相扶相携，相濡以沫，过滋润的人生，品生活的甘茗，越活越有味道！

王丽浮：看过你写的这么多文章，感觉你每到一处都把当地的地理、文化研究得很精深，感觉你就是一个地理百科，啥都知道，又感觉你好像不是读医学院的学生，好像旅游专业的学子，还是你的文采好，把所看、所听都付于笔下，描绘出好多美丽的画卷，谢谢你，虽然你笔下的很多地方，我都没有去过，可是通过你的描述，就如亲临其境，同你一起感受各地的美。

韩慧萍：《情怀》让我重新认识了小才女付霞。虽然在一间教室里一起苦读了两年多，但不是同班，接触并不多，更谈不上了解，通过稿件，让我看到了安静才女内心的博大情怀，细致入微的洞察力，持之以恒的执行力。她所走过的千山万水，无一没有老公的陪伴，妇唱夫随，温柔体贴的恩爱夫妻让人羡慕。这才是值得称颂的家庭事业双丰收的楷模！为你点赞！

崔光成：人与人之间的情谊是相互的。付霞为人善良厚道，所以无论是“北漂”还是“西漂”，总有同学与你同行。面对生活的挑战，你选择了勇敢，战胜了困难，如今潇洒快乐地满世界走着。羡慕！

载入史册的故事

一篇篇日志，
一段段旅程，
娓娓道来，
一路风景。
胜过导游，
好像梁思成。
人文地理，
京韵深情，
文字演绎录像，
先生呵护全程。
自信成功，
出手双赢。
事业有你的奉献，
家族有你的亲情。
胸怀博大，
欣赏北京。
追求高雅艺术修养，
幸福洋溢睿智聪明。
成功是你的品牌，
分享是你的光荣。
北漂是你的自谦，
真本领是空降兵。
《情怀》载入史册，
故事世代传颂。

2018 年 8 月 24 日
1965 级校友宋永海写于大连

望秋有感

情怀故事主人公

梁富龙，男，1964年4月出生，1984年毕业于齐齐哈尔医学院神经精神专业。主任医师。1984年毕业后分配到佳木斯市中心医院，一直从事神经内科临床诊疗工作。现任厦门市第五医院神经内科副主任。对脑血管病、中枢神经系统感染性疾病、脱髓鞘疾病、运动神经元病、脊髓疾病、肌肉疾病、锥体外系病变、周围神经系统疾病等有丰富的临床经验。

曾任黑龙江省医学会神经病学分会委员，黑龙江省脑血管病学会第一届常务理事，黑龙江省康复医学会神经康复专业委员会委员，黑龙江省抑郁症防治研究会第一届委员会理事，黑龙江省医学会卒中分会委员，佳木斯市癫痫协会常务理事，黑龙江省医学会医疗事故技术鉴定专家库成员，佳木斯大学兼职教授，等等。现兼任《中国继续医学教育》杂志福建省编辑委员会特约编委。

如今定居在美丽的海滨城市厦门，有闲时去鼓浪屿吹吹海风，遥望一下台湾，家国情怀都有。

春夏秋冬，四时之美俱不同。正值初秋，对秋的喜爱便不由得越发浓厚起来。早晨上班的路上，一阵阵清风袭来，好舒服。转眼间来厦门已有八个月了。初到厦门时，正值厦门最热的时日，每天上班走在路上都是热浪扑面，来到单位早已汗流浃背，所以总是步履匆匆。近日却希望能在路上多流连一会，因为秋天到了，清风迎面，好不惬意。但这种感觉只做了短暂的停留，我的思绪就回到了家乡，我的东北老家，那里现在该是秋风瑟瑟、落叶满地了。

一个人走在路上，秋风吹来，又不禁感叹岁月催人老，虽然硕果累累，但也充满疲惫。望向街道两旁即将枯黄而落的叶子，想起年轻时候家门口那棵老杨树下的枯黄落叶，那时的风华正茂已然变成了如今几丝鬓间白发。风景依旧，人有不同。“年年岁岁花相似，岁岁年年人不同”就是如此吧。

突然，一阵电话铃声打断我的思绪：“喂！主任，急诊科请你急会诊！”接到任务，我以最快的速度跑到了急诊科。患者突发言语不清，右侧肢体运动障碍约 1 小时，头部 CT 检查未见异常，确诊“脑梗死”，立即实施溶栓治疗，约 1 小时后言语及肢体功能完全恢复，又成功抢救了一位患者。年复一年，真的不知道挽救了多少伤病……

还记得 1981 年，也是初秋的季节，怀揣齐医的录取通知书，年轻的我，意气风发地走进齐医校门。对于一个来自小县城的孩子，齐医一切都是那么新鲜。一张张陌生的面孔逐渐成为熟悉的脸庞，往事历历在目。当时的我们就像春天的花朵，阳光灿烂，充满朝气。我们一起哼着“知了在声声地叫着夏天”，走进教室拿出课本。讲台上老师的话飘过耳畔：“今天我们学习神经病学的入门课，神经系统查体……”“神经系统查体”这个概念，现在对我来说不能

再熟悉了，那就是我每天工作的开篇。回忆的场景，承载了我们那些年一去不复返的青春，更承载着三年寒窗只为救死扶伤的愿望……

看着窗外的秋天，不知不觉间已度过了五十多个春秋，那些逝去的时光正如这秋日的落红，滋润着将来生活的美好，即便秋风吹乱了树叶，即便时光飞逝，卸去疲惫，我们一直在路上。

精彩留言

陶明：秋日思绪，秋事悠远，秋光潋滟，秋季抒怀！

付霞：致敬我的同学，大我两个月，成就和感悟都远远高出我，情怀催我奋进！也能让人坦然！

王丽浮：落红不是无情物，化作春泥更护花。我们都在做春泥的路上了。

吴志全：前几天赶到厦门接待女同学，接受梁兄邀请参观了他的窝点，用惊艳形容绝不为过。其他同学想体验下，那就主动联系这个热情好客的男神吧！

幸福在深圳

情怀故事主人公

王丽浮，女，1963年出生。1984年毕业于齐齐哈尔医学院妇幼医疗专业。

- 1984年8月—2005年5月　第一重型机器制造厂职工医院，妇科医生。
- 2005年6月—2014年3月　暨南大学附属深圳华侨医院，妇科医生。
- 2014年4月—2015年2月　深圳流花医院，社康妇科医生。
- 2015年2月至今　深圳麒麟山疗养院体检中心，妇科医生。

说到深圳，就会联想到中国改革开放的二十年，一个有着六千七百年人类历史的小渔村，以特有的“深圳速度”，厚积薄发，成为国内外知名城市。深圳这个名字，我最先应该是从报纸上知道的，报纸上的描述让人激动，也让人恐惧，柔肠百结，不敢前往，从未想过有一天自己也会成为一名深圳市民。

那一年因儿子读私立艺术高中，学杂费加上一家人的生活费用，靠自己的单位收入难以支撑，朋友告诉我，广东一带缺妇科医生，待遇比较好，可以到那边去试试。春节一过，我便来到广州某医院应聘，可惜那时不能办调转，人家不能接受，回转途中大脑灵光一闪，当即决定去深圳瞧瞧。经过大巴车上几个小时的颠簸，晚上 8 点左右到达深圳市罗湖汽车站，下车后站在陌生的城市里，两眼一抹黑，东西南北都分不清，不知该去哪儿，走到路边电话亭，翻看电话号码本，老公同学的电话号码跃然纸上，幸好走时把她的号码记上了，也许是冥冥之中就有此一遇吧，老公的同学告诉我怎样坐车去她家里，懵头懵脑找车站，换乘车，终于辗转来到她家。老公的同学是学校里的一名体育老师，很热情地接待了我，我到的第二天正值她周末休息，陪我去了人才市场，投了份求职简历，在公交车上，透过车窗，看到深圳大街上到处红花、绿树，好似花园般的城市，一下子就喜欢上了这座城市，就滋生了留下来的想法，之后我又去了几家用人单位应聘，都是因为证件不全而没有下文（那时执业医师资格证都存在单位），没有办法只好返回东北的家中。谁知老天还是待我不薄，也许是听到了我心中的祈祷，在当年 5 月下旬接到了让我去深圳工作的电话，当时的心情是可想而知的——激动和担心：激动的是可以去自己喜欢的地方工作了，担心他们出尔反尔不用我。怀着忐忑的心情坐了近四十个小时的火车再次来到了深

圳，还好用人单位没有因我的身体产生顾虑，试用期一个月后，我就被这家医院的社康中心妇科正式聘用，刚刚来深圳工作时还真有些不适应，工作的地点在关外，连续五个月没有休息一天，天天工作的时间与周围工厂同步，每天都是晚9点下班，虽然医院提供吃住，可是周围的一切都是陌生的，同事不熟，患者操着不同口音的普通话来就诊，经常因为发音不准闹出笑话。下班后没有什么娱乐生活，回到宿舍也是一个人，他乡异客，时常感到孤独寂寞。还是因为天性中的乐观开朗，这样的日子没有持续太久，很快就和周围的同事熟悉了，经常一起聊天、打牌、逛街。也交了几个小朋友，虽然因为工作的关系不能远行，但也会时常与朋友们在附近的餐馆茶楼小聚，记得第一次去当地的一家广式的西餐厅，哇，好高大上啊，可以吃牛排，也可以吃广式的小茶点，在东北老家没有去过西餐厅，听说过那里只吃“牛扒”的，土气得像第一次进城，见到什么都觉得很新鲜。偶尔也会在晚上下班后约上小伙伴们去大梅沙海滨公园玩，夜晚的海边，微风习习，吹得人很舒服，海水也不凉，海滩上的人比白天少，没有那么吵闹。泡过海水后在大半夜去吃大排档，人声鼎沸，好热闹，惬意地体验这里的夜生活，在深圳的日子渐渐明朗起来了。

来到深圳不久联系到了大学同学齐利国，他早我半年来到深圳，通过他又和周庆芝、韩春燕与金英杰联系上了，1981 级的大学同学，能联系上的也就我们五个人。齐利国是我们这几个人的“党代表”，周庆芝是我们小团体的组织领导者，虽然大家都在同一个城市生活，也没有机会经常见面，大多时候是外地同学来深圳办事时通知大家，才有机会相聚，大家都忙工作呢。

来到深圳以后半年，我把东北老家单位的铁饭碗砸了，交了辞职信，开弓没有回头箭，断了退一步的后路。在深圳入职的医院老板帮助我把户口调入深圳，与医院签下了五年的合同，合同期满了才可以跳槽，在这家医院工作了九年，其中有一份感恩的心在里面，感谢老板在我需要帮助的时候能伸出援手。2014 年我跳槽了，一年之内走了三家医院，因为在深圳双向选择的机会很多，现在工作的医院是我最想来的地方，这里的环境优美，没有工作压力，假期多，有时间经常和朋友们约会、游玩，真的好开心。

2007 年，儿子考上了广西的一所大学；2008 年，想为儿子在深圳安个家，所以在工作单位附近买了两套房，那时的我没有什么先见之明，如果有远见，现在就小有资产了，随后深圳房价年年涨，有人就说我幸运，赚到了，也许吧。说真的，在深圳有了属于自己的房子心也就安了。2011 年，儿子大学毕业入户深圳；2013 年，老公的户口也随迁到深圳，这样全家人都定居深圳了。2016 年，儿子在深圳完婚，我人生的又一件大事完成了。

北方的齐齐哈尔——鹤城是我出生和成长的第一故乡，南国的深圳——鹏城是我打拼创业的第二家乡，用导游的话说：深圳是一座朝气蓬勃、充满活力的城市；深圳是一座开拓创新、不断进取的城市；深圳是一座平等自由、兼容并蓄的城市；深圳是一座乐于奉献、充满爱心的城市；深圳是一座环境优美、适宜居住的城市。

而我喜欢深圳是因为，深圳给了我很多的机会，让我的事业充实、体面、有尊严，让我的生活变得富裕、美好，让我的家人充满幸福感，这样的生活在东北老家那里是不容易拼到的。在深圳，我结识了许多可以交心的小朋友，同他们一起玩和乐，让我的心态更阳光、更年轻。在假期里我和朋友、家人时常穿行在深圳的大街小巷，逛街购物，欣赏深圳的街景，品尝这里的各种美食，时常在心里默默地感恩，感恩东北老家医院领导，让我有了去深圳闯荡、扎根的决心，感恩深圳这座城市给我的各种机会，感恩第一任老板帮我在深圳立足，感恩周围的朋友给予的各种帮助，感恩家人的一路陪伴和理解，有了你们才有我现在开心快乐的生活，幸福在深圳！

深圳这座不期而遇的城市，从陌生到熟悉，让工作、生活在这座城市里的我，有着强烈的自豪感、归属感和幸福感，来深圳定居，是我今生做的一件最勇敢、最聪明、最正确的事！

精彩留言

周庆芝：丽浮永远是团队的开心果，对生活的热爱也感染着周围的人。深圳是创新、创业的乐土，只要肯吃苦，用心做事，一定会打拼出属于自己的一片天！快乐着你的快乐！

崔光成：丽浮同学的经历告诉我们，幸福是奋斗来的，爱拼才会赢！敢到北上广深"玩"的，在我心里都是英雄！

姜炳浩：改革开放的先行者、受益者。靠天生的聪慧和果断的勇气，抓住了机遇，迈出了常人难以想象的毫无退路的一步，这一步带来了今天的成功、今天的聪慧、今天的骄傲、今天的幸福。用当年斯大林接见第一次出访苏联的毛泽东的一句话，"胜利者是不可指责的"。现在只有对你的赞美、点赞！祝你越来越好，祝你安康幸福！

青北红：南下打拼同学中又一成功案例。朴实无华的励志经历，最终成就了更好的你。

吴艳彬：再一次证明幸福是奋斗出来的！祝丽浮永远开心快乐！

吴志全：朴实的经历是最珍贵的记忆，努力追求是最美丽的感觉，感受快乐是最温暖的语言，你是我们这届最可爱"开心果"。

付霞：勇敢、乐观、幸福的同学！与时俱进，优雅前行！

黄英辉：好感动！你的经历证实了幸福都是奋斗出来的，祝你永远都幸福快乐。

陶明：幸福着你的幸福，快乐着你的快乐！却追逐不上你的追逐，因为我还差着勇气，差着胆识，差着聪明。

幸福深圳

鹤城刚起步，
孑然不自主。
深圳展才华，
谋得新门户。
扎根做奉献，
温馨又幸福。
团聚儿完婚，
全家同欢呼。

2018 年 10 月 21 日
1965 级校友宋永海于大连

五游长白山

情怀故事主人公

朴明玉，女，1959年出生于黑龙江省牡丹江市，朝鲜族。从小学到初中在朝鲜族学校学习，高中在汉族学校学习2年（那时高中2年制）。1984年毕业于齐齐哈尔医学院，入职牡丹江市妇女儿童医院从事妇产科临床工作。于2014年10月光荣退休后仍在原岗位继续工作至今。

想对你说：写作是我年轻时候的爱好，可参加工作以来，一直忙于工作，就放下了写作。最近工作之余，再次拿起笔，试着写了好久以来想写而没能写的东西。由于几十年未写文章，以及未阅读文学类书籍，语言很匮乏，请大家谅解。我也正在努力丰富自己，积累文学知识。

一

1990年7月初，已是炽热的夏天，我和爱人一起搭乘火车去延吉，凝望驶往延吉的列车窗外，满眼绿幽幽的，间或闪现各种盛开的花儿，飞翔的鸟儿，潺潺流向远处的小河儿，心情格外舒畅。出行前我也精心打扮了一番，身穿白色上衣，蓝色裙子，白色高跟鞋，留着齐腰的长发，从爱人欣赏的眼神中我觉得我是清爽精神的。我们俩一路畅聊过往未来，虽然已经是4岁孩子的父母，却仍像初恋情人般甜蜜眷恋。

长白山，从小就听大人们讲述她的动人传说，在小学教科书上也曾见识过长白山的美丽辽阔。我打小就向往有朝一日登顶长白山，目睹她那神秘的姿态。老旧火车晃晃悠悠地终于抵达延吉，我俩入住站前旅店。放下行李稍作休息后，就约上当地朋友见面，一同去附近餐馆吃晚餐，并计划次日行程。七个多小时的旅途颠簸劳顿，加之次日 4 点钟就要早起，我很快睡着了。第二天我们备了很多补给，坐上雇来的中巴车前往长白山。快到山区，道路两旁耸立的树林，宛如迎接我们到来的迎宾员，风与树叶说着热情的欢迎词。车驶入山区，已是茂密的林中了，道路崎岖，一侧陡峭，山坡下壁立千仞，我有点不敢看向窗外了。凹凸不平的石子路的颠簸之下，我们终于到达长白山脚下。

我们沿着潺潺流动的小溪，走了约 50 米，进入景区。整个景区几乎没有开发，有的就是供游客休息和吃饭用的水泥台凳。滚烫的热泉眼周围不断冒着蒸汽，泛着浓浓的硫磺味道，听说在热泉水里煮鸡蛋味道甚好，可惜没带生鸡蛋。我们继续沿着小路往山上走，半山腰斜上山的路上已经形成长长的人行队伍。人们小心翼翼地循着旅游者们踩出来的小路走着，我也在其中，穿着高跟鞋，有人说穿高跟鞋走山路危险。我好不容易走到离瀑布的不远处，遇雪堆挡路，必须迈过雪堆才能到达长白山天池，我两腿直打颤，无法继续往前走，有人说你迈过去就行，有人劝说不行，太危险，不要玩命。脚下左侧几乎是垂直的悬崖，听说每年都有游客在此处坠崖身亡。我爱人也不无遗憾地让我回至山下，我只得自己下山等他们归来。

山下景色很美，景区几乎没有开发的痕迹，一切皆是自然景观，那山、那水，山上瀑布垂落到山脚下，如同美女的长发一样美丽。不久爱人他们陆续下来了，说天池很美，我没能上去看是太可惜了。我内心遗憾，这趟来长白山未能看到天池实景，真的太遗憾了！下次不知何时才有机会来长白山。我们在山下拍照后吃午饭，随即就驱车返回。返回路上刚刚还阳光明媚，转瞬间茫茫大雾笼罩，什么都看不清了，司机小心翼翼开着车，我又担心起司机看不清路，把车开往悬崖，好揪心，盼望快点驶出山路。我们终于驶出山路，揪着的心也渐渐放下，回到住处已经很晚，第一次长白山旅行就这样结束了。

二

第二次去长白山是2007年的7月中旬，距离第一次去整整17年。这次是和同事一行六人去长白山，每人分工带不同的食品，还是先坐火车，车上我们有玩扑克的，看热闹的，还有睡觉的，在嘻嘻哈哈中到达延吉，入住站前旅店，次日乘当地旅游团大巴去往长白山。一大早开始下起了小雨，我们很担心看不到天池的容貌，导游小姐讲国家某领导来三次都没能看到天池，我们这趟若能看到天池就很幸运，能不能看到天池就看运气了。我们心里都很忐忑，担心白跑一趟。

终于到达长白山脚下，雨停了，天空一片晴朗，大家都很兴奋。导游说山上很冷，大家都租了件棉大衣。大夏天穿棉大衣往景区大门走，大约走100米远到达景区门口，导游给我们发门票，大家陆续检票后进入景区，乘坐旅游车到达天池山脚下，再换乘专车去往天池。十七年后的长白山已经开发了很多，整个景区变化很大。我们乘坐专用车往山上去，七拐八拐好惊险，终于到达山上了。我们下车后都晕晕的，缓了一会儿才敢继续再走，走了100多米到达天池旁，晴朗的天空下整个天池一览无余，好像室外大泳池，蓝蓝的水面如同镜子般清澈，好想跳进去游泳，我们摆各种姿势，或大家一起，或二三人，或单独拍照留影，争着多留几张和美丽天池的合影，大家笑得那么灿烂，那么开心，像天真的小女孩。天池周围火山灰及石子中长出不知名的各种小草小花，仿佛热烈欢迎大家来游玩似的轻轻摇曳着，我不忍心触碰，怕伤到那些娇嫩的花草。来旅游的人很多，大人小孩都有，还有年迈的老人，游客都带着满足的表情，都目睹了美丽、清澈、神奇的天池全貌。

我们几个姐妹高高兴兴下山乘坐景区旅游车，穿越灌木丛中弯弯曲曲的去往瀑布的路。我们先买了些热泉水煮出来的鸡蛋，再拿出大家各自带来的小吃，导游还分发了盒饭，挺丰盛的野餐，大家一起吃得津津有味，都说煮鸡蛋真好吃。吃完大家一边欣赏美景一边拍照，摆各种姿势，都露出最美丽的笑容，拍下了那么多开心快乐的画面。我们到了瀑布脚下，瀑布飞流直下，还是那样云蒸霞蔚般美丽缥缈。于是各种造型的摆拍，都在开心热闹中定格。长白山景区比起17年前开发得好多了，工人们在不影响游客游览的情况下，悄悄地建设着景区。游览瀑布后沿着林中小道走到了小天池。两天池一个在山顶上蓝天下，一个在山脚下树林中，各展风姿。我们一边饱览风景，一边照相。不知不觉中到了游览结束的时间，大家还很兴奋，不知疲倦地说笑，打闹着回到旅游车上，仍说说笑笑的。车开动后大家渐渐静下来，累了一天的姐妹们甜甜地进入美梦中，就这样完美结束了第二次长白山旅游。

三

2009年8月初是家庭自驾第三次去长白山旅游。一行九人，六个成人，一个大男孩，两个小女孩，两辆车三家人，先到延吉住了一晚，次日坐旅游大巴去往长白山景区。天气很好，我们觉得运气不错，满心欢喜地前往天池。可天气骤变，等我们到达山顶就风雨交加了，风刮得很厉害，什么也看不见，真是喜怒无常的长白山，说变脸就变脸。我们苦等半个小时，天气没有好转的迹象，满山的游客都很失望，被冻得直打战，我们只好下山，山下的天气还是那么好，自然界真是太奇妙了。吃完午饭乘旅游车去瀑布景点，美丽的瀑布让大家忘了刚才的遗憾，虽然没能看到天池的美貌，但大哥带两个小女孩又开始嬉闹，玩得很开心，好像看没看到天池和她们没什么关系似的。我们又吃到了热泉水鸡蛋，又是照相，玩得好不热闹。结束一天的长白山旅游返回，途中两个孩子睡得香甜，晚上我们吃烧烤，

小侄女的最爱，但她太累了吃不下去，急得呜呜哭了起来，看她那样既可怜又好笑。吃完晚饭大家就连夜返回了。

四

第四次游长白山是 2011 年 9 月初，单位组织的分批旅游，我们是最后一批去。我本来没想去，是几个好朋友极力要求一起去游玩，只好启程。这次是单位同事六十人左右，两辆大巴车，一路上同事们很开心，一会儿唱歌，一会儿说笑话，逗得大家笑声不断。初秋天气，阳光明媚，大家都很期待一睹天池芳容。只是天有不测风云，次日一大早开始下起细细小雨，大家的心都凉了，我们还是如期前往长白山，到山坡雨变成雪，越下越大，因为路滑，车无法正常开，开开停停，旅游区工作人员往路上撒沙子或炉灰，车终于开到山上了，暴风雪下得更大。大家只好安慰自己：在东北生活一辈子也没见过这么大的暴风雪，天池沐雪这偶遇的景色，不算白来。

五

第五次去长白山是在 2017 年 7 月 21 日，在朋友的邀请下驱车去长白山游玩，路上有些地方山溪水流下来如同小瀑布。我们到服务区休息了一下，当地人说前两天连续下了好几天的大雨，有些地方有洪水了，难怪院里有那么多水，好像刚下过雨似的。中午 12 点到达长白山附近一家宾馆，办理入住手续，行李放在房间后吃午饭。下午按行程去参观长白山矿泉水厂，游览森林公园，有大转轮水车，有一池鱼在这一区域转圈游，不知什么原理，好神奇。还有梅花鹿和八阵迷宫，我们进入迷宫中心后费了一番功夫才走出来，再回到宾馆。导游安排次日行程，因大雨封山两天，第二天会有很多游客上山，所以我们早晨 5 点 20 分就出发了。

我们到达长白山检票处，还是人山人海。这次景区变化很大，停车区、租棉衣区、检票区、游览车等都很规范、整洁。景区人员也看起来都受过训练，很有礼貌，着装正规，游客很多，秩序井然。我们排队上游览车到天池山下服务区，再排队乘小客车（比以前感觉安全），沿着弯弯曲曲的山路到达天池山边，再排队分批步行到池水边。池水上雾云笼罩，像害羞的小姑娘头上蒙的面纱，一会儿风一吹就露出一点池面，一会儿又都盖住。大家都很耐心等待她再次露出那美丽的容颜。忽然大家喊，“好美呀！”就 3 ~ 5 分钟时间，池面上的薄雾全吹开了，整个池面羞答答地全露出来了，朋友给我拍照，咔嚓咔嚓抢着拍了两张照。有些人没能看到池貌，遗憾地张望着，要看一下天池这“美女”容貌不是容易的事，天蓝色清澈的湖水面没有波浪，如同镜面，不过太短暂，来不及多看一眼，更谈不上细细欣赏。下山后乘旅游车到瀑布景点，路比以前修得更好了，路旁的密林还是那么挺挺地立着，迎接无数来往游人。热泉水依旧冒着热气，瀑布水仍不停地静静流淌，感觉比以前更加成熟美丽。

长白山啊，长白山！你那多变的性格，神秘的容貌，的确不易欣赏。我多次往返寻找你，可每次都有不一样的体会，我这一生没有哪一处景区去过那么多次。看到或没能看到天池容貌，我都觉得这些行程没有遗憾，每次都有不同感受和惊叹，下次如果有机会也许还会再去长白山！

精彩留言

汪力： 长白山是个美丽的地方，仙境享受。

付霞： 敬佩大姐的坚持精神！欣赏大姐的乐观性情！点赞大姐的美好情怀！

王丽浮： 大姐，一个景区游历五次，次次感受不同，景区从自然到现代的变化你都经历了，很遗憾我一次都没有去过，只好从你的描述中感受天池的美丽，谢谢大姐的分享。

吴志全： 明玉的《五游长白山》，每一次都有不同的景致和不同的体悟，真应了那句“读万卷书不如行万里路”！旅游在我看来，不仅仅是看风景，也是一种健康的生活方式，还是和自然最深的心灵对话。明玉的五游，一方面展现了你骨子里对任何事执着的情怀，也说明你是个懂生活的哲人！愿你在以后的岁月里，每走一步都如长白山般美丽辽阔。向你学习，我要锻炼了。

我所经历的生活，我所看到的日本

情怀故事主人公

王晓梅，女，1963 年出生，1984 年毕业于齐齐哈尔医学院妇幼专业。曾担任哈尔滨市红十字中心医院妇产科临床医生。1993 年 9 月晋升主治医师。1996 年 8 月前往日本发展。1997 年 10 月在东京八王子山王医院康复治疗中心就职。现定居日本东京。

我于 1981 年考入齐齐哈尔医学院妇幼专业，经过三年的专业学习，于 1984 年顺利毕业，就职于哈尔滨市红十字中心医院，做妇产科医生。经过几年的拼搏，由一名普通医生晋升为主治医师，从此以后更为自己成为一名名副其实的主治医师而努力学习，积累临床经验，提高手术技巧，并指导下级医生。

正当我在从医的路途上努力，做大学教师的丈夫于 1995 年 1 月被公派前往日本工作，那时，正值出国热潮，我的女儿刚刚 4 岁，丈夫出国对于我来说，既惊喜又担忧，同时也盼望着他在日本工作顺利、生活愉快。丈夫在日本工作一年以后，就邀请我和女儿去日本团聚。当时也没想太多，只是想去外面的世界看一看，玩一玩而已，也没准备长期留在日本，于是就在 1996 年 8 月 30 日，携同 5 岁半的女儿，以家族旅居的身份来到了陌生的日本东京。那时出国有两种方式：一种是留学，再一种是工作，当然，工作也分公派和自费。

我的日本朋友

来到日本以后，结识的第一个日本朋友就是我的日语老师——山崎先生，还有我参加日语班认识的古屋先生，记得她邀请学生去她家里会餐，第一次尝到了她亲手做的寿司，很好吃，同时我们每个人都带上一个菜让老师品尝各国风味料理，老师赞叹不已，直夸“好吃好吃”。就在女儿上小学的时候，住在我们周围女儿同学的妈妈在我有困难时主动给予我帮助，由于女儿上学的路上经过一片松林，放学的时候，天有一点点黑，我们几个妈妈轮流去接孩子，正好也是我学日语的机会，不懂的时候，她们都耐心地解释，放学后还让女儿去她们家里玩，还有一位同学的爸爸妈妈，主

动和我们做朋友，他们家的女儿和我的女儿一起去学游泳，每次都是用他们的车接送，有的时候请我们吃饭，有的时候送东西给我们，有的时候开车带着我们全家去海边玩，我感觉他们的那种热情简直跟中国人一样，有时候还真的忘了他们是日本人。日本人喜欢吃中国的饺子，我包饺子送给他们来表达感激。

女儿升入中学和高中时，我又有了新的朋友——女儿同班同学的妈妈。他们喜欢和我交流，我也喜欢和他们交流，从交流中，我不懂日语，他们就耐心解释，从交流中我的日语水平也逐渐长进。学校的运动会、班级表演会课堂参观、课后活动、女儿同学之间发生的事情，所有这一切，都是从同学家长那里得到消息，并知道了不少的日本文化，日本人特别喜欢中国的饺子，请同学的妈妈到我家里，教她们怎样做饺子，有一次我去女儿的中学班级里，在生活课上教老师和同学们包饺子，老师和同学们吃了自己亲手包的饺子，都高兴得不得了，有的同学高兴得直跳脚，虽然饺子的形状千奇百怪，但那都是自己的作品呀！大家对我都非常友好，我也是心甘情愿地为朋友们做点事情，日本朋友大多数都不会和你深交，但当你有困难的时候，只要能帮忙的，会不要任何回报地来帮助你，这一点我很喜欢。

女儿刚刚入大学时，我就在第一次家长会上偶然遇到了一位同届的妈妈，她特别热情，我们说得投缘，就这样成了好朋友，女儿同届的同学有八百多人，家长会大概也是一样的人数，在这样的人海里邂逅见面一次就成了好朋友，真是有缘千里来相会，我住在东京，她住在山梨，我们的距离很远，只能在每年两次的家长会上约好相见，每次她都送山梨的特产给我，我也把东京的特产送给她，在女儿大学的六年里，我们就这样相处了六年。现在孩子毕业，都找到了理想的工作，我们俩工作都非常忙，互相想念，就在2019年8月份邀请我去她家里做客，我们又重逢了，欢喜不已。

我的苦恼

来到日本以后，最让我烦恼的是——让女儿一直在日本接受日本式的教育，还是早一点回国接受中国式的教育，总是拿不定主意。女儿来到日本以后，我从中国带来小学教科书，一直在家里教她中文和算术，如果回国的话，课程不会落下很多，就这样一年又一年地过去，我还是拿不定主意，一晃女儿已经上小学三年级，三年级结束，如果还不回国，就不合适了，中国的小学生学的内容多又深，就教学内容来讲，日本是不如中国的，女儿三年级结束的时候，已经适应并喜欢上了日本的生活，她不愿意回到中国，如果我坚持回到中国，那也只能是一个完整的家又变成了分隔两地，也违背了女儿的心愿，我也只好为了女儿、为了一个完整的家，违背自己的心愿，继续在日本生活。

光阴似箭，女儿从小学、中学、高中一直到大学，一共十八年就这样默默地走过来了，记得在女儿小学时，晚上去补习班，我不得已为了女儿去学开车，每周三次接送女儿直到上高中为止，补习的时间经常延长，我就在外面等，有几次等了1个多小时，才看到女儿出来，真是像盼星星盼月亮似

的，大概这就是中国式的父母，为了孩子的将来，父母可以牺牲一切。

还有一个苦恼，那就是我的工作问题，来到日本，等女儿安定了以后，自己的日语有一点进步就想去工作，尤其是想去医院工作，虽然在中国，我是一位临床医生，但在日本，获得从医资格是很困难的，或者说是难上加难，外国人想在日本作为临床医生工作，必须经过六年的大学学习，还要参加国家统一考试，日本人只考一次，可是外国人要经过两次考试，通过概率很低，知道这一切，我心中理想几乎破灭，但却不甘心，可又没办法，只好找了一份在医院里进行康复理疗的工作。

日本的文化教育

一

在日本，学龄前的儿童（0 ~ 6 岁）可以上保育所，时间是 8 ~ 18 点，有午餐；也有 24 小时的保育所和幼儿园，儿童年龄要求是 4 ~ 6 岁，时间是 8 ~ 15 点，没有午餐。保育所和幼儿园的区别在于保育所不教学习课程，幼儿园学习语文、算数、英语，教得简单，根据父母双方前一年的年收入来决定入园费，比较合理。

刚来日本的时候，每天除了做家务活和买菜之外，没有事情做，电视也看不懂，觉得自己像个聋哑人，最初来到日本那种兴奋的心情已不存在，好闷。我很想学日语，更想让孩子学日语，我丈夫去市政府申请保育所，很快就批下来了，是一家私立保育所，在我家附近。第一天送孩子去保育所，丈夫特意请了假，保育所的园长和班主任老师非常热情地接待了我们，并介绍保育所的规则和设施，设备和国内的差不多，只是午餐都由营养师配备，还告诉我们有什么困难尽管提出，还会在各个方面照顾好孩子，让我们一定放心，我们感激得不得了。每一个孩子都有一个联络的小本子，作为老师和家长联络的工具，老师把孩子每天在保育所的状况都写在本子上，家长同样把每天在家的情况和要求也写在本子上，每天交给老师，这样特别方便，不必花太多的时间与老师交谈就能解决好多问题。通过这个联络小本子，我的日语有了一点点进步，女儿就更不用说了，一个月过后，女儿基本上掌握了日语会话；三个月过后，更是大有长进，好多语言我还得请教孩子，虽然有一点惭愧，但却很欣慰。园长和老师的关怀与细心照料，再加上保育所的伙食特别好，女儿和小朋友玩得也很开心，我十分感激老师，为了表达我的感激之情，为了答谢老师，给老师送了我亲手包的饺子，没想到老师高兴得不得了，说饺子好吃，还非常感谢我，我倒觉得不好意思。拿不值钱的饺子送礼，这在中国是行不通的。就这样，女儿在保育所待了半年，顺利毕业，在毕业典礼上女儿还表演了好多节目，跟日本小孩没什么区别。现在女儿幼儿园毕业将近二十年了，我们还一直与保育所的那位班主任老师保持来往，每年互送明信片，每年看到老师的明信片，都感慨万分，永远难忘、永远感激班主任老师。

女儿在保育所安定之后，我也找了一个日语补习班，免费为外国人办的补习班，同时还有老师免费到家里来教日语，有一位日本老人专门到我家里来教日语，是一位非常亲切和蔼的老师，这位老师名字叫山崎先生，是我来到日本结识的第一个日本人。我带着忐忑不安的好奇心情，聆听山崎先生的每一堂日语课。第一堂课上，山崎先生用不熟练的中国话做了自我介绍，我感到很吃惊，山崎先生会说汉语！山崎先生说他非常喜欢中国，

也学了八年的汉语，而且去中国旅游过无数次。在日本，山崎先生是一位主营领带的会社的社长，但现在已经不做了，他有三个儿子，都很出息：大儿子是一名大学英语老师，其他的两个儿子都在大公司就职，没有一个儿子会接替他的会社，他因此感到很遗憾、悲哀，他的会社做了几十年，最后没有接班人，就不做了。听到这里，我觉得山崎先生很有人情味，最后他表达，由于日本侵略中国，给中国人造成了极大的创伤，他表示道歉，两膝跪在榻榻米上向我们全家人道歉。我不知所措地连忙扶起老师，我不知道用什么样的语言来回答山崎先生，正因为我不会说日语解救了我，避免了尴尬，可我心里有了一点点的变化，山崎先生说他喜欢中国人，一直以来想为中国人做点什么，他从市役所得知我的消息，就马上和我们联系，主动来教我日语，这让我很感动，我非常感谢山崎先生的一片心意。以后山崎先生每周日都来我家里教我日语，只要是我可以学习，山崎先生都风雨不误。渐渐的，山崎先生和我们全家成了好朋友，在我们有困难的时候，二话不说，帮助我们，我们全家很感激老师。在日本过第一个新年的时候，山崎先生邀请我们全家到他家里过年，特意一大早来接我们全家，山崎先生的夫人为我们准备了丰盛的日本年饭，在山崎先生那里我们还结识了几位中国人，其中一位是留学生，我非常高兴，能在日语老师那里结识中国朋友。山崎先生不但请我们吃年饭，还按照习俗给我女儿压岁钱，钱不多，这份心意着实令我很感动，就这样，我们两家成了好朋友，除了过年之外，平时山崎先生也会请我们一家去品尝他夫人的日本料理，他夫人的手艺很巧，我也把中国的饮食介绍给他们。不幸的是，山崎先生没过几年便患肝癌去世了，近二十年来，我们一家一直与他的夫人有联系，每次去他家拜访的时候，都要给山崎先生的在天之灵送上我的一份祝福。在我的心里，我们之间没有国界，也不会再提及战争留下的阴影。记得山崎先生还曾多次因战争向我道过歉，这一切使我至今难以忘怀，他也是我结交上的第一个日本朋友，也让我对日本的国民有了新的看法。

其实来日本之前，我对日本人的看法和大家是一样的，日本人侵略中国，如南京大屠杀、细菌试验、九一八事变、七七事变，做尽了坏事，真是对其恨之入骨。假如再次发生战争，我一定愿意上战场，为国而战。我带着这种心理和偏见来到日本，其实并不算科学。战争是残忍无情的，牺牲了好多无辜国民，但战争是时代的产物，军国主义与山崎先生这样的“民”关系并不大。我心情却依旧很复杂。

二

日本的小学是六年制，中学是三年制，高中三年制，大学是四至六年制，其中医药相关专业是六年制。有私立、公立、国立学校：私立学校有从小学到大学，极少数从幼儿园开始，有的是从中学到大学。如果是大学附属私立学校，除了入学考试之外，基本上没有升学考试，直接升入这所大学，在选择专业时，根据个人志愿和学习成绩来决定，如果想就读其他大学的话，那么就有升学考试了；公立、国立学校是从小学到大学，小学和中学入学没有考试，高中和大学才有入学考试，而国立的小学有入学考试。费用方面：私立学校的费用很高，各个学校都不一样，尤其是大学，同一所大学里专业不同，学费也不一样，尤其是医、药相关专业，费用特别高，一般家庭是上不起的。在国外，医生和律师地位很高。最近看到国内发生的医患关系问题，在国外是不可想象的，也理解不了。除了考试之外，私立学校，公立、国立学校的入学方法还有推荐。推荐：根据个人愿望和高中成绩，经过高中学校考核后来决定，如果被推荐的话，升入大学没有考试，但要有面试和小论文。考试：公立和国立大学和中国一样，是全国统一考试，私立大学是根据各所学校的情况进行考试，考试日期也不同，尤其是想报考的几所大学，如果考试在同一天的话，只能参加一所大学的考试。入学都是在每年的 4 月份，最近个别的大学改在 9 月份入学，以后要逐渐都改在 9 月份入学。

日本的小学入学年龄是六岁，根据所在地区，就近入学，女儿从保育所毕业后，就在离家很近的一所小学校就读。小学都有午餐，学校都配备营养师，家长可以参加每学期的学校上课参观会。在一年级的上课参观会上，家长可以同孩子们一起用午餐，午餐真的很好吃，营养搭配也不错，每天都有牛奶，好羡慕日本的小学校，并且午餐不够吃的孩子，可以多要一些，从一年级到六年级，女儿都非常喜欢学校的午餐，经常多要一份，尤其是喜欢的咖喱饭，还能多要到三份，老师知道我女儿喜欢咖喱饭，总惦记着将咖喱饭给女儿，女儿吃得多，自然也就胖了不少，毕竟是女孩子，我也很担心，太胖了可怎么办呢？在保育所里，女儿的日语长进了不少，但是和同龄的日本孩子相比还是差一点，她刚刚入学，我也有一点点担心，在入学式的时候，我把我的想法告诉了班主任老师，老师非常热情地安慰我，让我一定放心，会好好照顾女儿的，我非常感激、感谢老师，由于这所小学校只有我女儿一个外国人，大家都觉得很新奇，连校长都非常重视国际友好，特意关照我们，让我觉得心里暖暖的。

日本的入学式和毕业式，学生都穿校服，只有大学的入学式是男生穿制服、女生穿制服裙，毕业式上男生穿和服或者西装，女生穿和服。家长的服装是西装和西装裙。日本很重视入学式和毕业式，都搞得很隆重。校服：公立学校小学和初中有校服，高中学校不是全有校服的，而私立学校从小学到高中都有校服，各个学校的校服都不一样，由于日本的一些女孩子对校服很重视，有的甚至因为喜欢可爱的校服去报考学校入学，因此各个学校都尽量把校服制作得可爱一点，我始终理解不了！

女儿小学入学不久，班主任老师要到各个同学的家里去拜访，女儿的班主任老师到我家里来拜访的时候，我日语说得不好，但能通过写字来交流，老师非常有耐心，也非常热情，并告诉我不管有什么困难都会帮助我们，在学校照顾好女儿的学习和生活，让我一定放心，我感激地无法用语言来表达，只是把事先预备好的茶点让老师品尝，老师只喝了点茶而已，本想给老师送礼物，但在日本不流行给老师送礼，老师也不会收学生家长的礼物。我只有愧疚和感激之情。每学期，由于老师的特别照顾，女儿的学习和生活发生了很大的变化，在学习上大有长进，语言进步很快，和日本同学没有区别，在学校女儿觉得很开心，同学之间相处得很好，女儿喜欢的午餐，老师都特意给女儿多留一份，看到这一切，我对老师更加敬佩和感激，为了表达我的感激之情，送礼行不通，只好写了一封感谢信送给老师，老师收到信之后高兴得很，还特意回了我一封信。小学一至三年级都是半天上课，午餐后放学回家，四至六年级是上一天课，上课学的内容不多，作业很少，尤其是一至三年级，主要的任务好像就是玩，去发现大自然，发挥自己的特长。这时我很急，学的东西少，不过没办法，在家里教女儿汉语，让她学钢琴、游泳、书法、英语会话，放学后基本上学这些，没有时间玩，那时我的教育方式还是中国传统的教育模式。看到女儿在放学后跟同学玩，我心里就难受，希望她把玩的时间用在学习上，当我的这种意识有一点改变的时候，女儿已经上中学，那时的女儿只知道学习，不知道玩，大概是中国的教育模式已经渗透到女儿的骨髓里，我深感遗憾。

三

小学每学期期末都有考试，但个人成绩从不公开，也不排名次，每次开家长会，讨论学习的很少，大家关心的是孩子玩得怎么样，同学关系好不好，每个班级里都选出各项保护者（家长）代表，来参加学校的一些课外活动，是家长自愿参加、自发组织的。小学三年级结束，女儿完全适应了日本的生活，她非常喜欢日本料理，倒不太喜欢中国料理，尤其是不喜欢馒头、包子、饺子之类的面食，所以我在家里做的也由中国料理逐渐变成了日本料理多一点，四年级一开学，就让女儿去了课外补习班，补语文、数学、英语。每周上三次课，放学后去补习班，日本的学校里都没有课外补

习班，如果想补课的话，必须到校外私立补习班，费用挺贵的，在学校里学的东西少，作业也不多，只有到补习班才能多学，作业也很多，补习班每次考试都排名次，但从不公开，去补习班是在放学后，两个小时的补习课，再加上完成每天的作业，至少要学到凌晨，女儿也挺辛苦的，我负责女儿的营养健康之外，还要负责接送女儿，当初送女儿去补习班的目的是想让她多学点东西，可是在日本去补习班的大多数孩子是为了升学考试，如想考私立中学，就在小学去补习班，如果不去私立中学的话，小学毕业后就自然升入离家近的中学就读，为了考高中、考大学，大多数孩子都去补习班，进补习班是为了升学，这是社会现象，是我后来才知道的。

每年小学的运动会是我们全家最快乐的一天，丈夫负责录像，我负责照相，运动会除了竞赛外，好多项目像游戏一样，很开心，很快乐。还有家长也一起参加的项目，有些运动会的项目像玩一样，可是家长和孩子们都非常认真地去做，让我感到意外的是，孩子们不是为了争奖品，而是为了争第一。这是什么精神，我说不好。除了运动会之外，每年还有几次课外活动，如动物园参观、水族馆参观、野外住宿、社会实践学习等，小学六年级的修学旅行去的是迪士尼乐园。小学时代是最开心的，小学毕业后，女儿进入了一所离家很近的公立中学，中学和小学差不多，作业也不多，但不如中国学得深，那时我才弄明白，如果想让孩子进入一所好大学，那就从小学三年级去补习班，或者进入私立大学附属的小学、中学、高中。女儿上补习班没有间断，只是换了一所更好的补习学校，同时钢琴一直坚持学到初中三年级结束，新的补习班晚上补课到很晚，作业也非常多，每天都学到夜里 1 ~ 2 点钟，也觉得女儿挺可怜，如果早知道日本的升学方式，去私立中学就读，那该多好，不用学这么晚了，初中的考试成绩也不公开，不排名次，但在补习班，成绩排名次，根据成绩的多少也能掌握女儿的学习状况，补习班每年有一次全国统考，个人成绩在全国排的名次都可以作为考高中的参考。初中二年级结束后，升到三年级，学校、学生和家长，似乎才开始关心起学习来。升高中，不管这高中是公立还是私立，都得通过考试，公立高中是统一考试，私立高中是根据各个学校的情况，考试日期、考场和分数线都是不一样的，好的私立高中分数线是很高的，如果考不上好的公立高中的话，那也只有去考分数线低的高中或者不去上公立高中，直接报考私立高中。

从初中开始可以参加社团，也就是课外活动，是自愿参加，但大多数学生都参加，有研究、文艺、体育、摄影等，要在社团里做部活，女儿参加了吹奏乐团，吹笛子，每星期 2 ~ 3 次下课后练习，演出前几乎天天练习，由于影响学习，我不太赞成，女儿坚持参加，我也没有办法。尤其在家长会上，除了讨论一点点学习之外，部活和同学关系的话题更多，真是无可奈何。女儿学习成绩好，还会弹钢琴，有时说话还挺幽默的，老师和同学都非常喜欢她，就连在中学毕业式上唱校歌的时候，都安排女儿做钢琴伴奏。那时我感到很自豪，也很荣幸。我想女儿代表的不仅仅是她个人，而是一个中国人，为中国人争光。中学修学旅行去的是京都、大阪、奈良，每到一个地方，孩子们就分成几个小组，自己安排旅行路线去玩，没有老师带路，让同学们发挥自己的才能。

中学毕业后，女儿顺利地考入了一所私立高中，是大学的附属中学，这所学校是从初中开始招生的，就是离家比较远一点，校服还算挺漂亮的，每天早上 6 点从家里走，骑自行车到车站，坐电车，之后再坐学校的通勤车去上学，大概需要 1 个小时。我一开始不太习惯，毕竟中学离家很近，走路只需几分钟，日本就是这样，到了高中不是就近上学，而是不考虑离家的距离，只考虑愿望了。日本的私立学校和公立学校不一样，从设施和设备上比较，私立学校比较好和齐全，如教学楼、冷暖设备、体育馆、游泳池、球场、操场、食堂等，高中食堂的午餐营养搭配得也不错，标有热量，当然有专门的营养师，学费很贵，但我觉得值得，高中在教学方面抓得非常紧，根据学习成绩和大学的分类情况来分班级，如东京大学、京都大学是一类的，还有二类及三类的大学都做好区分，作业和考试都非常多，个人成绩不公开，但排名次，要求学生在寒暑假完成下一个学期的课程。

女儿总算是进入了一所以学习为主的学校，我也松了一口气。当然学校以学习为主，但方针是文武双全，文体结合，每个人都可以参加社团，和中学一样，有文体、研究等，自愿参加，从初中进入学校的学生，大多数都参加社团，从高中开始就读的也是一样，社团活动到高中三年级就结束，并根据个人要求，中途可以退出，女儿的爱好和中学是一样的，参加了管弦乐队，还是吹笛子，在参加社团之前和女儿就约定好，只要每学期的学习成绩有进步，就可以参加社团，所以女儿除了下课后练习吹笛子和参加演出之外，拼命学习，每天都学到凌晨 2 点左右，成绩自然进步很快，高中一年级的时候在全年级排第二名，二年级的时候就排第一名了，我也感到骄傲和自豪，连班主任老师也都为有这样的好学生感到骄傲，每次参加家长会都受到老师的夸奖，有时还真不好意思。这所高中也是就女儿一个中国人，这一切都是女儿自己努力和拼搏的结果。有的时候也很心疼女儿学到那么晚，到考试的时候都不睡觉，废寝忘食地学。我也只能给女儿增加营养，让她有个好身体。

记得在高中入学式上，学校和老师都做了保证，让所有的学生都能考上大学，可以不必去课外补习班，所以女儿在一年级、二年级的时候没有去课外补习班，但到了三年级，虽然学校抓得特别紧，像中国一样，考试也特别多，但还是有一点不放心，去了一年的补习班，高中的补习班费用是非常高的，当时想考入最好的大学，就去了补习班。三年级配备的老师也是学校里最强力的老师。学校真是全力以赴，拿出好成绩来，来提高学校的知名度。

高中每年有一次文化节，一般需要两天的时间，都是参加社团的学生自己组织的，自己组织卖吃的、唱歌、跳舞、乐队演奏等，老师和家长随便观看，非常热闹，挺有意思，挺开心的。高中一年级的时候，由学校组织去新西兰学习和参观，为期三周，每一个学生都分别吃住在一个新西兰家庭里，像在家里一样，每天去学校上学，下课后去参观和游览。

高中二年级，女儿修学旅行去的是新加坡和马来西亚，这两次到国外，女儿长了见识，也学了不少东西，玩得更开心，出国之前，有一点点麻烦，日本人出国三个月之内不需要签证，可是中国人却要签证，到各个大使馆去签证很麻烦，为了女儿，我心甘情愿麻烦。

高中三年级，女儿到大学报考志愿之前，老师和家长有一次个别面谈，根据家长的要求、学生志愿与成绩，老师提出建议去报考适合每个学生的大学院校。大学报考有推荐入学，推荐是根据学生的愿望申报到学校，并由学校根据个人高中三年间成绩评比考核的结果，推荐上大学。再有就是考试入学。国立大学只能报考一所，是统一考试。私立大学没有统一考试，是由各个学校出题考试，各个大学考试的时间和地点也不一样，可以随便报名，只要考试不是同一天就可以。高中的入学式是在日本武道馆举行的，特别隆重，毕业式是在学校举行的。

四

女儿顺利地通过大学考试，考上了东京药科大学，这所大学有120年的历史，是日本最早的药科大学，在日本的大学，医学和药学专业都是六年制，毕业后是学士学位。大学近五千名在校生当中，只有女儿是中国人，在大学期间不但没有受到歧视，反而得到老师多方面的关照，尤其是两位导师的精心指导和培养，使女儿成为一名优秀学生，由衷感谢两位导师。

进入大学，尤其是日本的私立大学，好像进入了一个新天地，日本的大学很注重建筑物的整体设计和绿化，如教学楼、研究室楼、图书馆，还特别注重学校的食堂，即学生的餐厅，从房屋设计到环境，和国内是不同的，只有这所药科大学在第一～第三年男女分开班级上课，学的是基础课，学校要求特别严，学习氛围好，也很紧张，每学期的考试成绩都排名次，并根据各个学期考试的综合成绩再次排名次，排名前五的能获得学校的奖学金，每学期考试不及格的学生可以补考，如果有四个科目补考不及格就留级，留级不能超过两次，两次以上就被退学。由于这样的制度，大学生都在拼命学习，虽然日本的大学生可以打工，但是学医和学药的学生是没有时间打工的。

从四年级开始进入研究室，研究室根据个人报名情况和成绩决定是否录用，研究室以研究为中心，最后要发表论文，因为研究室的老师只管研究的一部分，专业课也从四年级开始，课程学习成绩完全靠自己挤时间来学习，从四年级开始，学生是最辛苦的，既要抓紧学习，还要搞研究。五年级就要到药局和医院里的药局去实习，一共六个月。日本的医院和药局是分开的，医院里的药局主要是供给住院患者的。六年级主要是发表论文、毕业考试和拿到全国统考资格证，真是忙上加忙，课程结束后，除了问题练习和模拟考试去学校之外，基本都在家里学，真是废寝忘食地学，在日本最难考资格证的职业就是律师、医生和药剂师。

女儿在学校的毕业考试女儿排名第八，当时学生有五百多名，成绩不错，研究室的老师很高兴。全国统考资格证也顺利通过了。

大学的入学式和毕业式都非常隆重，都是在校外大礼堂举行的。日本的大学毕业式上女孩都要穿和服，参加大学生就职活动大多是三年级或者五年级的学生。女儿通过自己的努力，被一所大学附属医院录取，资格证统考也顺利通过，于2005年4月份顺利地进入了大学附属医院工作。

日本的家庭教育

（1）调教：这是日本人子女进行的一种有意识的教育。微笑教育就是当孩子做对了时，父母就微笑相对，以示赞许。做错时，就轻轻敲一下手心，以示惩戒，等孩子慢慢长大懂事了，再逐渐讲道理。

（2）身教：日本人认为孩子是看着父母的背影长大的，日本父母常用这句话互相提醒，让成人给孩子做好榜样。当自己孩子欺负别家的孩子时，或者做了损害别人利益的事情时，父母知道了以后就立即带着自己的孩子到对方家赔礼道歉。特别是务农和从商的农户、商户，总是把在家的孩子带在自己身边，让孩子看到自己劳动经营的样子，或者让孩子给予力所能及的帮助，更多的是让孩子分担家务，言传身教。

（3）情感教育：日本人特别重视全家人一起举行传统节日活动和平日的家庭团聚活动，共享快乐，培养丰富的情感，特别是热爱家庭、热爱乡土、热爱民族文化的感情培养，如3月3日的偶人节作为女孩的节日，为女孩陈列象征高贵温柔的偶像；5月5日的端午节作为男孩的节日，为男孩陈列身披铠甲的威武偶人，在屋顶立起鲤鱼旗；11月5日的七五三节，当男孩3岁、5岁，女孩5岁、7岁时，在这天让他们打扮一新，到神社去祈愿健康成长，对于孩子幸福快乐地成长都有促进作用。总的来说，日本的传统家庭教育重点在子女的社会化上，系统功课的学习基本都委托给了学校，父母只是督促和支援，对于孩子自发的游戏，如攀树爬墙、猎奇

探险等，一般也比较宽容。日本有句谚语，意思是要让吃奶的孩子外出闯荡，这说明日本人是重视社会锻炼的。

（4）日本家庭教育的特点：日本家庭教育传承儒家思想，重视家庭教育，特别重视母亲在家庭培养孩子的作用，专门实行了妇女结婚生育退职制，有力地保障了家庭教育的开展，在日本，职业女性一生孩子就得辞职，政府鼓励女性回家带孩子，女性如果全职在家带孩子，政府会给予相应的补贴，并且会减免丈夫的收入所得税，丈夫的公司也必须为全家购买相关的健康保险。在 20 世纪 50-60 年代，大约有 90% 的已婚妇女是全职主妇，随着时代的发展，一些女性也开始追求自己的价值实现，婚后坚持工作，甚至坚持工作不生孩子，目前有 60% ~ 70% 的已婚妇女是全职主妇，其余的也至少要把孩子带到一岁以后再去上班，而且往往是做兼职工作，工作时间为一天中的某段时间，如上午 10 点来，下午 3 点走，日本的公司也提供这样的岗位，家庭主妇用更多的时间安排家庭生活，照顾和教育孩子。日本家庭教育非常重视对子女的礼仪教育，母亲做好了饭没有告诉孩子吃，孩子是不能自己先吃的，孩子在吃饭前，必须先说一声“那就不客气了”，孩子离家或归家都有一套礼仪规矩，孩子每次出门都要和母亲、父亲说一声“我走了”，每次回家进门都要说一声“我回来了”，文明礼仪行为已成为日本孩子的习惯。

（5）重视对孩子的自立教育：日本家庭从小就培养孩子自主、自立的精神，大部分家庭要求孩子做家务劳动，包括烧饭、吃饭前后帮忙，让孩子收拾、整理自己的房间和身边的东西，让孩子自己去买东西等，日本家长非常支持孩子在学校里学好烹饪、缝纫课等。在日本，孩子自己处理问题的能力，适应生活、环境的能力都比较强。日本的小孩走路时摔倒，父母不是主动扶他起来，而是鼓励孩子自己站起来，大一点的孩子受到挫折，父母就鼓励他们自己去克服困难，在日本，小学生在冬天都穿短裤，有的孩子腿冻得都发紫了，父母并不急着心疼，而是支持鼓励孩子继续做下去。

（6）重视创新教育：日本家庭教育，从小重视对孩子创新能力的培养，重视培养孩子的好奇心和冒险精神，孩子提出各种问题，父母都会尽量解答，从小就鼓励孩子提问题，鼓励孩子有独立的想法、看法。家长经常带孩子到科技馆去参观，鼓励孩子到社区图书馆去看书，借阅图书，玩各种创造性游戏，激发孩子的想象力，日本父母很重视对孩子动手能力的培养，给孩子买来组装玩具，鼓励孩子从不同的角度组装各种各样的模型，培养孩子的动手能力和创造性。

（7）挫折教育：日本孩子受点委屈、挫折，家长不会马上去帮他们，而是鼓励他们自己去克服，孩子两岁之前，家长会教他们学会等待，两岁之后，就会教他们学会忍耐。需要指出的是，忍耐不能消极。在日本，人们信奉这样的信念，只有让儿童受一定的以忍耐为内容的身心训练，而不是满足他们的各种要求，才能培养儿童克服困难的能力，形成坚韧和顽强的品质。日本人非常重视对儿童进行忍耐教育，并且将其与社会生活结合起来。在日本，人们经常可以看到，一些孩子在没有成人带领的情况下，面对艰苦的自然环境，安营扎寨，寻觅野果，捡拾柴草，寻觅水源，克服重重困难，进行自救活动。日本的孩子自己处理问题的能力和适应生活环境的能力都比较强，家长更不大干涉孩子的时装打扮，如染发、化各种各样的妆是每个学生必不可少的课外作业，家庭基本默许他们的这些爱美之举。

精彩留言

朱晓东： 感谢晓梅，给了我们一个不同的视角，来看待日本这个国家，从你的眼中，从你在日本多年的生活中，我们对这个邻居有了新的了解。历史永远不能忘记，但更应该放眼未来，看到差距，埋头苦干，奋起直追，天佑中华！

马钢： 清秀温柔的外表下有一颗自强奋进的心，从你的经历中感受到了身在异国他乡的不易，也领略到作为母亲的款款深情，母爱无疆！祝愿阖家幸福，万事如意！

付霞： 几十年未见，拜读生活大作，体会那份获得感，浮现同窗时的点点滴滴，虽然都在遥远的地方，却如在宿舍中穿着拖鞋、夹着书，站在床前聊天。

崔光成： 每个同学的人生都各有精彩，晓梅同学的人生经历，为我们展示了一位母亲的责任、幸福、奉献！

吴志全： 自立、创新，尤其是高端创新和应对挫折的韧劲，是我们当代的中国小孩比较欠缺的，长此以往，甚至会影响到国家的未来！就这点而言，应该学习日本的教育。少年强则中国强，强少年一定在教育！感谢老同学对日本教育的翔实介绍，让我们在对比中反思，在反思中前进。“身在异乡为异客，每逢佳节倍思亲”，游子思乡，能感知老同学对祖国、对家乡的思念，也为老同学在异国的打拼致以崇高敬意。母爱是伟大的，为了孩子，可以舍弃一切。爱，无论是爱子还是爱乡，都是人格的一种升华。大爱无疆！

吴艳彬： 文笔流畅自然，让我们了解了同学在异国的情况，了解了日本的教育，和我想象的不一样，同时也反映了女儿的优秀，为同学点赞，为女儿点赞！

陶明： 好文精彩纷呈，梅花暗香袭来！

海外生存录

情怀故事主人公

岳龙英，女，1963 年出生。1984 年毕业于齐齐哈尔医学院。

你从哪里来的？我来自日本。你是日本人？！不是，我是来自日本的中国人。噢，住在澳洲来自日本的中国人？

生活在澳洲十几年，被问的总是这个，我的回答往往使他们感到惊讶和好奇，然后提问接连不断。

我出生在黑龙江省齐齐哈尔市的一个军人家庭。齐医毕业后就职于哈尔滨市红十字中心医院。1992 年留学日本，做过自营业者、翻译，做过康复科医生，就职于湖南病院。2006 年移民澳大利亚，活跃在中国的旅游市场。你给我的标签是什么？军人子弟，三好学生，妇产科医生，离婚女子，海外游子，辛苦打拼，孤军奋战？还是单亲妈妈，快乐小妇人，孤儿寡母，自信女人？以上这些，都是我在不同时期的身份和过往啊。

芳华

一首引人入胜的歌曲《太阳岛上》，让它名传中国大江南北，独具匠心的冰雕和雪雕让它闻名于世界，它就是我的家乡，号称“东方小巴黎”的哈尔滨。我从小生活在部队大院，因大院里的九

栋楼和四周的围墙都是清一色的红色，故被称为“红楼大院”，院儿里的三百多户人家，享受着20世纪70年代部队的优越待遇，又被院外的人叫成“红眼大院”。爸爸十几岁就当兵，参加过淮海战役、渡江战役、解放上海外围战役、抗美援朝，可谓戎马一生。我受军人家庭的影响，正直善良，好学上进，朴实无华，中小学时都是班干部，连年的三好学生。

1981年，我考入齐医妇幼专业，任班团支部书记兼校团委委员，以优异的成绩毕业，在大学里就入了党。哈尔滨市卫生局破格分配我到哈尔滨市红十字中心医院，成为妇产科医生，是医院里最年轻的知识分子和党员，前途无限美好！

不幸的初婚

正当我对未来充满希望之时，分不清同情和爱情的我嫁给了同情，婚后与年轻守寡且性情古怪的婆婆生活在一起，她掌控着我们夫妻的全部生活。尽管我忍气吞声地生活、小心翼翼地做事、工资一分不少地上缴，可我的过度善良，非但没有打动他们，反而成了他们欺辱我的便利捷径，随之而来的竟是婚姻危机，后来更是被算计到净身出户。这场无爱的婚姻和两年离婚纠葛损毁了我的尊严，打垮了我的自信，耗尽了我的精力。1987年还是一个“好女人不离婚”的保守年代，我曾不堪忍受世俗偏见，想到割腕，以死来解脱重创，值得庆幸的是，我最终选择活下来，为了慈祥的母亲和泪流的父亲，为了心中不负此生的愿望。1987年，让我痛不欲生，也让我浴火重生，从此彻底改变了我的性格和人生。

东渡日本

20 世纪 80 年代末，中国出现了留学热潮，为了忘掉那段灰暗的日子，给心灵换个环境，我决定出逃。由于突发事件，澳洲对中国实行紧缩留学政策，可出国的决心已定，我毅然决然改签日本。

1992 年 6 月 16 号，我的宗旨是开开心心地踏上人生新的旅程，强颜欢笑挥手告别亲朋好友，当火车开动时难舍和孤独齐涌心头，眼泪夺眶而出。舍弃现有的一切，而今身心将漂泊到一个新的国度重新起步，未来，是什么样的？等待我的，又将是什么？我不知道，只能迷茫前行……

在东京，我住在学校的宿舍，一米宽两米长的“盒子”房，人睡在地上，空间搭块板便是开放的万能柜子。开始是语言学习，我与所有的留学生一样，穿梭于打工和上课之间，早上 5 点起床，晚上 11 点回到住处，温习功课到凌晨 1 点才休息，周而复始。为了赚学费和生活费，不得不同时打多份工，什么脏活累活都干，拿手术刀的手扫过厕所，超市冷冻室搬货得过冻疮。无论手和脚红肿多么难忍，还是有身体不适，我从不舍得误一天课，休一天工，回报我的是最终成为学生当中的佼佼者，超市老板给我的薪水与当地人一样。我的求学梦有了基础，前程出现一丝希望。读英语专科学校是我的喜爱和梦想，而报考大学院里的日本福利看护专业（当时在日本非常受欢迎）是我生存之需要，

我顺利通过了学院的面试，然而父亲突发心梗病逝，继续学习的梦戛然而止——我是家里的顶梁柱，此时必须担起家庭责任，来安慰悲痛的母亲，告慰天堂的父亲，我忍痛放弃了继续深造的机会。

结婚易，坚守难，离婚更难

我选择在荞麦面店工作。荞麦是日本的传统饮食之一，它被誉为“血管的清道夫”，深受日本人喜爱，如12月31日晚的年夜饭必吃荞麦面，就像中国北方年夜饭得吃饺子。辞旧迎新的新年会也必不可少，就是在1995年的新年会上，我与一位日本男士结缘，他曾是老板的徒弟，手艺精湛，做出的面色香味俱全，远近闻名，自立门户拥有自己的荞麦面店已经十五年，至今未婚。他大我8岁，脸上有两个深深的酒窝，笑时憨厚可爱。席间我们有说有笑，他不断地示意我多吃，我们好像一见如故，彼此均留下了很好的印象。相识后我们展开了恋情。他发现我的冻疮，给我买药膏，送来厚手套。他记得我喜欢什么，默默地买给我；记得我对中国的事情感兴趣，录下来放给我看，总之与我有关的事他都放在心上。他从不善于表达，但琐碎细节中的呵护透着最真的情和最暖的爱，我初次感受了男人的周到体贴，冰冷的心被慢慢地融化，我们双双坠入爱河。

1996年7月，他为我举办了一场隆重而体面的婚礼，那一年的阳光格外明媚。半年后有了我们爱情的结晶，我们都沉浸在即将为人父母的欣喜中。幸福降临不久，又稍带来不幸，看似平稳的生活却因丈夫突然脑出血住院出现了破裂的痕迹。在日本，患者住院，个人承担30%的医疗费，他却拿不出来，令从未过问家庭财产的我疑惑不解，我出现了先兆流产的症状，面店被迫停业。儿子的出生，丈夫的漫长康复，经济上的窘境催促我必须全权管理生意，他一直对我隐瞒的债务问题暴露出来：他在赌马！除了银行的贷款之外还借有高利贷！惊讶过后，我很快调整了自己的情绪，他们都是我的爱，养育幼小的儿子，让病后性格变得阴郁的丈夫身心都好起来，是我义不容辞的责任，再苦再累我都不怕，只要能还清欠债，拯救这个曾给我温暖的家！

因我的苦心经营，面店的生意日渐好转，丈夫的身体逐渐恢复，稍稍平静的生活因我怀上第二个孩子而改变。我们采纳了丈夫父母的建议，搬回茨城老家，在市役所的对面重开面店，丈夫却力不从心，味觉功能下降，汤汁的味道不尽人意，生意日渐冷清。他又偷偷地重操旧业，这次竟是巨额高利贷！每天的自动催债电话一响，我胆战心惊，遭遇了身体和精神的双重打击。女儿就是在我焦虑、惊恐、无奈的泪水中提早来到了这个世界。我也从对他苦口婆心的劝阻到无言以对，分居来得十分自然，爱情的巨轮彻底沉没了。

都说女子本弱，为母则刚，没错！面对两个嗷嗷待哺的幼子，我必须坚定地为家庭谋生。我被市役所聘为国际婚姻相谈员，就是做红娘，为农村大龄未婚男子牵手中国适龄女子；去农协做助理，做当地农家与中国研修生之间的沟通和协调工作。我发现日本人除了喜欢中餐外，还崇尚中医按摩和针灸，以前的医生职业让我想到了曲线行医。于是利用国际婚姻相谈员经常回国的机会，参加国内按摩培训班，到黑龙江中医药大学附属医院实习，找知名中医学足底按摩。回到日本，又在黑龙江中医药大学日本教育中心深造，取得了整体技疗师证，开了按摩院。没有针灸相关证件，就用五行针代替，解除了许多患者的长期病痛。不久后，按摩院小有名气，可喜可贺的是，当地一所市级医院正式聘我为康复科医生兼骨外科医生助手，参与一些骨外科手术，负责术后康复，有时还为外科急腹症做妇科鉴别诊断。八年后能够再穿上白大褂，再登上手术台，重返这神圣的救死扶伤的岗位，尽管不是我的本专业，但作为医院唯一的外国医生，我感到无比的荣幸和自豪，并时时告诫自己，一定要比别人付出更多的努力。市役所与院方协商，保留我国际婚姻相谈员职务，至少每个月组织一次到中国相亲。讽刺的是，我这个受欢迎的红娘成全了别人，自己的婚姻却像一潭死水。丈夫的面店倒闭了，我辛苦赚的钱不够替他填补无底洞，通过咨询法律顾问，我还的只是高利贷的利息，巨额本金凭我工作去还，将是杯水车薪，遥遥无期，如果爸爸还不完，要由孩子接着还。爱情是两个人的事，婚姻关系到家庭中的几代人，离婚虽不是最佳方案，却是唯一的选择，本该是儿女双全、夫妻偕老的美满家庭彻底走向破裂。

回归自我

2000 年 6 月 8 日，这是跨世纪之年，我勇敢地摆脱各种障碍，争取到孩子的抚养权，只拿了几床被褥，离开了那个负债累累的男人，结束了负债的生活，从此开始从零起步去生活。我的婚姻再次失败，但我不再孤独，孩子是我的骨肉至亲，是我在日本近十年打拼结下的果实。我毫不畏惧地凭着一己之力，倾尽最博大的爱把孩子培养成人。稳定的薪酬、单亲家庭的福利待遇和工作之外的翻译、中学汉语教学和按摩等报酬，用于抚养孩子，在经济上大有保障，也让我的生活再次绽放。做个内心强大的女人，摆脱不幸，获得新生，回归自我。

生活的磨砺让我成为女汉子，没有能难倒我的事情。我为前行道路上的每一小步付出的艰辛深深地刻在自己的记忆中，也看在他人的眼里，赢得周围日本人对中国女子的赞誉，经常得到社会、爱心人士的关心、支持和帮助。虽然没有鲜花、掌声和红地毯，但我活出了自己的样子！

圆澳洲梦

命运有时让我们躺下，为的是让我们能够更多地向上看。如果没有荒唐的初婚，我大概永远会在一个地方待着，而不会像现在，一有机会就想到在不同的世界里置换水土、汲取养料。2002 年末，一个搞旅游的患者向我推荐了一个澳大利亚凯恩斯的行程，是要去那个曾让我心牵梦绕的地方一睹她的芳容，正好给疲惫不堪的身心放些假，来一次说走就走的旅行。

凯恩斯是澳大利亚昆士兰州东北部南太平洋沿岸的旅游城市，常年都是迷人的热带气候，故有“热带之都”的美誉，日本人又称它为“小夏威夷”。这里是世界七大奇观之一大堡礁的门户，还有地球上最古老的热带雨林也是联合国世界遗产名录上闪耀的珍宝。我全方位地喜欢上了这里热带的风光、优美的环境、清新的空气、多元的文化、多种族的语言、包容和文明的城市风貌、闲暇的生活方式，还有各种特色的餐饮及全世界最好吃的冰激凌。我流连忘返，冥冥之中对凯恩斯有一种归属感。

日本虽然说是发达国家，但也是东方文化，地震又多，澳洲则是一个移民国家，汇集了世界各国的移民，我还有种英文和中文将成为未来世界两大语言的感觉，凯恩斯将为我打开通往新世界的大门，我无法抗拒这巨大的诱惑力，破釜沉舟，40岁也要再拼一次。要圆梦就得有舍弃，医院批准我2年的假期，孩子则交由国内的母亲照顾。

不达目的决不罢休

多年来对英语就情有独钟，机会终于来了，申请澳洲学生签证很快被批准。2003年为了追梦，忍痛告别挥洒十一年时光的日本，再次漂洋过海，让一切的一切从头再来。白天上课学习英语，晚上打工到半夜，周末有时帮带旅游团。九个月的学生签证转眼间到期，只能拿旅游签证，以游客的身份存在，我一边游历一边寻找可留下来的机会。在澳洲行医的要求非常严格，必须经过正规、系统和漫长的学习方可获得资格，无捷径可走，行医之路希望渺茫。结婚当然也是获取身份的一种途径，但我不渴望一张“结婚证”式的爱情。三年间我七次进出澳洲，我相信只要有足够坚强的心性、热烈的渴望和决不放弃的耐力，老天就会在那种全是墙的地方给你开一扇门。机会永远是为有准备的人而来的，我的机会在2006年如期而至。当时日本旅游市场兴旺发达，中国市场前景可观，我因会三种语言，受聘于一家中国旅游公司任开发部经理一职，成为凯恩斯首例以语言能力获得四年雇主移民工作签证的第一人。现在我终于有资格担保孩子，母子可以团圆了！

披星戴月

2006年10月，我开启了边工作边独自抚养孩子的艰难岁月，也是充实、有希望的岁月。我埋头苦干，积极开发中国旅游市场，公司规模不断扩大，老板特许孩子可以带到办公室。难就难在，有时我兼职带团，孩子没去学校上学的时候，我只好违心到把他们留在家里，那时儿子九岁，女儿七岁。在澳洲，十二岁以下的儿童单独留在家里没成人看护是违法的，开始孩子们抱着我哭不让我走，那场景令人揪心，每次我都是含着眼泪出去工作，心里没有一刻踏实过，我何尝不想陪着他们，但没办法，被担保就要无条件地服从安排。我责任心又强，白天带完团，晚上还要去办公室处理文件，工作的时间远远超出了法定的 1 周 38 小时，不知道哪天是自己的休息日。孩子们慢慢地理解了，也是被动地接受了这样的生活。为了让孩子们能乖乖地待在屋里别出门，免得邻居发现报警，只好在家里放大量的小食品和玩具供他们消磨时间。

一个女人抚养两个孩子实属不易，同时还要承受那么重的工作负担，但我心甘情愿地承担这一切，这几年我因到处拼搏，漂泊不定，与孩子们聚少离多，缺席了他们的童年时期，没能给予他们应有的呵护和母爱，尽管我是在竭尽全力给他们创造最好的生活环境，但仍称不上是位合格的母亲，这种情感的缺失让人心疼得不堪回首，家庭与事业似乎永远难以平衡。另一种愧疚时常折磨着我，在他们幼小的心里根本就没有父亲的印迹，或许我应该给孩子一个完整的家了，让他们感受父爱的温暖，才会更加阳光、更加健康，才能茁壮成长。

刚好遇见

是天意安排吗？一切都是刚刚好的样子，而我也是刚刚好遇见他。2007 年 2 月 25 日，我和孩子按时到达了相约地点，他姗姗来迟，歉意中带着一丝腼腆，个子不高，有些发福，一头白发，高大的鼻子上架着一副眼镜，穿着拖鞋、短裤、T 恤衫，看上去比预知的 49 岁老一些的洋人，我心里凉了一半。“我叫 Terry”，他滔滔不绝地自我介绍起来，从中了解到他有过婚史。在西方国家，大部分离过婚的男士往往都不想再婚，交女友也只是想玩玩而已。我很明确我的需要，所以直奔主题：“请问你想和

我有什么样的关系？”“你相信命中注定吗？其实我早就来了，只是远远地看了你一眼，就让我无法移开目光，我意识到自己对你一见钟情了，认定了想和你过下半生。只是看到你优雅知性的气质，我没有自信和勇气走过来，对不起，我实际的年龄是 59 岁，但请给我机会照顾你和孩子。”初次见面就这么开诚布公，理论上我完全接受了他，尽管内心深处还缺少那种心动的感觉。这一天，小兄妹俩围着我们欢快玩耍，异常兴奋。Terry 看孩子时慈祥的目光，满脸的欢喜，与孩子们互动发出爽朗的笑声，被我尽收眼里，好一幅家庭和谐、舐犊情深的动人画面！这曾经是我和孩子们多么奢侈的愿望。分别时他希望我不要再去相亲，等他回来！在这之前，他已约好跟姐姐去旅行。一个月里，孩子们常常提起 Terry，似乎对他有点依赖，我却没有时间去想念——繁忙的工作之余，我发奋图强，顺利通过了移民局要求的英语雅思考试。

一个男人若是深深爱上一个女人，恨不得今天就跟你求婚，明天就把你带回家，生怕晚一步，对方就不属于自己了，Terry 正是如此。旅游回来后第一件事是带我们去看他家，并告诉我，如果愿意随时可以带着孩子搬过去。我笑问他，不担心我利用他拿身份或占有他的房子么？他回答说，相信我不会，如果是真的，为了我的爱宁愿搬走。好一个性情中人，大丈夫风范，我对 Terry 另眼相看，但同居为时过早。

不解风情

一个周日我出海。Terry 要求带孩子，孩子们别提有多高兴了，我终于也可以不带任何牵挂地安心工作一天了。晚上8点多，我兴致勃勃地去接孩子："妈妈快带我们去吃东西！饿死了，叔叔一天只给我们烤了一次薯条！"孩子们看到我，没精打采可怜巴巴地说着。急忙向Terry道了谢，我飞一样开车直奔餐厅，含着眼泪心疼地看着孩子们狼吞虎咽地往嘴里塞着汉堡。"为什么不告诉叔叔你们饿了？""因为妈妈不让我们管人家要东西！"听了之后我既高兴又难过。后来了解到，Terry以为孩子没有要吃的就是不饿，这就是中西文化相遇碰撞出的误会。我也曾闹过有关"吃"和"喝"的笑话两则：应邀去喝咖啡，恰是中午12点；被约晚上6点喝酒。以为会有饭吃，空腹赴约，结果咖啡喝得心慌，酒喝得头晕。西方文化的"喝"跟"吃"界限分明，与饭点无关。Terry的做法情有可原。

中西合璧

中西文化背景不同，衣食住行都有差别。最初我们相处的日子磕碰不断，有的成为笑话，有时也会不愉快，每每遇到问题，通过沟通，求同存异，没有解不开的结，正是那段叮当作响的生活片段，将我们的心紧紧连在一起，成为今生美好和难忘的回忆。周末我带团，Terry尽心尽力地带孩子，吃遍了凯恩斯的汉堡，孩子们越来越喜欢他，不到三个月，儿子居然叫他"爸爸"，女儿向我示威，如果不和他结婚就不叫我"妈妈"了。Terry得意地说，现在我不想嫁给他都不行了。我还是心有不甘，而他是恨不得天天见面，有时想与我亲近，但被我婉拒，他控诉我冷酷无情，有两周时间不理我。我知道Terry爱我，他的要求合乎情理，真挚的心一定很受伤。我主动向他解释：我何尝不想要一份安稳的幸福，要可以依靠的肩膀，等感情成熟了，自然会接受他。我让他明白：我有两次失败的婚姻，他也有过不幸的经历，我们都已经伤不起，必须三思而行。幸亏及时解释，否则我们可能会擦肩而过了，错过他，我会悔。

Terry在昆士兰州最大的汽车公司做调度，在悉尼举办的2007年

APEC，他被派去给第一夫人们开车，他从不向我炫耀他的辉煌，这是我看到他与包括胡锦涛主席夫人在内的元首夫人们的合影后知道的，这是要具备好车技、好人品、高素质才能获得的机会和荣誉。此事让我对Terry刮目相看，真是行行出状元。澳洲本是周薪制，但我任职的公司经常几个月不发工资，Terry主动把他的银行卡交给我，我有储蓄，其实不需要援助，但精神上却很享受这份浓浓的爱意，Terry的信任大度和一往情深让我折服，对他的感情骤然升华，一下子扑进他宽厚的怀里，我不再觉得他大腹便便的很难看，倒觉得异常的舒适和温暖。

一天早晨儿子腹痛哭叫不停，我一查，怀疑是“急性阑尾炎”，偏偏这时我的游客急着赶飞机，我给Terry打了电话，他火速赶到急诊，待我安排完工作赶到医院，儿子依偎在他的怀里安静了许多，一股暖流涌上心头，我的理智和坚强瞬间垮掉，泪流满面。老天是眷顾我的，在我们最需要的时候，遇到一个爱我的男人，还连带着我的孩子一起疼爱，Terry的至深至情一点一滴渗透到我和孩子的心底，所有的戒心和顾虑都消失了，只有满满的感激和信赖。记得情感专家张小娴说过，女人想要的终归只有两样东西：很多的爱和很多的安全感。我清醒地意识到，像Terry这样重情重义的男人值得托付终身。于是我痛快地答应了他的求婚。

2007年圣诞节前夕，我们举行了简单而庄重的婚

礼，儿女相伴我步入教堂。Terry——我的丈夫今天显得分外年轻，令我怦然心动，原来Terry稍加修饰也可以变得这么帅。我与Terry许下神圣的婚姻诺言，一个跨越国界、年龄的家庭诞生了！

倾心相爱

Terry的房子由著名的意大利建筑师设计，结构非常精致和独特，美中不足的是只有两间卧室。为了让每个孩子都有独立的房间，Terry倾注了浓浓的情、深深的爱，付出了一个多月的辛苦，将车库的2/3改造成温馨、可爱、舒适、具有浓厚小女孩气息的小闺房，每个小环节都精心设计、考虑周到，别出心裁地安装了可遥控的电灯、现代化的电风扇，他居然还用缝纫机给女儿做了窗帘，女儿喜欢，我感动，Terry开心。我真的不知道哪辈子修来的福气，找到这么个手巧能干的丈夫。幸福不是住的房子有多大、多豪华，而是小屋的笑声有多响、多甜，我们的爱巢里充满了快乐和幸福。

Terry热爱生活，勤劳能干，婚后几乎承担了所有的家务，非常仔细地照顾孩子们，对孩子们视同己出，孩子们整天围着爹地笑声不断，他们亲密无间到好像我这个亲妈不存在似的，我为之欢呼，只有欣慰没有嫉妒，即使有一天我不在了，有他照顾孩子我一百个放心。我有心想和Terry生个孩子，他说："不要，你的孩子就是我的"，他愿做孩子成长环境里的最佳保护者，他说他可以工作到七十岁，直到孩子们成人。

为了不让孩子把中文忘了，我尽量和孩子们讲汉语，开始Terry会摇头皱眉，我懂他不愿做局外人，反思没有尊重他的感受并向他道歉，他立刻给我宽容的拥抱和开心的亲吻。此后，我选他不在场时用中文，既避免孩子们忘记母语，又不伤害Terry，我愿意去改变，完整地爱他，一如他爱我。Terry总是说我是医生，有时间要多看书，他忙碌中也不时望向我，说喜欢看我读书的样子。我陶醉在眼前的世界里，希望美好时光定格在这一刻。受伤时，家是遮挡风雨的伞，有时候我会把工作中的不愉快带回家里，Terry 说他就是我的“垃圾桶”，把不平统统倒出来，然后温柔地把我拥入怀中，耐心地聆听我的倾诉和发泄，让我在重压之下瞬间放松，这就是我的 Terry，无时无刻不让我感受他那细腻的情感和大男人的胸怀。

Terry 热情好客，我们几乎每个月都会邀请朋友邻居来家里做客，招待客人、准备餐饮、清洁收拾，有条不紊，朋友们都羡慕我有福气。有 Terry 陪着，我从未羡慕过任何人。很多人觉得西方人过于浪漫不靠谱，而我的 Terry 既浪漫又钟情，我的家是情感的港湾，Terry 就是我的天，为了回报他对我们“三个包袱”的接纳之恩，我毫不犹豫地拿出在日本时的积蓄，付清房贷，购买新车。我与 Terry 畅想，等孩子读大学后，我们俩就悠闲自在地乘坐游轮周游世界，一起慢慢变老。可这永远是不可能的事情了。

真爱无疆

日子正过得有滋有味，2009 年 4 月初，平素精神饱满的 Terry 身体出现了不适，胃镜检查是食道癌。我们立即飞往布里斯班，澳洲看病程序烦琐，通常是预约制。坐卧不安的等待煎熬一周才约到手术医生，Terry 的病情需要先做放、化疗，缩小病灶才能手术。又是约到一周后，想到癌细胞正在分分秒秒地在 Terry 的身体里滋长，我心如刀绞。终于见到放疗医生，我声泪俱下，要跪求他尽早给 Terry 治疗，失去优雅理性，医生非但没生气，还握着我的手：“你真是个了不起的女人，你的丈夫太幸运了，从没遇到过一个妻子这样恳求过我，我要成全你”。一个疗程结束效果非常好，手术日期定在 2009 年 7 月 2 日。飞回凯恩斯的家，第一次分开这么久，孩子们见到爹地更亲了。越是这样，Terry 的情绪越低落，有时还会掉泪。我以为他是不舒服或手术前紧张，于是尽力细心照顾，制造欢乐氛围，转移他的注意力。终于有一天，他说：“如果我走了，你和孩子怎么生活？孩子越黏我，我心里就越难受，我舍不得你们”。承受着死亡的威胁，病痛面前，他担心的不是自己的健康，首先牵挂的是我和孩子今后的生活，我们仅仅相识相知相爱两年！看着他望着我的怜惜眼神，我心里早已盛不下那震撼心底的感动，泪如泉涌，这是一个多么好的男人啊！他让我们有了一个完整幸福的家，他让我们切切实实感受到真实的生活，他让我们收获到一颗真心一份真情。爱情，没有人能说得清楚它是什么，其实它来了，它一直伴随着我们。“别哭了，我的甜心”，他温暖的大手按在我的肩膀上，俯下身给我拭泪。

6 月 27 日，我邀请二十多位亲朋好友为六十一岁的 Terry 庆生，大家欢声笑语、热闹非凡，Terry 一如既往的幽默风趣。我将一张 10 万澳元的支票递到了 Terry 手里，送上我和孩子祝他早日康复的愿望，希望他没有后顾之忧，放心接受手术。刹那间，空气仿佛一下子凝固了，全场鸦雀无声，有人在哭泣，Terry 腾地一下站起来，我们紧紧地拥抱在一起，忽然掌声响了起来。

八个多小时的手术，对我而言像八个昼夜，婚后从未有过的孤独感油然而生，无法想象没有他的日子我该怎么过。当我被允许进入重症监护室，被眼前的一幕惊呆了，Terry 浑身上下密密麻麻都是管子，却丝毫未见他露出痛苦的表情，反而神志清醒地用那磁性的声音喃喃地叫着“Honey”，并冲我微笑，看到手术平安的丈夫，我数小时的祈盼瞬间化成亲吻，不停地落在他的脸上，化作眼泪任意流淌。他说：“你知道我有多爱你吗？像这些管子一样多！”难为他刚刚下手术台就有精神头开玩笑，我倒也来了兴趣，仔细数起来，一共十七根。

Terry 经历了生死劫难，我们的爱情经受住了生死考验，格外珍惜在一起的时光。Terry 术后的日子里，我没有离开医院一刻，我们习惯了生命中拥有彼此，习惯了每天醒来见到彼此。据医护们说，澳洲女人是不会这样日夜守候丈夫的。陪伴是最大的精神支柱，加上 Terry 积极乐观的心态和坚持不懈的术后康复训练，三个星期后我们打道回府，澳洲医院从不压床。

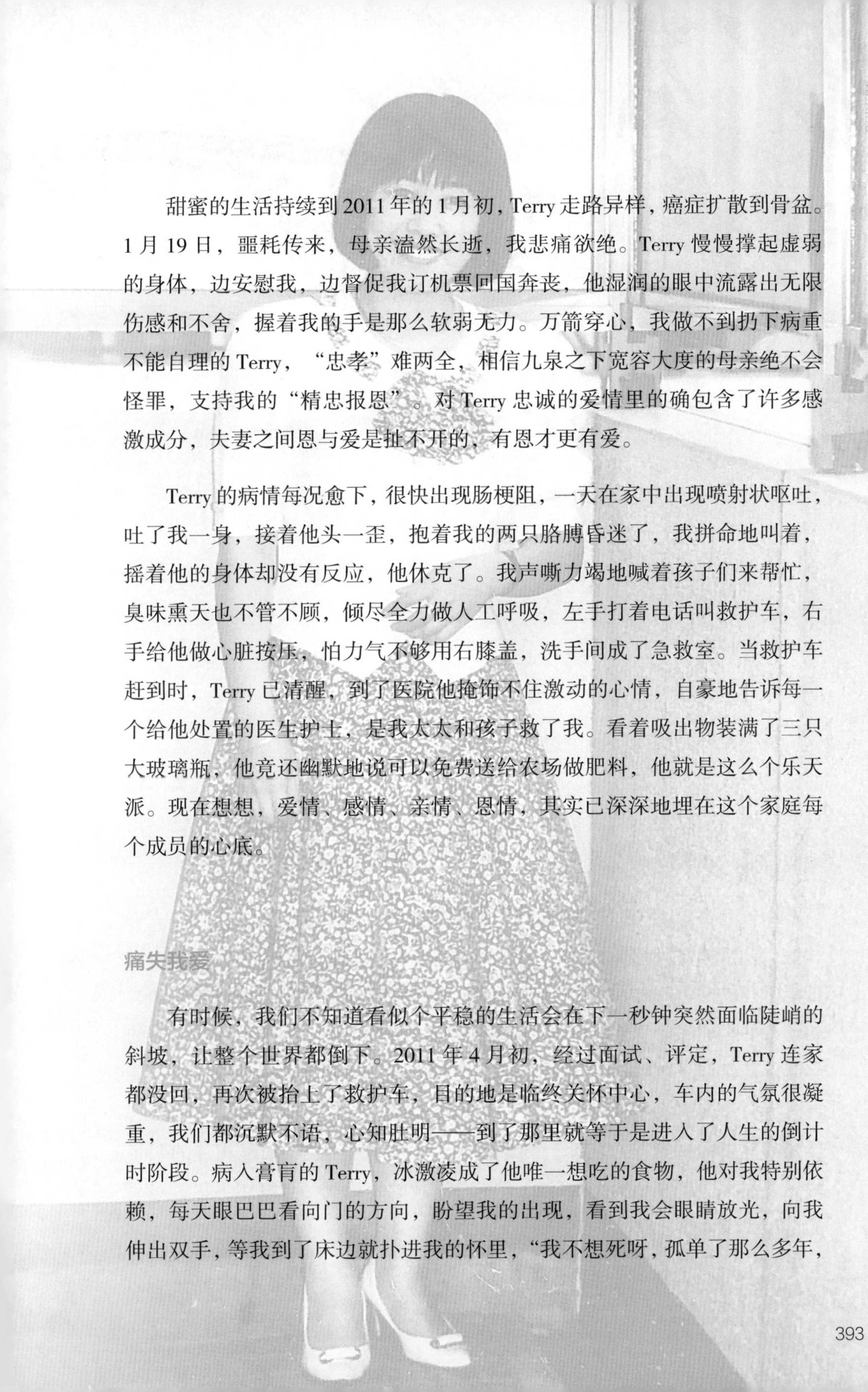

甜蜜的生活持续到2011年的1月初，Terry走路异样，癌症扩散到骨盆。1月19日，噩耗传来，母亲溘然长逝，我悲痛欲绝。Terry慢慢撑起虚弱的身体，边安慰我，边督促我订机票回国奔丧，他湿润的眼中流露出无限伤感和不舍，握着我的手是那么软弱无力。万箭穿心，我做不到扔下病重不能自理的Terry，“忠孝”难两全，相信九泉之下宽容大度的母亲绝不会怪罪，支持我的“精忠报恩”。对Terry忠诚的爱情里的确包含了许多感激成分，夫妻之间恩与爱是扯不开的，有恩才更有爱。

Terry的病情每况愈下，很快出现肠梗阻，一天在家中出现喷射状呕吐，吐了我一身，接着他头一歪，抱着我的两只胳膊昏迷了，我拼命地叫着，摇着他的身体却没有反应，他休克了。我声嘶力竭地喊着孩子们来帮忙，臭味熏天也不管不顾，倾尽全力做人工呼吸，左手打着电话叫救护车，右手给他做心脏按压，怕力气不够用右膝盖，洗手间成了急救室。当救护车赶到时，Terry已清醒，到了医院他掩饰不住激动的心情，自豪地告诉每一个给他处置的医生护士，是我太太和孩子救了我。看着吸出物装满了三只大玻璃瓶，他竟还幽默地说可以免费送给农场做肥料，他就是这么个乐天派。现在想想，爱情、感情、亲情、恩情，其实已深深地埋在这个家庭每个成员的心底。

痛失我爱

有时候，我们不知道看似个平稳的生活会在下一秒钟突然面临陡峭的斜坡，让整个世界都倒下。2011年4月初，经过面试、评定，Terry连家都没回，再次被抬上了救护车，目的地是临终关怀中心，车内的气氛很凝重，我们都沉默不语，心知肚明——到了那里就等于是进入了人生的倒计时阶段。病入膏肓的Terry，冰激凌成了他唯一想吃的食物，他对我特别依赖，每天眼巴巴看向门的方向，盼望我的出现，看到我会眼睛放光，向我伸出双手，等我到了床边就扑进我的怀里，“我不想死呀，孤单了那么多年，

刚刚有个幸福的家……”他哇哇大哭。我不知道可以用什么语言来安慰他，一个曾经刚强健壮、性情宽厚、积极乐观、有情有义有担当，总是用坚实的臂膀保护我们，把我们捧在手心里的大男人，在死亡面前如此无助。我的心在流血。

我记得刚结婚时，他说过：“从现在起你是我的太太、我的恋人、我的知己、我最好的朋友。”我温柔地拥抱他那瘦骨嶙峋的身体，久久不愿松开，生怕一旦松开从此阴阳两隔，不再相见。现在我想告诉他：“尽情地撒娇吧，我的丈夫、我的伴侣、我的垃圾桶、我的 Baby。”

2011 年 6 月 8 日，与病魔抗争两年多的 Terry，一个近乎完美的丈夫和继父，带着对我们的牵挂、不舍和对这个世界的眷恋，永远地走了，也带走了我的心，我的天塌了，没有人爱抚、没有人倾诉，有的只是孤独、悲伤、如影随形的思念和睹物思人的回忆。我本以为经历了这么多感情的起起落落，似乎也爱过，也被伤得体无完肤过，也哭得昏天暗地过，不会再有更痛苦的事情了，是 Terry 让我真真切切地感受到什么是深入骨髓的爱，痛彻心扉的痛。这一路走来，风雨坎坷自不必说，但和 Terry 相伴的四年时光，是我一生中最明媚的日子，Terry 给我的爱让我一生享用不尽，对我的情让我刻骨铭心。

真正爱过才知道心脏在哪里

Terry 刚去世，就接到政府的慰问信：“对 Terry 的逝去，我们深表遗憾，他去越南是为祖国而战，当时受细菌毒气的影响，潜伏了几十年后导致癌症，他是没有牺牲在战场上的烈士，有权利被葬在军人烈士陵园。他的遗孀，有资格享受参战老兵家属的待遇。”我恍然大悟，Terry 临终前约政府的人见面，为的是落实这件事，确认他挚爱的妻子后半生可以无忧。他爱得深沉、厚重、不声不响，他本想用自己的余生来呵护我，现在只能用生命换来的待遇看护我的余生。人性其实最自私，但当你把对方当成你自己，你愿意毫不保留为对方付出一切，甚至生命，真正爱过才知道心脏在哪里。

平静的生活

一年后，Terry 祭日一过，我们搬进了市中心的公寓，将依山傍水的小城市尽收眼底，我感慨万分。我的人生可谓跌宕起伏，经历了苦难、波折，甚至悲惨。好不容易找到相伴一生的男人，他又不幸去世，只能感叹世事无常。丧夫之痛，邻居伤害，经历了人生的最低谷，我顽强地慢慢地挺过来了，从中学会了遇到烦心事要及时化解，从而获得内心的平静；遭遇挫折依旧坦然面对，坚定步伐仍然奔跑前行，在自己的能力范围内，毫不吝惜地爱自己、爱孩子。这几年正好是我的更年期，如何与两个有着日本血统、在西方社会长大的青春期孩子相处，把他们当成朋友，保持各自的空间和独立性，相互尊重，遇事商量，最终采取最合理的方案，就可以了。思考、学习、进步、成长是我们每个人一生的责任。我把他们送去私立学校，鼓励他们趁着年轻拼命学习、丰富自己，只有年轻时经历千辛万苦、勇往直前的奋斗，才能有能力在未来的生活里遇事不惊、泰然自若。

2014 年，儿子考上墨尔本大学后突然懂事了很多，在电话里哽咽地说：“妈妈，我爱你！谢谢你！对不起！离开您独自求学，才深深体会到妈妈一个女人独自闯天下的艰难。”作为母亲，还有什么比这更幸福、更能感到欣慰的事情吗？2018年，儿子继续读研究生，女儿如愿以偿考上布里斯班的格里菲斯大学法医系。他们都有自己的业余爱好，儿子会变魔术，喜爱烹饪；女儿弹得一手好吉他，绘画也很出色。一对儿女是我坎坷人生中最优秀的作品，后半生强有力的依靠，我想天堂的Terry一定会为孩子们的优秀开心。值得欣慰的是，孩子们念念不忘慈爱的继父，主动给爹地扫墓，还要把Terry的名字文在各自的胸口上。不觉中他们突然长大，能管理好自己，我不需要太劳心费神了。时光流逝，岁月无情，我无法阻止自己老去，更无法阻止孩子们远去的步伐，我们只能沿着各自的人生轨迹前行，我能做到的是，我不但要为他们活，更要为自己活。

所有的经历，幸福也好，痛苦也罢，都是最好的安排，上帝无情地给我关上一道门，但为我开了一扇窗，有阳光照进相伴，让我温暖，并不寂寞。在空间上，为了离孩子们近一些，我在黄金海岸的商业中心购置了一套公寓，占据便利、核心的地理位置，270°一览无余的海景、山景，正对面遥遥相望的是冲浪者天堂，这就是我理想的家园。我尽情开怀、心动不已，海风拂面，时光静好，俯瞰船来车往，品一杯茶、读一本书、忆一段情、写一篇文、健一下身、旅一次游，享受生活赋予我的乐趣，不断丰富和完善自己，逐渐老去，依然优雅得体，这就是我后半生的目标，几度风雨我认识了更强大的自己。

精彩留言

吴志全：天无绝人之路，当你面临困难时，选择坚强；当你认定了目标，选择坚持。坚强不屈，坚持不懈，那么最终收获的必将是胜利成果。是的，我很认同这句话，没有丰富人生阅历的人，很难有这么深沉的感悟。相对于很多同龄人来说，龙英的感情之旅和人生之路并非一帆风顺，但就是这样的坎坷，反而成就了龙英的不屈和坚强，这是一种伟大的品格，不仅会照亮龙英的人生下半程，也一定会惠及她的下一代，我坚信这点，也祝福龙英从此事事顺遂。

张钲： 上学时只知道书记很好强，毕业之前入党，读了作品，从心里为她的坚强点赞，生活无论遇到多少困难，每次都选择面对生活、自强不息，这样的生活态度培养出优秀的儿女，伟大的母亲！

华泽英： 经历荡气回肠，坚强和坚毅让我无比钦佩，一路走来证明了你的学识和能力，还有骨子里军人血脉的不服输精神！祝我们今后的路都顺顺顺！

Rosa： 被龙英师妹深深地打动。人生苦短，不如意之事十有八九，能不能看开是一个人的品性，能不能放下则要看一个人的心智和能力。龙英师妹的路多有坎坷，但终究还是获得天佑，遇到了一生之佳偶，也算是否极泰来，此生之大幸。我们不能决定自己生命的长短，但要决定生命的宽度。愿龙英师妹能再次拥抱生活，怀感恩之心过好每一天。

马钢： 昨天应该下班回家的我，站在冷清的诊室里，爱不释手地一口气拜读了龙英书记的大作，今晨含泪再次细读，心疼你的坎坷经历，佩服你的顽强不屈、大智大慧、强大的内心与坦然面对人生、不断追求梦想的勇气和才能！同时脑海中也不时浮现着当初在校一起学习时的点滴，特别是你阑尾炎手术后在寝室养病时，一个人独自清洗干净了寝室的地面，累得瘫坐门前的样子，至今记忆犹新。幸福都是奋斗得来的，祝你和一双儿女的明天越来越好！

刘志宏： 坎坷经历体验痛苦，更收获丰富与深刻的人生，这是精彩的人生。感受到了龙英书记内心的坚强和向上的力量——永存的魅力！

周庆芝： 感觉作者在说着别人的故事。放弃了午休一口气读完，敬佩龙英的坦诚和勇敢！在不易中活出了属于自己的精彩！为作为母亲的你点赞，更为作为女性的你点赞！

付霞： 非凡的同学，非凡的人生，非凡的大作。

王丽浮： 无论过去是怎样的，你都坚强地走过了，未来你的余生一定会活得很精彩，为你的坚强和坚持点赞！

张强： 感觉像当年读三毛的《荷西我爱你》，又像感受《读者》的美文。曲折的人生，不懈的追求，真情的表达，感人至深。

崔光成： 在深深的同情、感动和敬佩中，读完了全文。龙英同学是善良的人、有责任感的人、有胸怀的人、有坚强意志的人，更是有深刻思想的人。真的了不起，同学们的骄傲！

韩慧萍： 午休时间拜读了书记的作品，感触颇多。坎坷的人生经历非但没有击垮你，让我们看到的是如此坚强、智慧、自立的你！苦尽甘来，相信明天会更好！

向坚强的胡杨致敬！

“情感”轰鸣，
敬佩岳龙英。
文笔流畅如滴血，
读者眼泪为和鸣。
军人风骨，
坚强传承。
从齐医校园走出，
你跨过了坎坷人生。
单纯善良，
屡遭不幸。
被幸福眷顾又抛弃，
欺瞒中挣扎求生。
祖国永远是你的母亲，
回家来总有亲情。

融入你走进的社会，
展示才华本领。
抚养一双儿女，
离别伤心东瀛。
澳洲一个旅游小镇，
你收获了美满人生。
Terry 挚爱深情，
抚平了你心的伤痛。
Terry 情谊深厚，
播撒了父子亲情。
阳光海滩，
其乐融融。
真爱炽热，
在海的怀抱中相拥。
意外的癌症，
撕心裂肺的哀鸣。
在怀抱中送 Terry 离去，
使人心缩泪涌。
你走出了深渊，
脚比路长要前行。
一双儿女健康成长，
你像胡杨挺拔年轻。
颤抖的手，
写不出安慰的语言。
捧一颗炽热的心，
向坚强的胡杨致敬！

2018 年 8 月 23 日
1965 级校友宋永海写于大连

校友寄语

每一片绿叶，都是一份绿色的心情；每一缕清风，都是一句温馨的问候；每一篇文稿，都是一份最真的情怀。翻开日历，《情怀》一书即将出版的消息，宛如一缕春风，吹皱了齐医校友们心中友谊的春水，纷纷撰文寄语，表达心意相通的感怀。青山在，人未老，同学情正浓；岁月增，水长流，情怀依旧深。数年聚散两茫茫，不思量，自难忘。走上社会，方知校园生活的美好；经过洗礼，才知同学友情的可贵。美好的读书时光，恰似绚丽多彩的画卷，烙在我们记忆的深处。往事如烟，温馨如昨，感谢关注和参与《情怀》出版的校友们，您的珍贵寄语，我们敬重地收录，作为这本书的精彩收官，成为这本书相映成趣的章节。

起点没有高低，奋斗成就精彩

寄语主人公：校友王同德，1988年入学齐齐哈尔医学院，2011年毕业。现任北京安龙科技集团有限公司总经理。

一别二十七载，弹指一挥间。离开母校二十多年，在环渤海校友会的成立大会上，见到了沈黎师兄，与几百名环渤海校友欢聚一堂，让我实实在在地感受到了每一名曾经的齐医人心中那挥之不去的眷念与情谊。特别是听沈黎师兄谈起1981级校友，在策划出版纪念齐医毕业三十五周年的《情怀》，我便在“这一届”微信公众平台上先睹为快，师兄师姐们撰写的《情怀》文稿里，所迸发出来的火一样的热情，更是深深地感染着我。感同身受的是：我们已青春不再，每一名齐医人对母校的情怀却历久弥坚。

往事再提，记得拿到齐医入学通知书的时候，我也曾因考入专科学校而有过那么短瞬间的失望，然而对于一个农村孩子来说，还是让我幸福了好一阵子呢，对大学生活的美好向往，还是阳光般洒满了内心的每一个角落。如今的齐医经过历届领导集体的努力，已经华丽转身成为拥有国内重点学科的本科医学院校。与当初相比，羡慕现在的学弟学妹们的幸运。同时作为老校友的我也有内心永远的自豪。刚入学时，我们年级没有很正规的宿舍，在教室改成的两间大宿舍里，热闹的生活了两个多月后才搬进正规的宿舍。教学环境更是没法和现在相比，学校图书馆的藏书也不丰富，但查找学习资料绝对够用。老师们朴素认真的治学态度与同学们饱满热切的求学精神惺惺相惜，学风端正，孜孜以求。因为年轻，眼睛是春天的憧憬，心中是希望的潮水。我们有精力，有能力，有干劲，有进取精神，有创造激情。

在齐医读书时，我是班级中的生活委员，还担任校学生会生活部长。学生的校园生活除了在教室里学习，就是在食堂和宿舍的“吃喝拉撒”，生活部长那就要管理生活，去食堂打饭，间或发现有些同学不自觉的插队行为，影响到食堂秩序，便发动几个小伙伴，做了“请您自觉排队，谢谢！”的粉红色小纸条，贴在食堂窗口的玻璃上，这温馨的提醒，竟让食堂的秩序有了明显的改善！宿舍的管理比食堂有难度，但是有整洁舒适的住宿环境是同学们的共同愿望。在舍务科长刘树仁老师的支持鼓励下，我们学生会在一个星期之内建立了宿舍检查评比制度，制定了详细的评分标准，从被褥的叠放，整理窗帘的方法，脸盆、毛巾、暖瓶、拖鞋的摆放等都做了详细建议，并把选拔出来的标准宿舍拍成照片张榜公示。按照制定的评分标准，每周对所有宿舍进行一次全面的检查评比，平时随机抽查，在宿舍楼内动态地评出十个“标兵文明寝室”、二十个“文明寝室”和五个“不合格寝室”。标兵寝室和文明寝室在奖学金评比时均有加分，持续一个学期被评为“不合格寝室”的同学，取消奖学金的评比资格，而且不能参与各项评优和入党等。三个月以后学校宿舍的面貌焕然一新了，从前凌乱的宿舍楼变得整洁舒适。让我们领悟到，文明之心人皆有之，积极提倡和建设精神文明，促使和谐的文明秩序在校园里生根发芽，文明之花就会处处绽放！这是在齐医时让我心里挺自豪、挺骄傲的往事。

我这一届正好赶上了学校新的教学改革，是新的教学模式实践者和见证者——“三一制”教学试点，就是“一年校本部的基础课教育，一年在教学医院的临床课教育和一年的临床实习”新模式。我们的临床教学基地在北安卫校，那里的生活环境、教学条件较为艰苦，我有过迷茫和沮丧，但是很快就被临床教学中发现的崭新世界冲淡，临床理论与临床病例的有机结合，让我对专业知识的学习和实践有了浓厚的兴趣，向往着更多、更快地掌握专业知识和技能，成为能治病救人的好医生的信念倍增！

我一直相信，艰苦的环境对于时常抱怨的人来说，是一座无法逾越的高山；而对于一个不轻易服输的人来说，那不过是一次挑战，还可能是困难背后的机会。北安的学习环境条件虽然差些，这并没有成为我们放弃理想的借口和理由，两年下来同学们不但没有自暴自弃，相反更加努力，更加团结，像兄弟姐妹一般相濡以沫，互相勉励，以出色的表现，在北安市人民医院和省精神病院的全体老师和其他学校实习同学面前，证明了齐齐哈尔医学院学生们的聪明才智、厚德学养和与众不同。而我的收获特别多，北安有许多学识渊博的专家和老师，我不仅学到了丰富的专业技能，同时还收获了生命中美好的爱情。我毕业后担任临床医师，在工作中，能够做到比较熟练地治疗和处置患者，都得益于在北安卫校崭新教学模式的学习中打下的坚实基础。古人云：斯是陋室，惟吾德馨。何陋之有？陋室不误铭志，寒门不乏学子。

毕业二十年时，我们班同学们重返母校，进到校园后见一幅“欢迎8836班同学回家”的巨大横幅挂在门口，温暖了所有同学的心。回家！这是妈妈对孩子说过次数最多的话，眼前这陌生而又亲切的校园，就是我们的家！我们一直都是母校的孩子，二十年了，母校没有忘记我们，身处五湖四海，依旧生活在同一轮明月之下！很多同学的眼睛都湿润了。

崔光成副校长热情地招待同学们，亲自带我们参观齐医校园，对每一处建筑如数家珍。崔校长曾经是教授我们心理学的老师，他那富有磁性的嗓音和特有的慢幽默，让我们仿佛又回到了二十年前的心理学课堂，仿佛又听到了他那关切的问候：你们吃得还行吗？宿舍冷不冷？有啥困难不？穿越时空，齐医读书时的情景仍在眼前：有倚窗静读的倩影；有同桌的你借我的半块橡皮；有三人行必有我师的高谈阔论。手中的相机不失时机地定格了所有美好的瞬间……

学海书山大医赋，小桥流水思源林。同学们徜徉在时光隧道，我们出走半生，归来仍是少年！刘吉成校长在欢迎午宴上鼓励我们："无论你们取得多大成绩，你们能够踏实地发展到今天，就是齐医的骄傲，学校永远是你们坚强的后盾，校园的大门永远欢迎你们，等待着你们！"真诚而质朴的语言瞬间拉近了与母校相连的心，我们终于发现，无论我们走多远，走多久，在我们的内心深处永远都珍藏着母校。试玉要烧三日满，辨材须待七年期，优越的条件给我们提供的只是成功的可能，尽管我们出身普通，起点有所不同，但是我们凭着坚定的信念和不服输、不认命的精神力量，我们坚持不懈地努力，持之以恒地奋斗，成功会离我们越来越近，最终属于我们。

执一颗初心，我仍在践行！

和你相同的姿势

寄语主人公：校友康悦，齐齐哈尔医学院1989级医疗专业校友，现任哈尔滨医科大学第二附属医院普外科主任，硕士研究生导师，齐医哈尔滨校友会负责人之一。

面对着几十篇流淌着齐医特有体温的真切篇章，我知道这是只有齐医人才有的震颤心灵的共鸣，从三十余年前师兄师姐的记忆中传递而出的温度，让我的记忆不断回溯几年前齐医的生活，那些青葱的岁月，那些艰苦中的坚持，那些生活的磨砺，还有那些来自患者的坚实而温暖的回馈，让我们从医学生逐渐成长为祖国医疗事业中一名最普通、最坚定的医疗工作者。这就是齐医给我们的最宝贵的不可撼动又不可复制的宝贵财富——无限而崇高的医者使命。

我记得王雪主任的《遇见回忆》中，特别写到她实习期间的一名年仅十八岁就自我放弃的患者。十八岁，本是充满力量和想象的年龄，是可以成为独当一面的男人的最美好年龄，他却因为遭到批评而拐进了弯道，选择服毒，甚至送至医院抢救时依然不配合治疗。当时的王主任也正是青春年少，她以医者特有的敏感和细腻走进了患者的内心，终于挽救了一场悲剧。这位患者康复出院时对王主任说的一句话，至今让我震撼不已："感谢王姐，挽救了我的生命，还有灵魂！"是的，生命诚可贵，可是心病却是更可怕、更危急的恶魔，王主任用医者的温暖之心降伏了这恶魔，为那个十八岁的大男孩儿残缺而飘摇的灵魂带来了生的渴望和温情的抚慰。

《周易·系辞》有云：天地之大德曰生。救治患者的生命，重新播种对生命的渴望，这正是天地之间最伟大崇高的道德，这也是每一位医务工作者心中最坚定的标尺！

李桂梅主任的特殊经历也让我久久不能平静。20 世纪 80 年代，祖国处于求新求变的经济活跃浪潮中，每个人都不同程度地抛洒着热血，是啊，在那个全国人民都在燃烧致富理想的激情岁月，不计其数的人下海经商，甚至远赴海外改变命运。李主任和丈夫也曾为了这份热情和果敢远赴东南，他们在陌生的商海浪潮中徘徊不定，在淡水大街上迷惘不定，蓦然回首，原来路就在脚下——是的，在汪洋中茫然地漂泊，专业和特长就是永远发光的灯塔！他们学成于祖国之北，把热血和汗水播撒到祖国之南，南北同心，在医疗事业中擎起了同样温度的旗帜！正如李主任所说的："回首往事，放眼前路，仍然无悔当初的选择！"

是啊，医生也不是天生就坚强、勇敢、博爱、严谨。在生命和使命的双重磨炼中，他们一点点忘却了恐惧，忘却了羞涩，忘却了疲惫和痛苦，而这些，必然经历了许许多多的"第一次"，崔光成书记的《医学生的那些第一次》就是这个成长历程的最好见证。第一次解剖尸体的恐惧和不适曾让他久久无法正常进餐，那刺鼻的福尔马林的味道、那些近在眼前的亡人的肢体，曾是许多医学生最恐怖的噩梦。然而梦终究要醒来。早期医疗条件不健全的年代，尸源是个大问题，要经过多少解剖老师的艰辛努力才能保证课程的顺利进行？有很多医生甚至要耗费毕生心血才能建设一间健全的解剖实验室。崔书记着重提到，那些遗体捐献的爱心人士同样也是充满大爱灵魂的"解剖老师"，为医疗事业做出的贡献同样不可磨灭。正是有了他们的无私奉献，才有了今天的医学教育。还有第一次妇科临床的课间见习，几名年轻的男性医学生见到患者私密的尴尬和不安，又是一重心灵考验。崔书记的一番话令人震动、深思："妇科诊室，那是男性止步的地方，因为我是医学生，才特许我穿了白大褂站在这里做课间见习，才特许我了解患者病史及身体的隐私，才特许我不回避性别为患者做医疗检查”，是的，白大褂赋予我们责任，赋予我们使命，使我们走向患者最为脆弱的伤痛之处。崔书记的真切体会中，闪耀着珍贵而崇高的医学人文精神之光。所以，我们面对患者的苦痛和家属的沉重期待，要把汹涌澎湃的责任感和对生命的崇高尊重融进白大褂中那个同为普通人的平凡身体，那一瞬间我们就是，而且必须是捍卫生命安全，不能有一丝一毫停歇的永动战士。

还有很多前辈在斯里兰卡、日本等域外之地涌起了医疗哲思，医者的光辉和使命、无国界的普救责任感，以及与时代和科技俱进的医疗硬件和医学人文精神建设等，都令人良久沉思。

限于篇幅，遗憾不能一一具言敬佩之词，但是前辈们的回忆、成长和坚守，确实给了我最直接和最贴近的教育和感动，在此，我作为后辈，向所有齐医的前辈们表示崇敬——谢谢，谢谢你们让齐医的精神薪火相传！

1981 级前辈身处特殊的年代，从艰苦求学的黄卷青灯，到勤恳工作的孜孜矻矻，从一名怀揣梦想的学生，成长为现在医疗战线上的中流砥柱，这三十五年间的辛苦和奉献是不言而喻的，在祖国百业待兴的期许中，他们为祖国医疗事业付出了这一代人最伟大的坚守，在华夏巨龙昂首腾飞的今天，他们依然保持着那个年代特有的坚实而无怨无艾的奉献身姿，这个坚守的姿势，也是我们今天必须接过的使命，它是齐医的精神，是齐医人血液中永不冷却的温度，更是全体医疗工作者的心灵地标，是的，我要保持这个姿势，坚守和完成我这一代齐医人肩负的使命！

最后，我依然想以药王孙思邈的一句话作为结尾：“凡大医治病，必当安神定志，无欲无求，先发大慈恻隐之心，誓愿普救含灵之苦”。

醉美情怀

寄语主人公：校友宋永海，1948年出生，1968年齐齐哈尔医士学校毕业（齐齐哈尔医学院前身），1988年毕业于锦州医学院。外科、全科主治医师，哲学知识产权人。现居辽宁省大连市旅顺口区，自办诊所。

拜读《情怀》，跟随文章主人公，走进齐医校园，迈向人生舞台。1981年，金秋时节，一群青葱少年，走进齐齐哈尔医学专科学校。班主任老师帮助同学们把行李放到自己床铺上，师生无话不谈，从此成了良师益友，开始了学习生活。印象深刻的解剖学，从实验课恐惧恶心，到骨骼标本带回宿舍，争分夺秒地痴迷学习。教室、宿舍、食堂，三点一线，三年时间，学习气氛紧张热烈。同学，是没有血源的兄弟姐妹。同吃饭菜，不分你我；请同学到家吃饭，改善生活；呵护患病同学，陪伴温暖亲切；传授球技，赛场活跃；难忘联欢舞会，尽情娱乐；抱怨就寝铃声，统一熄灯，打断了宿舍欢乐，真无奈，被窝里打开手电筒，偷偷看书。

三年伴读，心花婀娜，盼心仪女孩，从楼下走过；图书馆里，为他占座，阅人灵犀，传递羞涩；寻觅五瓣丁香花，祈祷丘比特之箭，射中你我。三年青春岁月，老师呵护成长，收获了医学知识，培养了优良思想品德。时光逝去不复返，心中记忆能回放，难忘毕业那一刻，握手拥抱，依依不舍，再见了母校！再见了同学！

让历史告诉未来，让未来书写历史。“健康所系，性命相托”。由在校学生，成为医务工作者，不忘誓言，努力拼搏。妇幼专业同学展示才华，各自撑起一项事业；儿科医疗繁重，授命学术带头，培养医生紧迫；精神科工作环境压抑，抚慰患者心灵，守护健康圣洁，长期坚守在精神科工作岗位，彰显大医精诚医德。大爱无垠情商，立足国计民生大局，医、教、研、人文科学，培养“三导向”（职业精神、执业能力、社会适应）人才在路上。

医院院长素质，央企担当重任，排兵布阵巧运筹，家国情怀建功勋；

青春年华闯市场，德技双馨敢担当，腔镜手术可示教，事业成功树榜样；

你展开学校发展画卷，齐医是你的家园，传播校园和校友文化，与母校一同成长；

你有领导团队的才能，为家乡妇女健康，守卫在鹤城；

你有金戈铁马的理想，成功靠技术精良；

你追求高雅艺术修养，进军北京事业闪光；

你是浪漫的中国姑娘，援非医疗赢得欢呼鼓掌；

你是妇产科医生援藏，呵护着藏族姐妹身心健康；

你从坎坷中走来，满腔爱国情怀，多元发展报国，不负盛世时代；

你远离故乡，使命担当，为民族团结无私奉献，一路走来，扎根新疆；

你从望闻问切视触叩听临床体检，探索逻辑思维哲理，尊重生命安全，祈福地球人构建人类命运共同体；

1981级师弟师妹，献上《情怀》，祝福母校桃李遍天下！祝愿母校昌隆又辉煌！

正是：

医魂导航展鲲鹏，
齐医腾飞众手擎。
医科大学方向明，
嫩水鹤城育群英。

拜读《情怀》，感恩母校哺育成才，感谢同学勉励关怀，感恩援手艰苦创业，感谢分享成功喜悦。拜读《情怀》，祝福师弟师妹幸福安康！

祝愿母校腾飞起航！

也谈《情怀》

寄语主人公：校友张冬，男，汉族，1964年出生，1985年毕业于齐齐哈尔医学院医疗专业，1982级8212班，主任医师。先后在齐齐哈尔医学院团委、齐齐哈尔医学院附属第一医院内科、北戴河人民医院内科、秦皇岛经济技术开发区社会保险管理中心工作，现兼任秦皇岛经济技术开发区音乐家协会主席、秦皇岛市齐齐哈尔医学院校友会秘书长。

有人说，1981级同学是齐齐哈尔医学院最有成就的一届学生，是最能代表那个时候齐医人精神风采的一代人！我非常同意这个观点。喜闻1981级同学编撰的《情怀》这本书就要出版了，非常期待！

2019年5月的一天，非常有幸与本书主创者之一、我的师兄吴志全先生见面了，我们天南海北地交谈甚欢，并就本书创作历程谈了他的看法。吴志全，祖籍福建，出身于福州世绅望族吴家！早年吴家丢失了这个孩子，

他有一个非常不幸的童年！成年后重入吴家祠堂，从此开始了一段脱离公众视野神秘之旅！当他十年后再次归来，踏入第二故乡时已不是少年，他已身负各种靓丽头衔——从“埃德蒙·邓迪斯”变成“基督山伯爵”了！吴先生侃侃而谈、踌躇满志。表面上看是很粗线条的一个人，实则眼镜后面有着闽南人特有的睿智和缜密，骨子里流淌着世代相传的从商基因！他说：“我们这代医学生的生涯是伴着中国的改革开放开始的！是代表一代知识分子成长经历的，也是一代中国人成长经历的缩影！今天我们的物质非常丰富，但我们也要把我们精神上的东西留下来，献给母校、献给朋友们！并向这个时代致敬！”

之前我有幸拜读过“这一届”微信公众平台中的诸多文稿，被里面的故事所吸引和感动！同时我也在思考我们这代人的情怀是什么——应该是为理想奋斗的历程中，深刻再现的记忆痕迹；是登高后回头望过往与当下，心潮澎湃的动人感慨；是久经岁月磨砺后的心灵升华救赎，从此释怀！我们的成长无不和国家命运紧密相连，印着时代的烙印！当我们回首往事，我们如果能说——我们不愧于这个时代，就是对母校最好的祝福！

预祝 1981 级校友的《情怀》，感你所动！

后记

毕业三十五载，转瞬数春秋。2016年的春天，上海黄浦江边，齐齐哈尔医学院1981级的几位学子，于小聚闲谈中发起倡议：能否约1981级同学们回忆一下大学的时光，写写毕业后的生活工作经历，用曾经励志为医者的手，写出一部属于我们这一届的《情怀》，以此美好的回忆，作为对人生的感悟与共勉?

曾经，鲁迅先生弃医从文，用拿过解剖刀的手，写出激扬文字，抨击腐朽，唤醒民众。鲁迅先生伟大，我们也有效仿之心，在不擅长的写作领域中，努力写出我们曾经过往的精彩，在彼此赏析中分享各自人生的经历，如能给读者带来安慰，则更感荣幸。

能爱人、能修己是为有情，能容人、能克己是为有怀，简单如微笑即是情，浅显如沉默即是怀。从同学们有温度的文字里，你可以读出我们都是有情怀、重责任、肯担当的人，更是有志趣、爱生活的人。在阅读同学们的稿件时，看到同学们工作生活历程和对事业、对家庭、对同学的炽热情谊，我收获了一次又一次的感动。同学们丰富的人生经历、自强不息的奋斗历程和医者仁心的职业精神，使《情怀》在质朴中映耀着真情，在平凡中彰显着不凡。

本书作为齐齐哈尔医学院1981级同学毕业三十五周年的纪念文集，能够得以顺利出版，首先要感谢沈黎同学。因为这部文集是由沈黎同学提议和发起，并委托吴志全同学组织动员，后有朱晓东、陶明、黄英辉、刘志宏等同学组织收集、修改整理稿件；我国著名艺术家关玉良先生亲自为本书赠墨宝题写书名；原齐齐哈尔医学院院长、党委书记、博士生导师刘吉成教授为本书精彩撰序；中国优秀职业经理人、齐齐哈尔医学院客座教授涂满章博士撰写评论并命名本书为《情怀》。同时沈黎、吴志全同学为《情